为形成蓝皮书所做的专家调研报告文集

王伟光　主编

蔚然成风

学雷锋60年

社会科学文献出版社
SOCIAL SCIENCES ACADEMIC PRESS (CHINA)

本书编委会

主　编　王伟光

副主编　陶　克

编　务　仇学平

编　委　朱　薇　华东方　董　强　姚洪越
　　　　彭　丽　王东虓　张俊虎　王立新
　　　　王真茂　王新建　李　强　韩锦伟

目　录

前 言
滋养一代代中华儿女心灵的
宝贵精神财富

王伟光

　　1963 年春天，毛泽东主席看到雷锋的事迹后感慨道："雷锋值得学习啊！向雷锋学习，也包括我自己。"同年 3 月 5 日，他的亲笔题词"向雷锋同志学习"在各大报刊头版显著位置刊登。而后，周恩来、刘少奇、朱德、邓小平等老一辈革命家也相继挥毫泼墨发出学习号召。60 年来，已有上百位党和国家领导人为雷锋题词或发表相关讲话，彰显了塑造榜样模范形象的国家意志和人民意愿。

　　一次次题词讲话，一个个指示要求，如浩荡的春风、明亮的航标，引领学雷锋活动在中华大地上蔚然成风，热潮滚滚。

　　党的十八大以来，习近平总书记在不同时间、地点和场合 20 多次就弘扬雷锋精神发表重要讲话、作出重要论述。

　　60 年来，雷锋之名写在春天里，写进了五十六个民族的脑海，写进了十四亿人民的心窝。雷锋之歌唱在春风里，传遍了九百六十万平方公里的华夏神州。

　　60 年学雷锋，究竟给中华大地带来了什么？

　　——带来了"新社会主人"精神面貌的焕然一新。

　　彰显了"站起来"的中国人改天换地、战天斗地的豪气，体现了"富起来"的中国人自强自立、不懈奋斗的骨气，展示了"强起来"的中国人改革创新、矢志复兴的底气。

　　——带来了整体性的道德进步。

　　以"爱国至上，勇于担当"为核心的社会公德的集体进步；以"人民第一，忠于职守"为特征的职业道德的全面进步；以"孝老扶弱、互勉共进"为主题的家庭美德的整体进步；以"守望相助，助人为乐"为准则的个人品德的显著进步；以"尊崇英雄，见贤思齐"为内涵的良风美德的长足进步；以"一诺千金，说话算数"为特征的诚信道德的显著进步；以雷锋"助人为乐"的幸福观为支撑的中国特色志愿服务蔚然成风；以"爱憎分明，珍重气节，不卑不亢，敢于斗争"为内涵的集体自尊和文化自信明显提升，展现了"厚德强国"的文明优势。

——带来了代代新人的茁壮成长和出色担当。

开启了以郭明义为代表的工人阶级"新人"的学雷锋道路；开启了以钱学森为代表的科技战线"新人"的学雷锋之路；开启了以邓州编外雷锋团成员为代表的"新型公民"的学雷锋之路；开启了以铸魂育人工程为基础的大中小学生的学雷锋之路；作为中国好兵的一面旗帜开启了广大军人的学雷锋之路。

60 年来全国培养了一代又一代"堪当民族复兴重任的时代新人"。

实践证明，60 年学雷锋，给这一代代"新人"带来的整体素质特别是道德素养的优化提升，足以形成"中国巨变"、"中国速度"和持续突飞猛进的发展实力，可以说是中国坚持 60 年学雷锋的最大成果。

学雷锋 60 年来的伟大实践，是中国共产党百年党史的精彩篇章，是创造性建设新中国思想道德大厦的成功实践，是提升全社会文明程度卓有成效的国民教育。2023 年 2 月 23 日"把雷锋精神代代传承下去——纪念毛泽东等老一辈革命家为雷锋同志题词六十周年"座谈会上传达的习近平总书记重要指示指出："60 年来，学雷锋活动在全国持续深入开展，雷锋的名字家喻户晓，雷锋的事迹深入人心，雷锋精神滋养着一代代中华儿女的心灵。"①

三种现象一个指向——人，所有成果都聚焦于人，聚焦于一代代中华儿女的心灵纯洁和健康向上！正如《人民日报》社论所强调的，学雷锋"是'百年树人'的大计"。

根据以上学雷锋带来的中华新文明的进步轨迹和发展脉络，受聘参与本书采编工作的同志们经过精心调研和探讨，形成了《蔚然成风：学雷锋 60

---

① 《习近平对深入开展学雷锋活动作出重要指示强调：深刻把握雷锋精神的时代内涵　让雷锋精神在新时代绽放更加璀璨的光芒》，《人民日报》2023 年 2 月 24 日第 1 版。

年》的基本框架。现在，我们完全可以说，《蔚然成风：学雷锋 60 年》是滋养一代代中华儿女心灵的宝贵精神财富。它的成功编撰和正式出版，功在当代，利在千秋。

让我们认清大局，乘势而上，出好用好这本书吧。

（作者系第十三届全国政协常委，民族和宗教委员会主任，中国社会科学院原院长、党组书记）

新中国思想道德建设的顶层号召和战略引领（上）

朱　薇

雷锋，作为中国优秀士兵和先进青年的代表，其姓名频频出现在中国军内外的报刊上已经 60 多年了！由此引起党和国家历代领导人的高度重视乃至题词号召，直接引领整个中华民族展开上下一体、日益深入、经久不衰的学雷锋活动，也已 60 多年了！这一活动凝聚积淀的雷锋精神已经成为中华文明的重要部分，成为中华民族优秀文化与传统美德的结晶，成为社会主义核心价值观的生动体现，成为世界其他国家人民领略"中国精神"的示范模本和文化符号，成为中国共产党人精神谱系的重要组成部分，而全民学雷锋 60 年活动本身已构成中国共产党百年党史上的精彩篇章。

60 年来，学雷锋活动与时俱进，薪火相传，影响着亿万中国人的心灵世界，书写出新中国的精神年轮。学雷锋活动伴随几代中国人的集体成长和整体进步，已成为人们自觉的行为，融入日常生活。

60 年学雷锋，值得我们从头梳理，科学总结，全面把握其真知精髓和基本经验，借以继往开来，在新时代新征程上取得学雷锋伟业的高质量发展。

持续加力的顶层发动

1962 年 8 月 15 日，年仅 22 岁的沈阳军区工程兵某部运输连四班班长雷锋不幸因公殉职。国防部批准授予雷锋生前所在班"雷锋班"称号。不久，雷锋的先进事迹被毛泽东主席关注，他深情地对军委秘书长罗瑞卿大将说：雷锋值得学习啊。

在这之前，雷锋已经是全军乃至全国有一定影响的优秀共青团员和先进战士典型。他的先进事迹多次在军内外报刊上刊登，他的"对待同志要像春天般的温暖"，他在政治上"爱憎分明的阶级立场"和斗争精神，他的勤俭节约、艰苦奋斗的榜样力量，他在学习上的"挤"劲、"钻"劲和"螺丝钉"精神，他的"毫不利己专门利人"的品德风格，已经是众人学习的范本。在毛主席题词之前，1963 年 1 月 23 日，《解放军报》刊登了中央军委秘书长罗瑞卿同志的题词"题给雷锋班命名大会，伟大的战士——雷锋同志永垂不朽"。1963 年 2 月 9 日、1963 年 2 月 15 日，解放军总政治部和共青团中央先后发出开展宣传和学习雷锋的通知。

1963 年 2 月 22 日，毛主席应《中国青年》杂志社的请求，为雷锋同志题词"向雷锋同志学习"。毛泽东秘书林克的回忆文章中介绍，毛泽东在给雷锋题词时讲："学雷锋不是学他哪一两件先进事迹，也不只是学他的某一方面的优点，而是要学他的好思想、好作风、好品德；学习他长期一贯地做好事，而不做坏事；学习他一切从人民的利益出发，全心全意为人民服务的精神。当然，学雷锋要实事求是，扎扎实实，讲究实效，不要搞形式主义。不但普通干部、群众学雷锋，领导干部要带头学，才能形成好风气。"①

1963 年 3 月 2 日，《解放军报》《工人日报》《光明日报》《中国青年报》分别发表社论，掀起学雷锋热潮。全国各地广泛组织纪念会、报告会、动员会、广播大会、学习经验交流会，举办展览，演出，以学雷锋为专题的党、团日活动，群众性学雷锋活动不断深入。在 20 世纪六七十年代，机关、厂矿、学校、田间地头，都响起"学雷锋，看行动"这一响亮的口号。随着学雷锋活动的普遍开展，人们的精神面貌发生了明显变化。

1963 年 3 月 5 日，首都各报都在头版显著位置刊登了毛主席为雷锋的题词。3 月 6 日，《解放军报》刊登了刘少奇、周恩来、朱德和邓小平题词。中央领导同志发号召，举国上下齐响应。此后，每年 3 月 5 日成为全民学雷锋日，一个具有广泛性、群众性，既轰轰烈烈又扎扎实实的党政军民学共同学雷锋的热潮在全国范围内蓬勃开展起来。

---

① 中共中央文献研究室编《毛泽东年谱（一九四九——一九七六）》第五卷，中央文献出版社，2013，第 201 页。

学雷锋活动是一个曲折发展的过程。1975 年 9 月，邓小平同志在军委扩大会议上巧妙地利用一则在群众中流行的政治笑话，痛心地指出，"雷锋叔叔不在了"，又一次倡导全军学雷锋。邓小平同志的讲话道出了人们久已憋在心头的声音，表达了人们对雷锋的爱戴及对重新弘扬雷锋精神的向往。① 总的来说，那一时期的学雷锋活动尽管受到了"文化大革命"的影响，但仍在曲折中前进，出现在媒体上的雷锋形象，还是属于他自己本色的形象，雷锋精神也反映了其本质特征，学雷锋活动继续助推着千千万万雷锋式新人茁壮成长，引领着助人为乐、敬业奉献成为社会的主流风尚，历史是需要铭记这个客观成果的。

改革开放大潮中的屡次战略引领

1978 年 10 月底，共青团中央提出在全国开展"学雷锋、树新风"活动后，迅速掀起学习雷锋的热潮。上百万青少年走上街头，维护公共秩序，打扫环境卫生，为群众做好事，在社会上营造了一种倡导文明、助人为乐的新风尚。随着活动的深入开展，逐步形成以"五讲四美三热爱"为核心的全民文明礼貌活动。

党的十一届三中全会以后，随着对雷锋精神的逐步深入理解，雷锋精神的本来面貌逐渐恢复，学雷锋活动进入新的探索阶段。学雷锋活动的出发点与落脚点逐渐确立在培育"四有"新人上，并被纳入精神文明建设的总体布局中，随着我国改革开放和发展社会主义商品经济成为这个时代的主题，人们开始了对雷锋精神的深层探索。进入 21 世纪，全民学雷锋活动与时俱进，针对性、制度化和规范化比较明显。人的全面发展的需要、提高社会文明程度的需要，使学雷锋活动具有更持久的生命力和旺盛的活力，雷锋精神产生了强烈的社会效应，雷锋精神得到升华。

1983 年 3 月 5 日，是毛泽东同志"向雷锋同志学习"题词发表 20 周年。中共中央决定重新发表毛泽东同志等老一辈革命家为雷锋同志的题词。在首

---

① 陶克：《告诉你一个真实的雷锋》，陕西人民出版社，2013，第 310 页。

都各界纪念向雷锋同志学习 20 周年大会上，中共中央政治局委员胡乔木代表中共中央和国务院，作了题为《做八十年代的新雷锋》的讲话。为了认真总结学雷锋活动的经验，进一步弘扬雷锋精神，推动社会主义精神文明建设，3月 4 日在北京召开了全国青少年学雷锋先进代表会议。这一时期，学雷锋活动与转变党风、社会风气相结合，与加强职业道德教育相结合，与城乡文明建设活动相结合，始终保持持续发展的态势，收到了良好效果。

1990 年 3 月 5 日，《人民日报》《解放军报》等中央各大报纸发表江泽民、李鹏、乔石、李瑞环、宋平、姚依林等高层领导为雷锋的题词。1990 年 3 月 3 日至 5 日，中宣部、解放军总政治部、共青团中央联合在北京召开全国学雷锋先进代表座谈会。江泽民等党和国家领导人在怀仁堂与代表们一起座谈。

1993 年 3 月 4 日，在中宣部、国务院办公厅、国家教委、解放军总政治部、共青团中央、北京市委市政府联合举办的纪念毛泽东同志等老一辈革命家为雷锋同志题词 30 周年大会上，时任中共中央政治局常委的胡锦涛发表重要讲话，进一步将雷锋精神的内涵概括为：全心全意为人民服务的思想，爱国主义、集体主义和坚定的社会主义信念，艰苦奋斗、勤俭创业的优良作风，努力学习、刻苦钻研的"钉子"精神，立足本职、忠于职守、勤勉敬业、精益求精的"螺丝钉"精神。

2003 年 2 月 7 日，中宣部、中央文明办、解放军总政治部、共青团中央联合召开纪念学雷锋活动 40 周年大会，中共中央政治局常委李长春发表重要讲话，强调学习雷锋的重大意义，指出深入开展学雷锋活动，是新时期加强社会主义精神文明建设的重要任务。学习雷锋，就要牢固树立远大理想、发奋学习科学文化、始终坚持艰苦奋斗、大力弘扬文明新风。2011 年 10 月 18 日，党的十七届六中全会通过的《决定》提出：深入开展学雷锋活动，采取措施推动学习活动常态化。中共中央提出推动学雷锋活动常态化，全国学雷锋活动由此进入一个新的历史阶段。中共中央办公厅于 2012 年 3 月印发《关于深入开展学雷锋活动的意见》。这是中央第一次专门就学雷锋活动发出规范性文件，对全国学雷锋活动进行全面部署。该文件着眼于建设社会主义核心价值体系，着眼于推进社会公德、职业道德、家庭美德、个人品德建设，着眼于提升公民思想道德素质和社会文明程度，以传承和弘扬雷锋精神为主题，以青少年为重点，以社会志愿服务为载体，贴近实际、贴近生活、贴近群众，创新内容、创新形式、创新手段，广泛进行雷锋事迹、雷锋精神和雷锋式模范人物的宣传教育，广泛开展学雷锋实践活动和社会志愿服务活动，广泛普及爱国、敬业、诚信、友善基本道德规范，推动学雷锋活动常态化、机制化，形成践行雷锋精神、争当先进模范的生动局面，形成我为人人、人人为我的良好氛围。

2012 年 11 月 8 日，胡锦涛在党的十八大报告中提出：深化群众性精神文明创建活动，广泛开展志愿服务，推动学雷锋活动、学习宣传道德模范常态化。

2013 年 3 月 1 日，刘云山代表中央精神文明建设指导委员会在北京召开的纪念毛泽东等老一辈革命家为雷锋同志题词 50 周年座谈会上发表讲话，指出学雷锋活动关键要在"常长"二字上下功夫，就是常态化、长期抓，持之以恒，久久为功，抓出成效。要深刻把握雷锋精神的时代内涵，加强对雷锋精神的时代解读，增进人们的思想共识和价值认同。要发挥党员干部的模范带头作用，引导党员干部以雷锋精神为镜子，做社会主义道德的示范者，以优良党风推动形成良好社会风尚。要突出学雷锋活动的实践性，抓好基本道德规范的践行，抓好基础道德行为的养成，推动形成我为人人、人人为我的良好氛围。要建立长效机制、创新途径办法，把学雷锋活动作为经常性工作纳入精神文明建设，总结推广成功经验，探索新的活动载体，使学雷锋活动更有时代感、吸引力，不断向深度广度发展。

与时俱进的战略启示

在开展全民学雷锋活动的初期，受当时社会上下比较注重"送温暖、渡难关"的战略需求的牵引，人们学雷锋比较注重的是"学雷锋做好事""学雷锋见行动"。人们把雷锋精神看作无数好事的"集合体"，认为只有持续不断地做好事，才能坚定不移地做好人。人们像雷锋那样广做好事，互帮互助，免费理发、修车、打扫街道、助残帮困等，这种学雷锋的方式简朴、热情，缓和了人与人之间的冷漠关系，缓解了社会发展暂时困难带来的紧张局面，社会面貌焕然一新。因此，在近20年的时间里人们把学雷锋事迹和学雷锋的行动相结合，把雷锋事迹化用到实际生产和生活中。

进入20世纪90年代，我国经济飞速发展，经济全球化趋势明显，在新的历史条件和历史机遇下，学雷锋活动的开展也具有了新的方向，活动重点转向抓根本、学实质、要解决"怎样做人，为谁活着"的问题。以培养"四有"新人，提高整个中华民族的文明程度和道德素质为立足点，学雷锋活动的开展着眼于提升人们的思想修养，强化人们的道德修养，促进人的全面发展，成为社会主义精神文明建设的重要内容和有效途径。江泽民同志指出，学习雷锋，要有一定的活动方式，但更重要的是要抓住实质。胡锦涛同志指出："发扬光大雷锋精神，就要像雷锋那样把有限的生命投入到无限的为人民服务中去。"[1] 全心全意为人民服务，仍然是我们每一个共产党员必须遵循的根本宗旨，仍然是我们这个社会需要大力倡导的价值观念和道德风尚。在持续不断的学习活动中，党和国家领导人注意把学雷锋活动与时代要求相结合，不断赋予雷锋精神新的时代内涵。党的十七届六中全会提出："坚持用社会主义核心价值体系引领社会思潮，在全党全社会形成统一指导思想、共同理想信念、强大精神力量、基本道德规范。"[2] 在党和国家领导人的高度重视下，学雷锋活动创新体制机制，采用新角度挖掘不同领域、不同类型的学雷锋先进典型，运用新载体、新平台，宣传来自基层、真实可信的道德楷模和典型人物，使雷锋精神更加贴近实际、贴近生活、贴近群众，更富时代气息，更能打动人心，推动学雷锋活动制度化、常态化开展。

所有这一切，都为新时代学雷锋事业的高质量发展奠定了坚实的基础。

（本论题由雷锋杂志社雷锋文化研究院和抚顺雷锋纪念馆、湖南雷锋纪念馆、湖南长沙市望城区雷锋精神研究会的专家学者共同参与调研。执笔：抚顺雷锋纪念馆原研究室主任、副研究馆员朱薇）

---

[1]　《胡锦涛文选》（第一卷），人民出版社，2016，第56~57页。
[2]　《中国共产党第十七届中央委员会第六次全体会议公报》，人民出版社，2011，第9页。

新中国思想道德建设的顶层号召和战略引领（下）

华东方

在纪念毛泽东等老一辈革命家和全国人民学雷锋活动 60 周年的前夕，中共中央总书记习近平于 2023 年 2 月作出重要指示，明确指出："深刻把握雷锋精神的时代内涵"，"让雷锋精神在新时代绽放更加璀璨的光芒"。① 这是习近平总书记站在时代的高度，对过去半个多世纪开展学雷锋活动的精辟总结和深刻分析，也是对未来开展学雷锋活动价值的展望和预见，更是对现实开展学雷锋活动使命和担当的引领和指导，具有划时代的意义和里程碑式的价值。把学雷锋活动推进到建设中国式现代化强国的新时代，为实现中华民族伟大复兴提供了强大的精神力量。

60 多年来，毛泽东、邓小平、江泽民、胡锦涛、习近平等历任党和国家领导人以饱满的政治热情和非凡的革命气派，号召全国人民学雷锋，推动学雷锋活动不间断地向前发展，一浪高一浪，一代接一代，一个阶段推向一个新的阶段。每一个时期都有每一个时期的特点、历史价值和文化内涵。1963 年 3 月，在国内外环境极其严峻的条件下，毛泽东同志毅然为雷锋题词，号召全国人民"向雷锋同志学习"，周恩来、刘少奇、朱德、邓小平、陈云等党和国家领导人相继题词，迅即在全党、全军和全国掀起了学习雷锋的热潮，卓有成效地激发了全国人民自力更生、艰苦奋斗的斗志和精神，使中华民族高昂地屹立于世界民族之林。20 世纪 70 年代后期，邓小平同志抵制"四人帮"的干扰，继续高举学雷锋旗帜，叶剑英等领导同志继续为雷锋题词，使

① 《习近平对深入开展学雷锋活动作出重要指示强调：深刻把握雷锋精神的时代内涵　让雷锋精神在新时代绽放更加璀璨的光芒》，《人民日报》2023 年 2 月 24 日。

社会主义健康稳步向前发展。20 世纪 90 年代初期，江泽民同志带领李鹏、杨尚昆、乔石、宋平、姚依林、李瑞环等七位政治局常委共同为雷锋题词，具有非常大的震撼力，对防止"全盘西化"起到了至关重要的作用。胡锦涛同志亲自批示，树立郭明义为"当代雷锋"，使学雷锋活动走向常态化，走向日常化。习近平总书记 20 多次讲话，号召、指导、引领学雷锋走进新时代。习近平总书记关于雷锋的讲话具有原发性、创新性和突破性，推动学雷锋活动走进一个新的时代。

2012 年 10 月，党的十八大胜利召开之后，以习近平同志为核心的党中央以统揽全局的高度战略自觉，加强了对新时代全国学雷锋活动的战略指导。2018 年 9 月 28 日，习近平总书记参观抚顺雷锋纪念馆时发表的重要讲话，对雷锋和雷锋精神的方方面面都作了守正创新的分析概括，对新时代全国学雷锋活动作出了高屋建瓴的科学谋划和战略指导。在这前后，习近平总书记利用开会、接见、参观、访问、调研、座谈、复信等多种形式和方法，在不同时间、不同地点、不同场合，发表 20 多次讲话赞誉雷锋，强调弘扬雷锋精神。习近平总书记关于新时代学雷锋的讲话是全面的、系列的、透彻的、深刻的、精辟的。他是立足现实，回顾历史，面向未来，用科学态度、发展观点、战略思维，对雷锋精神的时代价值进行全方位的综合分析、科学判断和精确阐述。这是对毛泽东等老一辈革命家为雷锋题词"向雷锋同志学习"伟大号召的继承和发展，具有划时代意义和里程碑价值。

放眼 60 年学雷锋，新时代学雷锋比之过去有着许多鲜明的特色和变化：从运动式学雷锋升级到常态化学雷锋；从号召式学雷锋转化为引导式学雷锋；从领导人题词式学雷锋转变为领导人讲解式学雷锋。因此，学雷锋与时俱进，常学常新，持久永恒。

用历史唯物主义和辩证法观点比较、分析，习近平总书记关于学雷锋的系列讲话，在新时代为实现"两个一百年"奋斗目标、为实现中华民族伟大复兴提供了强大精神力量。因此，习近平总书记关于学雷锋的系列讲话具有新的时代内涵，具有新时代、新征程、新使命的时代价值和战略意义。"江山代有才人出，各领风骚数百年。"习近平总书记关于学雷锋的系列讲话具有纲领性、指导性、方向性的作用，赋予了雷锋精神在新时代的八种定位、担当和使命。

一是明确了"雷锋精神是时代楷模"的定位，确立了其新时代榜样旗帜的担当和使命。习近平总书记2018年9月28日在参观辽宁省抚顺市雷锋纪念馆展览时指出："雷锋是一个时代的楷模，雷锋精神是永恒的。实现中华民族伟大复兴，需要更多时代楷模。"[①] 这就赋予雷锋精神培养造就千百万时代楷模、以实现"两个一百年"奋斗目标的伟大使命，就是要为中华民族伟大复兴提供强大的人力资源和精神力量支撑。雷锋说"自己活着就是为了他人生活得更美好"。雷锋的奉献精神，就是战争年代流血牺牲精神的延续和继承，他是在日常工作中，平凡的岗位上，平静的环境里，一件事一件事去做，一个目标一个目标去完成，一点一滴去奉献的。他没有轰轰烈烈，没有惊天动地，没有一鸣惊人。因此，董存瑞的战友老英雄郅顺义说："董存瑞是轰轰烈烈的英雄，雷锋是平平静静的英雄。"学习雷锋不需要条件，随时随地都可以。只要你想，只要你是真心的。学习雷锋在任何时间、任何地点、任何岗位都可以。从身边做起，从脚下做起，从平常的小事做起。学雷锋解放了无数的"英雄无用武之地"的人。

雷锋亲自参加和献身了祖国的社会主义建设，参加了鞍钢、抚钢等东北老工业基地的基础建设，是建设新中国的先锋和尖兵。当年《中国青年》杂志社请求毛主席给雷锋同志题词时，认为雷锋不同于面对敌人铡刀无所畏惧、从容就义的刘胡兰，也不同于抱着炸药包冲向敌人堡垒、英勇献身的董存瑞。雷锋是社会主义和平建设时期的英雄模范，具有鲜明的时代特点和普遍的教育意义。雷锋和雷锋精神的出现，具有划时代的意义。雷锋精神不仅培育出王杰、刘英俊等英雄，也培养出郭明义、庄仕华、孙茂芳等更多的时代楷模和当代雷锋，我国的英模人物层出不穷。雷锋是时代楷模，是我们学习、工作的楷模，是我们做人做事的榜样，是实现中华民族伟大复兴必不可少的楷模，具有无穷无尽的引领作用和力量。

二是明确了"雷锋精神是社会主义核心价值的生动体现"的定位，确立了新时代学雷锋的价值担当和践行使命。2012年3月6日，习近平同志到全

[①] 《习近平讲党史故事》，人民出版社，2021，第193页。

国两会浙江代表团驻地看望代表时指出："大力开展学雷锋活动，使雷锋精神真正深入人心，以此推进社会主义核心价值观建设，着力提高人民群众思想道德素质。"① 2014 年 3 月 11 日，习近平总书记在接见部分来自基层一线的军队人大代表时说："雷锋精神是永恒的，是社会主义核心价值观的生动体现。"② 习近平总书记定位雷锋精神的价值取向，赋予雷锋精神确立中国特色社会主义核心价值的使命。我们就是要坚定不移地像雷锋那样把社会主义核心价值观体现在行动中，体现在实现"两个一百年"奋斗目标中、实现在中华民族伟大复兴的实践中。

三是明确了"雷锋精神是永恒的"历史定位，确立了雷锋精神要世世代代传扬下去的担当和使命。习近平总书记在 2018 年 9 月 28 日参观雷锋纪念馆时指出："我们在实现'两个一百年'奋斗目标的征程上，需要凝聚力量，需要见贤思齐，向楷模看齐，把雷锋精神代代传承下去"；"永恒体现不是物理时间存在的长短，雷锋去世时 22 岁，把有限的人生变成了永恒"。③ 这就明确了雷锋精神的可持续性和永久性。学雷锋不是一个人两个人的事，更不是一代人两代人的事，是世世代代传承下去的国家大事，也是确保社会主义江山不变色的千秋大业。

雷锋具有一种非凡的人格魅力。他的这种人格的力量，具有一种特别的凝聚力、吸引力、感召力，具有超强的穿透力和放射力，可以超越时间和空间。即使是没有见过雷锋的人，也可以和雷锋结交成为良师益友，成为新时代雷锋精神的传承人。学雷锋 60 多年来，许许多多的雷锋传人都没有见过雷锋，但是他们传承雷锋的基因，延续雷锋的血脉，展现雷锋的时代风采，形成了雷锋精神谱系。学雷锋 60 年的历史，告诉我们一个事实，揭示了一个规律：雷锋所走的道路，是一代代青年人成长的正确途径和成功典范。雷锋精神集中体现了新一代青年必须具备的道德品质、思想觉悟、文化素养、人格

---

① 《雷锋》杂志编《新时代雷锋精神解读》，人民出版社，2018，第 154 页。

② 《雷锋》杂志编《新时代雷锋精神解读》，人民出版社，2018，第 19 页。

③ 《"那天，我跟着总书记学雷锋"——专访抚顺雷锋纪念馆馆长李强》，《雷锋》杂志 2018 年第 11 期，第 9 页。

价值、人生目标。雷锋精神就是中华民族传统美德和中国共产党全心全意为人民服务宗旨的完美结合，就是人类精神财富的精华。雷锋就是无数青年人前进道路上的灯塔和坐标，引领和指导一代又一代青年前进的方向，走向理想的未来，走向美好的未来，走向成功的未来。学雷锋60年来，呈阶梯式地涌现了一批又一批雷锋传人的代表人物。从欧阳海、王杰、刘英俊到赵春娥、张华、蒋筑英、罗健夫、朱伯儒、张海迪、李润虎、张子祥、李国安、徐虎、李素丽、王廷江、徐洪刚、赵雪芳、韩素云、谭彦、邱娥国、邹延龄等。特别是新时代出现了"当代雷锋"——郭明义、孙茂芳、庄仕华，这具有时代特征标志性的意义。他们闪闪发光，他们是雷锋精神谱系里闪亮的坐标，就像天空中的银河系一样，繁星璀璨、星罗棋布、满天星斗。在其周围有数不尽的学雷锋典型、学雷锋先进分子、学雷锋积极分子、学雷锋先进个人，雷锋式的干部、雷锋式的战士、雷锋式的共产党员、雷锋式的共青团员、雷锋式的少先队员。还有许许多多各式各样用雷锋冠名的学雷锋团体和学雷锋社会组织。

四是明确了雷锋精神是中华优秀传统文化和社会主义先进文化相结合的定位，确立了全面把握雷锋文化内涵、坚定雷锋文化自信、在全社会传承弘扬雷锋文化的担当和使命。 习近平总书记说："雷锋精神是中华民族五千年优秀传统文化和红色革命文化、社会主义文化的结合。"① 这就明确了雷锋精神的文化内涵，肯定了雷锋文化的时代特点和作用，为我们在新时代坚定雷锋文化自信奠定了理论基础。

雷锋精神是对中华优秀传统文化的继承。其神韵与古代圣贤的风骨是一脉相承的，许多名言警句的语言风格是相似的，思想内容是一致的。孟子说："天将降大任于是人也，必先苦其心志，劳其筋骨，饿其体肤，空乏其身，行拂乱其所为，所以动心忍性，曾益其所不能。"② 雷锋说："不经风雨，长不成大树；不受百炼，难以成钢。迎着困难前进，这也是我们革命青年成长的

---

① 《"那天，我跟着总书记学雷锋"——专访抚顺雷锋纪念馆馆长李强》，《雷锋》杂志2018年第11期，第9页。

② （宋）朱熹撰《四书章句集注·孟子集注》，中华书局，1983，第348页。

必经之路。有理想有出息的青年人必定是乐于吃苦的人。"① 孔子说："吾十有五而志于学，三十而立……"② 雷锋16岁高小毕业就毅然决然地表达了回乡当一个新式农民的决心和将来要做个好工人、当一名好战士的愿望。司马迁说："人固有一死，或重于泰山，或轻于鸿毛。"雷锋说："人生总有一死，有的轻如鸿毛，有的却重于泰山。我觉得一个革命者活着就应该把毕生精力和整个生命为人类解放事业——共产主义全部献出。"③ 雷锋还有与顾炎武、诸葛亮、李白、杜甫、陆游、李清照等古代名人相对应的名言警句。美国青年雷弗·罗杰斯翻译了雷锋日记，深有感触地说：雷锋许多精辟语言，只有林肯、甘地、马丁·路德·金等国际大师才能说出来。

雷锋精神是红色革命文化的发扬。中华民族是一个崇尚英雄的民族。在土地革命战争、抗日战争、解放战争过程中，涌现了许多抛头颅、洒热血的英雄志士。雷锋就是学习这些英雄，继承革命先烈遗志的后来人，雷锋就是通过学习这些英雄的感人事迹成长起来的革命战士。雷锋入伍第一天，看的电影就是《董存瑞》。他在日记里写下了学习董存瑞英勇献身精神的感想。他的日记本里，有三处是关于怎样学习黄继光的感想和体会的。他的一生曾经学习董存瑞、黄继光、王若飞、方志敏、向秀丽等二十几位英雄模范。他说："在最困难、最艰苦的工作中，我想起了黄继光，浑身就有了力量，信心百倍，意志更坚强……我每次外出执行任务或在最复杂的环境中，想起了邱少云，就能严格地要求自己，很好地遵守纪律。每当我得到福利和享受的时候，想起了白求恩，就先人后己，把享受让给别人。"④ 雷锋的奉献精神就是战争年代流血牺牲精神在新的历史条件下的继续和发扬。

雷锋精神是社会主义先进文化的标志。雷锋参加了社会主义革命和建设。雷锋精神经过了社会主义计划经济时期和社会主义市场经济时期的检验。他用自己的行动鲜活生动地体现了社会主义价值观。20世纪50年代中期，他在

---

① 总政治部编《雷锋日记》，解放军文艺出版社，2012，第104页。
② （宋）朱熹撰《四书章句集注·论语集注》，中华书局，1983，第54页。
③ 总政治部编《雷锋日记》，解放军文艺出版社，2012，第99页。
④ 总政治部编《雷锋日记》，解放军文艺出版社，2012，第102页。

家乡当农民时是优秀拖拉机手，当县委机关的通信员时是先进工作者。50年代后期，他在鞍钢当工人时三次被评为先进生产者，五次被评为红旗手，十八次被评为标兵。60年代初期，他在部队当战士时，荣立二等功一次、三等功两次、营团嘉奖多次。他走到哪里把好事做到哪里，他永远不忘自己的初心和使命，全心全意为人民，把有限的生命投入无限的为人民服务之中。

五是明确了学雷锋必须包含"学习雷锋的做法"的定位，确立了从平凡走向崇高、集小善为大善、在各自岗位上"做一颗永不生锈的螺丝钉"的担当和使命。习近平总书记说："我们既要学习雷锋的精神，也要学习雷锋的做法，把崇高理想信念和道德品质追求转化为具体行动，体现在平凡的工作生活中，作出自己应有的贡献。"① 习近平总书记定位"既要学习雷锋的精神，也要学习雷锋的做法"的学习方法，赋予雷锋精神重在践行的科学特质。告诫我们学雷锋既要肯于学习，又要善于学习，既要有端正的学习态度，又要有科学的学习方法，这样才能做到"真学真懂真信真用"。

雷锋是一个非常务实的人。他的初心和使命是紧密相连的。他的理想和担当是一体化的。

雷锋是有崇高理想的，是有初心和使命的，更是具有付诸行动的担当的。学习雷锋就要像雷锋那样"不忘初心、牢记使命"，在日常生活中，踏踏实实地工作，一点一滴地作贡献，一件事一件事地去做好，一个目标一个目标地去完成。爱岗敬业，做好自己的本职工作，干一行爱一行，钻一行，干好一行，"做一颗永不生锈的螺丝钉"。学习雷锋重在实践，空喊口号是没有实际意义的，必须摆脱和摒弃那种大轰大嗡、搞形式走过场、"干打雷不下雨"的做表面文章的学雷锋虚假现象和浮躁、虚伪、钻营的不正之风。

雷锋具有奉献精神，同时具有与奉献精神相匹配的、相得益彰的务实做法。他用一生的努力和拼搏，把初心化作使命，把理想变成现实。1956年16岁的雷锋，在小学毕业典礼上说："亲爱的老师、同学们：我们小学毕业了。毕业以后，很多同学准备升入中学学习。我呢，我决定留在农村广阔的天地里，当一个新式农民。我决心做个好农民，争取驾起拖拉机，耕耘祖国大地，建设社会主义新农村。将来，如果祖国需要，我就去做个好工人，为我国的社会主义工业化建设出把力。将来，如果祖国需要，我就参军做个好战士，用自己的鲜血和生命去保卫我们伟大的祖国。同学们，让我们在不同的岗位上竞赛吧！老师们，请你们看我的实际行动吧！"他的这个初心，是一个小学毕业生、入队两年的少先队员，即将走向社会时为自己设计的美好人生蓝图。应该说当时他还是一个少年，这个初心是朴素的、天真的、单纯的。

雷锋第二次表达初心是 1958 年在团山湖农场。他在日记里写道："如果你是一滴水，你是否滋润了一寸土地？如果你是一线阳光，你是否照亮了一分黑暗？如果你是一颗粮食，你是否哺育了有用的生命，如果你是一颗最小的螺丝钉，你是否永远坚守在你生活的岗位上？如果你要告诉我们什么思想，你是否在日夜宣扬那最美丽的理想？你既然活着，你又是否为未来的人类的生活付出你的劳动，使世界一天天变得更美丽？我想问你，为未来带来了什么？在生活的仓库里，我们不应该只是个无穷尽的支付者。"① 这个时候，雷锋是团山湖农场的拖拉机手，已经是一个青年，还是一名共青团员。应该说，这是一个带有浪漫性和文学色彩的初心和理想，富有青春的活力和激情，是升级版的雷锋初心。

雷锋第三次表达初心是他当过工人和解放军战士，加入了中国共产党以后。1960 年 11 月 8 日，他在日记里写道："今天我入了党，使我变得更加坚强，思想和眼界变得更加开阔和远大。我是一个共产党员，人民的勤务员。为了全人类的自由、解放、幸福，哪怕高山、大海、巨川；为了党和人民的事业，就是入火海，进刀山，我甘心情愿，头断骨粉，身红心赤，永远不变。"② 他在 1961 年 11 月 26 日的日记里写道："我学习了《毛泽东选集》一、二、三、四卷以后，感受最深的是，懂得了怎样做人，为谁活着……我觉得要使自己活着，就是为了使别人过得更美好。"③ 他还说："人的生命是有限的，可是，为人民服务是无限的，我要把有限的生命，投入到无限的为人民

---

① 总政治部编《雷锋日记》，解放军文艺出版社，2012，第 87 页。
② 总政治部编《雷锋日记》，解放军文艺出版社，2012，第 12 页。
③ 总政治部编《雷锋日记》，解放军文艺出版社，2012，第 53 页。

服务之中去……"① 雷锋第三次表达的初心是共产党人的初心，更是一个伟大共产主义战士的高尚品德和美好人生追求。

其实，使命也是阶段性和连续性的，是不断升高的走向。20世纪50年代中期，国家发出"大办农业"的号召，雷锋立刻回乡参加农业生产；50年代后期，国家号召"大办钢铁"，雷锋立马奔赴东北的鞍钢，参加工业生产；60年代初期，东南沿海形势紧张，雷锋参军入伍，一心保卫祖国。这是一个过程，是一个把初心变成行为，把理想变成现实的过程。这是雷锋人生三部曲，也是他的时代使命。

六是明确了学雷锋与志愿服务的正确定位，确立了坚持学雷锋志愿服务中国化的方向：在志愿服务实践中"以实际行动书写新时代的雷锋故事"的担当和使命。习近平总书记在2019年7月给中国志愿者联合会的贺信中说："希望广大志愿者、志愿服务组织、志愿服务工作者立足新时代、展现新作为，弘扬奉献、友爱、互助、进步的志愿精神，继续以实际行动书写新时代的雷锋故事。"② 他主持中央会议，制定了"学雷锋志愿服务"的方针政策。习近平总书记定位学雷锋与志愿服务的正确关系，指出要让雷锋精神引领志愿服务。习近平总书记先后与"郭明义爱心团队"、中国空间技术研究院的青年代表、无锡市三位优秀志愿者交流、畅谈，对如何用学雷锋引领志愿服务作出了明确的指示和指导。确定学雷锋与志愿者的融合关系，在实行人道主义和慈善事业过程中体现社会主义核心价值观，融入人民至上的思想理念，让崇高的雷锋精神引领志愿服务，彰显中国志愿者和中国文化的包容、大气和雷锋的人格魅力。让中国特色的志愿服务持久扎实地开展下去，走上良性循环的轨道。

我国在改革开放以后的20世纪80年代后期，逐渐开始开展青年志愿者活动。1987年，广州市开通了全国第一条青年志愿服务热线电话。1990年深圳市成立了全国第一个正式注册的义务工作者联合会。1994年12月5日，中国青年志愿者协会在北京正式成立。从此中国的青年志愿服务正式有了统一

① 总政治部编《雷锋日记》，解放军文艺出版社，2012，第78页。
② 《习近平书信选集》（第一卷），中央文献出版社，2022，第231页。

的组织机构，走上适应市场经济发展的规范化的道路。这是一个有积极意义的、很适合青年特点的活动，具有人性化、全球化和国际化的性质和特点。

"学雷锋志愿服务"把中国的学雷锋活动与国际志愿服务有机结合和优化组合，使雷锋精神更具有可持续性、包容性和超越性。一是在新的历史条件下，面对新情况、新问题、新变化，雷锋精神呈现可持续发展的新态势。二是在多元文化的社会里，雷锋精神接纳了许许多多不同信仰的人群和种族，更具有广阔的包容性。三是在日益全球化、国际化的今天，雷锋精神超越了国界、疆界，走向更广泛的地域范围，完全可以成为全人类共同价值。不过还要明确三个问题。雷锋与志愿者虽然有一致性和共同点，但是不同源、不同质、不同名。一是雷锋精神源于中国共产党全心全意为人民服务的宗旨和中华民族的传统美德；而志愿者源于 19 世纪初期欧美带有宗教性质的慈善事业，二者植根土壤和生态环境是不一样的。习近平总书记说："雷锋精神是中华民族五千年中华优秀传统文化和红色革命文化、社会主义文化的结合。"[1]二是二者的价值取向是不一样的。雷锋精神的本质体现的是社会主义核心价值观和社会主义先进文化；而志愿者的本质是西方的人道主义援助和慈善事业。习近平总书记说："雷锋精神是永恒的，是社会主义核心价值观的生动体现，你们要做雷锋精神的种子，把雷锋精神广播在祖国大地上。"[2] 三是雷锋和志愿者的名字不能混同和替代使用。雷锋是随时随地做好事，是为人民服务一辈子的，是为伟大的人类解放事业奋斗终生的。"雷锋就是志愿者，志愿者就是雷锋"这个提法是不妥的。应该说雷锋并非志愿者，志愿者当学雷锋。雷锋的奉献精神是非常高尚的，是志愿服务精神（友爱、互助、进步）的精髓。雷锋精神的本质是不变的，不能分为新时代雷锋精神和旧时代雷锋精神，只能说"学雷锋志愿服务"是雷锋精神在新的历史时期，在改革开放的条件下，在多元文化的社会里，焕发的奇光异彩，是在新时代绽放的更加璀璨的光芒。

---

[1] 转引自《"那天，我跟着总书记学雷锋"——专访抚顺雷锋纪念馆馆长李强》，《雷锋》杂志 2018年第 11 期，第 9 页。

[2] 转引自陶克《雷锋，人类美好的向往》，湖北教育出版社，2023，第 243 页。

七是明确了"学雷锋要从娃娃抓起"的定位，确立了"雷锋精神进校园"，并以此主导"高校大思政课"改革的担当和使命。习近平总书记说，学雷锋"要从娃娃抓起"①，"雷锋精神是不朽的丰碑。要深入挖掘雷锋精神的当代价值，创新学雷锋活动的方式方法，使雷锋精神真正深入人心，成为全社会特别是青少年的价值取向。学校是开展学雷锋活动的重要依托，青少年是学习雷锋精神的重要群体。要把学雷锋活动与加强未成年人和大学生思想政治教育结合起来，让学雷锋活动在广大青少年中蔚然成风，让雷锋精神代代相传，发扬光大"②。习近平总书记定位学雷锋要从娃娃抓起的基调，赋予雷锋精神立德树人、少年强国的战略使命。习近平总书记非常关心用雷锋精神对青少年进行培养教育。他先后在与全国人大上海代表团、解放军代表团和给抚顺市雷锋小学的回信中，一而再、再而三地强调要让雷锋精神进校园、进课堂、进头脑。这绝不是权宜之计，而是百年大计、千年大计。这是一项系统工程、是启蒙教育工程、人生基础工程、家长放心工程、国家希望工程、人才战略工程、中华民族长治久安工程。

八是明确了大家都要努力"做雷锋精神种子"的定位，确立了各级都有"广播"雷锋精神责任的担当和使命。2014 年 3 月 11 日，习近平总书记出席十二届全国人大二次会议解放军代表团全体会议接见部分基层代表时对雷锋连指导员说："你们要做雷锋精神的种子，把雷锋精神广播在祖国大地上。"③习近平总书记这段话是对雷锋连指导员说的，也是对雷锋团全体官兵说的，更是对全党全军全国人民说的。我们一定要把雷锋精神的种子广播在祖国的土地上，广播在全国的广大城市和乡村。号召全国人民学雷锋、做雷锋、争先锋，各行各业，各条战线，上上下下全体动员学雷锋。雷锋有魅力，民族有希望，国家有力量，实现中华民族伟大复兴指日可待。

---

① 习近平2014年3月11日出席第十二届全国人大二次会议解放军代表团全体会议接见雷锋连指导员谢正谊时的讲话，引自《解放军报》2014 年 3 月 12 日第 1 版。

② 习近平2012年3月5日在参加十一届全国人大五次会议上海代表团审议时的讲话，引自《人民日报》2012 年 3 月 6 日。

③ 习近平2014年3月11日在出席十二届全国人大二次会议解放军代表团全体会议接见雷锋连指导员谢正谊时的讲话，引自《人民日报》2014 年 3 月 12 日。

总之，习近平总书记迄今关于新时代学雷锋的 20 多次讲话和论述，是一个比较系统的科学体系，是新时代中国特色社会主义思想的重要篇章，是当前和今后全民学雷锋的根本遵循。

2019 年 10 月，中共中央、国务院印发《新时代公民道德建设实施纲要》，要求"弘扬雷锋精神和奉献、友爱、互助、进步的志愿精神，围绕重大活动、扶贫救灾、敬老救孤、恤病助残、法律援助、文化支教、环境保护、健康指导等，广泛开展学雷锋和志愿服务活动，引导人们把学雷锋和志愿服务作为生活方式、生活习惯。推动志愿服务组织发展，完善激励褒奖制度，推进学雷锋志愿服务制度化常态化，使'我为人人、人人为我'蔚然成风"①。《纲要》的这个提法通俗易懂、接地气，这是学雷锋半个多世纪以来一个崭新的提法，如同 20 世纪五六十年代深受人们接受的"我为人人，人人为我"的口号一样，使学雷锋融入人们日常生活，使我们的人生更有意义，社会更加美好。

（本文执笔：华东方，系辽宁省中国特色社会主义理论研究中心研究员、国家一级作家）

---

① 中共中央　国务院印发《新时代公民道德建设实施纲要》，https：//www. gov. cn/gongbao/content/2019/content_5449646. htm，最后访问日期：2024 年 9 月 29 日。

在"中国之治"的广阔天地大显神通

王真茂

"幸福花儿开,'阿拉'生活真开心。"短短一句话,浓缩了广大人民群众对新时代文明实践的真心拥护,深情表达了人民群众对学雷锋志愿服务的由衷称赞。

新时代文明实践形成治国理政基层治理活力,学雷锋志愿服务广阔天地绽放时代文明花,推动和促进当代中国社会主义精神文明不断发展进步。

截至 2022 年底,全国共建成新时代文明实践中心 2817 个、新时代文明实践所 3.8 万多个、新时代文明实践站 58 万多个[1],"志愿红"走进社区、乡村、校园,在大街小巷、商场公园等,宣传党的创新理论、用雷锋精神培育时代新人,开展法治和社会主义核心价值观宣传教育、扶危济困、扶弱助贫、清扫卫生等公益活动,文明新风惠及千家万户,激发了社会治理新活力,形成了和谐祥和的社会环境,提高了人民群众的幸福感、获得感和安全感,为决胜全面建成小康社会、夺取脱贫攻坚战胜利和实现第二个百年奋斗目标,提供了强大的社会基础、思想保证、精神动力和文化条件。

新时代文明实践取得的丰硕成果,充分证明了以习近平同志为核心的党中央从战略和全局高度作出的这项关系党和国家、民族发展前途命运的重大决策的前瞻性,也充分彰显出依托新时代文明实践开展的新时代学雷锋志愿服务的重大意义、时代价值和强大生命力。

---

[1] 《喜迎二十大 | 以文明实践汇聚前行力量——各地新时代文明实践中心扎实引导群众踔厉奋发新征程》,https://baijiahao.baidu.com/s?id=17464912 53448390113&wfr=spider&for=pc,最后访问日期:2024 年 9 月 29 日。

顶层设计，精准布局，学雷锋志愿服务 在治国理政基层实践中彰显时代新价值

着眼全局，战略擘画，学雷锋志愿服务创新治国理政基层治理格局。

党的十八大以来，以习近平同志为核心的党中央，面对百年未有之大变局，准确把握新的历史方位，坚持以人民为中心的发展思想，以实现人民群众对美好生活的向往与期待为使命，把增进人民福祉、提高人民群众幸福指数作为出发点和落脚点，以宽广的视野和长远的眼光，作出了建设新时代文明实践中心的重大决策，深入推进理论探索和实践创造，形成了新时代文明实践新方略新格局。

这是夯实宣传思想工作基层基础，将习近平新时代中国特色社会主义思想送进千家万户、千村万寨的重要载体，是新时代精神文明建设工作的重要创新，也是适应时代发展客观要求、加强和推进新时代社会治理、推动社会主义精神文明建设、提高人民群众思想道德素质、不断满足人民群众对美好生活向往、日益增强获得感、幸福感、安全感，保证社会长治久安的有效举措。

2018 年 7 月 6 日，习近平总书记主持召开中共中央全面深化改革委员会第三次会议，对新时代文明实践作出精确定位，提出明确要求。作为深入宣传习近平新时代中国特色社会主义思想的一个重要载体，着眼于凝聚群众、引导群众，以文化人、成风化俗，调动各方力量，整合各种资源，创新方式方法，用中国特色社会主义文化、社会主义思想道德牢牢占领农村思想文化阵地，动员和激励广大农村群众积极投身社会主义现代化建设。

之后，党中央相继对推进新时代文明实践中心建设作出一系列部署，明确以全县域为整体，以县、乡（镇）、村三级为单元，以志愿服务为基本形式，打通城乡公共文化服务体系的运行机制、文化科技卫生"三下乡"的工作机制、群众性精神文明创建活动的引导机制，整合人员队伍、资金资源、平台载体、项目活动，推动基层宣传思想文化工作和精神文明建设改革创新，实现更富活力、更有成效、更可持续的发展。

　　同时，确定新时代文明实践为主要抓手，以学雷锋志愿服务为基本形式助推新时代文明实践落地，并实行常态化，实质是把学雷锋志愿服务引入了"治国理政"基层实践，推动农村精神文明建设和基层宣传思想工作守正创新、开创新局面，不断适应人民群众新期待，满足人民群众对美好生活的向往。这既是当代中国特色社会主义精神文明建设的实践创新，也是基层社会综合治理的实践创新，对建好用好文明实践中心、推动基层精神文明建设、优化社会治理水平和环境、满足人民群众对美好生活的向往，具有政治性、时代性、基础性、社会性和战略性的重大现实意义和深远历史意义。

（一）传递温暖爱心，架起党、政府和百姓的"连心桥"

　　学雷锋志愿服务的一项重要内容，是通过访贫问苦、扶贫济困，帮助那些生活、身体和家庭存在困难的人民群众解除困境、减轻压力，送去爱心，将党和政府的关怀送到他们的心坎上，使他们感受到党和政府的温暖，感受到社会主义的优越性，坚定听党话、跟党走。同时，学雷锋志愿服务通过扶贫又扶志，支持和鼓励生活暂时处于困境的人民群众不气馁、不放弃，坚定信心，通过自身奋斗努力走向美好未来。

（二）传播精神文明，推动城乡精神文明建设走上"快车道"

　　新时代文明实践中心最重要的价值，在于"凝聚群众、引导群众、以文化人、成风化俗"，增强民众自我教育意识，不断提升社会文明素养水平。新时代文明实践学雷锋志愿服务活动，通过开展"学善、传善"等活动，在把关怀带给社会的同时，传播了文明，"爱心"和"文明"的融合影响，汇聚成弘扬文明新风尚的强大社会暖流，使"崇德向善"的理念深入人心，进一步提升了辖区民众的文明素质和社会文明程度，城乡精神文明建设焕发新气象。

（三）促进社会和谐，广阔天地展现风和日丽"艳阳天"

　　学雷锋志愿服务最重要的作用是传递真善美、传播正能量，在送爱心、送温暖的同时，进家入户、到田间地头、厂区车间，开展党的创新理论、法制宣传教育和宣扬英雄模范、身边好人，推动移风易俗，涵育文明乡风，调解邻里纠纷、家庭矛盾，消除现实的、潜在的各种不和谐、不安定因素，人与人加强交流往来、相互关怀帮助、关系融洽、家庭和睦相处、生活幸福安宁，将村寨和乡镇建设得富裕美丽又和谐文明。

（四）提升服务质量，提高人民群众对美好生活向往"实现度"

群众需要什么，文明实践就做什么。群众在哪里，学雷锋志愿服务就延伸到哪里。围绕群众各种需求，整合各类资源，以文明实践便民利民服务体系为依托，学雷锋志愿服务充分借助辖区资源和力量，动员组织和影响引导群众积极参加乡村志愿服务队或志愿小分队，进行人居环境整治。根据群众不同情况、不同需求，因地制宜开展线上线下、"定向式"、"点单式"等综合或单项式便民服务，融入居民的点滴生活实际中，从而满足不同需求、不同层次、不同时段居民的各种服务需求，全面提升服务民生质量，最大限度满足人民群众对美好生活向往的实现。

（五）汇聚丰富要素，形成培育时代新人，提升公民思想道德"催化剂"

新时代文明实践的一大功能就是培养教育功能。学雷锋志愿服务以党政机关干部为中坚、以"五老人员"为骨干、以青年大学生为辅助力量，广泛利用当地各种培训要素、资源和条件，持续不断定期或不定期举办知识理论讲座、英模事迹报告，组织实地参观、文艺演出等，对青少年进行"三观"教育，对人民群众进行理想信念、社会主义核心价值观、红色革命文化和公民道德、文明素养、乡村"三风"等宣传教育，以春风化雨的行动、贴近大众生活的形式、润物无声的氛围，使青少年和人民群众在潜移默化中受到教育、滋养道德、提升觉悟。

赋予内涵，明确导向，学雷锋志愿服务在让
人民生活幸福"国之大者"中回应人民新期待

为中国人民谋幸福，为中华民族谋复兴，这是中国共产党的初心和使命，

也是激励中国共产党人不断前进的根本动力。

"人民对美好生活的向往，就是我们的奋斗目标。"这是 2012 年 11 月 15 日，刚刚当选中共中央总书记的习近平面对中外记者，向全党、向人民、向世界作出的庄严承诺。

美好生活，既包括物质生活，也包括精神生活。人们既渴望和向往富裕的物质生活，也需要高尚充实的精神生活和和谐平安的生态生活。

让人民生活幸福是"国之大者"。由此，学雷锋志愿服务成为顺应时代需要、人民期待、社会发展的一个有效载体，也是新时代治国理政基层实践的迫切需要。

（一）顶层设计以雷锋精神引领新时代志愿服务

2016 年 8 月 30 日，习近平总书记主持召开中央全面深化改革领导小组第二十七次会议，会议通过《关于公共文化设施开展学雷锋志愿服务的实施意见》，强调公共文化设施开展学雷锋志愿服务。这是中央层面第一次对学雷锋志愿服务例会研究、决策并进行顶层设计。特别是以"时代楷模""最美奋斗者"雷锋冠以志愿服务，赋予中国志愿服务以政治、时代、文化和精神的内涵，意义非凡，对中国志愿服务事业具有里程碑意义。这是当代中国精神文明建设领域的理论创新、实践创新和制度创新，标志着中国学雷锋志愿服务开启了一个全新过程，是以培育和践行社会主义核心价值观为根本，把志愿服务行动与学雷锋活动有机结合，向时代化、常态化、多元化、高层次、高质量发展的新载体，是对中华优秀传统文化的时代传承，有助于提升全社会整体文明建设和国民思想道德素质。

（二）重要指示指明新时代学雷锋志愿服务前进方向

习近平总书记高度重视新时代学雷锋志愿服务。

2023 年 2 月，习近平总书记在就毛泽东等老一辈革命家为雷锋同志题词 60 周年的重要指示中指出："新征程上，要深刻把握雷锋精神的时代内涵，更好发挥党员、干部模范带头作用，加强志愿服务保障和支持，不断发展壮大学雷锋志愿服务队伍，让学雷锋在人民群众特别是青少年中蔚然成风，让学雷锋活动融入日常、化作经常，让雷锋精神在新时代绽放更加璀璨的光芒，为全面建设社会主义现代化国家、全面推进中华民族伟大复兴凝聚强大力量。"①

在之前的 2019 年 7 月 23 日，习近平总书记在致中国志愿服务联合会第二届会员代表大会的贺信中提出："希望广大志愿者、志愿服务组织、志愿服务工作者立足新时代、展现新作为，弘扬奉献、友爱、互助、进步的志愿精神，继续以实际行动书写新时代的雷锋故事。"②

2014 年 5 月中旬，习近平总书记在委托中共中央办公厅调研室给时代楷模、邓州"编外雷锋团"的回信中指出，要"积极传递真善美，传播正能量"③。

2014 年 3 月 5 日，习近平总书记在给"郭明义爱心团队"的回信中强调："雷锋精神，人人可学；奉献爱心，处处可为。积小善为大善，善莫大焉。当有人需要帮助时，大家搭把手、出份力，社会将变得更加美好。我国工人阶级应该为全社会学雷锋、树新风作出榜样，让学习雷锋精神在祖国大地蔚然成风。希望你们努力践行社会主义核心价值观，积极向上向善，从'赠人玫瑰、手有余香'中感受善的力量，以实际行动书写新时代的雷锋故事，为实现中国梦有一分热发一分光。"④

2014 年 2 月 18 日，习近平总书记委托中共中央办公厅调研室给无锡市 3 名全国优秀志愿者周明珠、唐磊、苏大伟的回信中指出："相信会有越来越多的人像你们一样，乐于做雷锋精神的种子，将雷锋精神播撒在中华大地上。"⑤

习近平总书记的这些重要指示，内涵基本一致，明确了学雷锋与志愿服务融合之义，指明了新时代志愿服务的前进方向，成为新时代志愿服务的行动指南。

---

① 《习近平对深入开展学雷锋活动作出重要指示强调：深刻把握雷锋精神的时代内涵　让雷锋精神在新时代绽放更加璀璨的光芒》，《人民日报》2023 年 2 月 24 日。
② 《习近平书信选集》（第一卷），中央文献出版社，2022，第 231 页。
③ 转引自陶克《雷锋，人类美好的向往》，湖北教育出版社，2023，第 243 页。
④ 《习近平书信选集》（第一卷），中央文献出版社，2022，第 31 页。
⑤ 引自《人民日报》2014 年 2 月 19 日。

（三）以鲜明导向推进新时代学雷锋志愿服务

2017年4月，经党中央批准，中央文明办印发《关于深化群众性精神文明创建活动的指导意见》，要求"深化学雷锋志愿服务。大力倡导雷锋精神，弘扬奉献、友爱、互助、进步的志愿精神，进一步推动学雷锋志愿服务活动持续深入发展，引导激励人们把积极参与学雷锋志愿服务作为一种生活方式和生活习惯，使'我为人人、人人为我'蔚为风气"。

2019年10月17日，中共中央、国务院印发《新时代公民道德建设实施纲要》，明确"学雷锋和志愿服务是践行社会主义道德的重要途径。要弘扬雷锋精神和奉献、友爱、互助、进步的志愿精神，围绕重大活动、扶贫救灾、敬老救孤、恤病助残、法律援助、文化支教、环境保护、健康指导等，广泛开展学雷锋和志愿服务活动，引导人们把学雷锋和志愿服务作为生活方式、生活习惯"。

2019年3月2日和11月12日，中宣部分别在北京和抚顺召开学雷锋和志愿服务座谈会，号召"全民学雷锋、人人学雷锋"，并首次明确"学雷锋是魂，志愿服务是体，学雷锋和志愿服务是魂与体的统一"。进一步将学雷锋和志愿服务的关系清晰界定、准确定位，使中国志愿服务在更高层面上开展和发展。

2021年3月31日，中宣部、中央文明办召开推进学雷锋志愿服务工作电视电话会议，强调着力健全志愿服务体系，推进新时代学雷锋志愿服务高质量发展。学雷锋志愿服务要牢牢把握新时代新使命，在为民服务中彰显党的领导和社会主义制度的显著优势。

这些重要举措，充分体现了以习近平同志为核心的党中央站在实现人民群众对美好生活的向往目标的政治高度和时代高度，对新时代学雷锋高度重视，特别是把新时代学习雷锋做法、传承雷锋精神，转化为把学雷锋志愿服务落实到基层治理实践的制度安排，用鲜明的问题导向，倡导和推进学雷锋志愿服务的时代化、常态化，推进践行社会主义核心价值观，提升社会主义精神文明建设水平，最大限度地提升人民群众的获得感、幸福感、安全感。

制度创新，定岗明责，学雷锋志愿服务
在治国理政基层实践中注入发展新动力

历史和现实的实践告诉我们，任何一项工作的实施、开展，制度保障是重中之重。新时代新形势新情况，客观要求制度创新，也就是通过创设新的、更能有效激励人们行为的制度、规范体系，推动和实现工作、事业目标的实现。

（一）一个前所未有的战略谋划

2018 年 8 月，中共中央办公厅印发《关于建设新时代文明实践中心试点工作的指导意见》，对新时代文明实践中心作出制度创新安排。

1. 明确了组织领导保障

在县一级成立新时代文明实践中心，由县（市、区）党委书记或专职副书记担任中心主任，中心办公室设在县（市、区）党委宣传部，宣传部部长担任办公室主任。在乡镇一级成立新时代文明实践所，由乡镇党委主要负责同志担任所长。在行政村设新时代文明实践站，由村党组织主要负责同志担任站长。

2. 明确了志愿服务队伍保障

新时代文明实践中心（所、站）的主体力量是志愿者，主要活动方式是志愿服务。县级新时代文明实践中心组织和引导志愿者组建新时代文明实践志愿服务总队，由县（市、区）党政主要负责同志担任总队长。

3. 明确了职责任务保障

县级新时代文明实践中心负责文明实践工作的统筹协调和组织实施，指导乡镇、村开展工作，研究制定工作规划，对主要内容、培训教材、人员队伍、活动项目等作出计划并具体实施，做好志愿者的组织引导、登记注册、表彰嘉许、权益保障工作，依托各种平台组织志愿者开展文明实践活动。乡镇新时代文明实践所发挥承上启下作用，按照统一规划部署，结合实际抓好落实，推动村新时代文明实践站常态化开展活动。村新时代文明实践站结合农村群众的生产劳动和实际需要，运用本地资源优势，用农村群众喜闻乐见的形式开展活动。

4. 明确了组织财政保障

县（市、区）党政主要负责同志要亲自抓、带头做，层层压实责任，推动资源整合和工作落实。县（市、区）党委宣传部要充分发挥指导、协调作用，做好文明实践内容的审核把关，统筹调配各种资源和力量，加强对活动开展情况的督促检查。文明实践工作的基本经费原则上由县级财政提供，上级财政视情予以必要支持。同时，统筹协调文明委成员单位尽职尽责，各展所长，积极参与，鼓励引导社会力量通过多种方式支持文明实践工作。

可以说，新时代文明实践作为"推动农民全面发展、农村全面进步"战略之举，明确学雷锋志愿服务的职责设置、领导责任、工作要求、保障力度，都是前所未有的。

（二）一个具有划时代意义的制度创新

建设新时代文明实践中心，是党中央夯实宣传思想工作基层基础的重要决策，是将习近平新时代中国特色社会主义思想送进千家万户、千村万寨的重要载体，是新时代精神文明建设工作的创新。而"三级设置"、由县（市、区）党政主要负责同志担任新时代文明实践志愿服务总队总队长、明确职责、加强保障，则是一个具有划时代意义的制度创新。

1. 推动新时代学雷锋志愿服务有效开展的根本之举

《关于建设新时代文明实践中心试点工作的指导意见》明确"三级设置"、由县（市、区）党政主要负责同志担任新时代文明实践志愿服务总队总队长。党的十九届五中全会审议通过的《中共中央关于制定国民经济和社会发展第十四个五年规划和二○三五年远景目标的建议》提出拓展新时代文明实践中心建设，并把此纳入了我党第二个百年奋斗目标的新征程新蓝图。与此同时，按照中宣部、中央文明办工作部署，顺应各试点地方的需求，中央文明办一局组织编写的《建设新时代文明实践中心指导手册》，重申并强调了中央赋予县域单位党政"一把手"的两个新职位。核心要义在于，县域和乡、村的党政"一把手"不仅要在新时代文明实践中带头参加学雷锋志愿服务，起表率示范作用，而且肩负着组织领导推进的责任。也就是物质文明建设和精神文明建设的责任一肩挑、两手抓、两手都要硬。这就十分明晰和压实了三级党政"一把手"抓文明实践和学雷锋志愿服务的政治责任和工作责任，为充分发挥学雷锋志愿服务主体力量、开创新时代文明实践新局面，注入强动力，焕发新风貌。

新职位新责任、新要求新担当。

可以看出，中央提出和强调这一部署安排，是基于推进新时代文明实践中心建设有序进行而深思熟虑作出的科学设置和制度创新，是着眼于朝着第二个百年奋斗目标迈进的长远谋划。

2. 促进新时代学雷锋志愿服务蓬勃开展的有力之举

将学雷锋志愿者作为新时代文明实践中心（所、站）的主体力量，把学雷锋志愿服务作为主要活动方式，是新时代开展学习雷锋活动、弘扬传承雷锋精神的一个新形态，也是整合社会资源、聚力精神文明实践的新途径，有利于广泛宣传发动，把各方面的力量动员起来、组织起来，积极整合各部门、各志愿服务组织的人员队伍、资金资源、平台载体、项目活动等，推动志愿服务资源统一调配、集中投放，有效形成齐抓共管、科学高效的工作格局。这样既能保证新时代文明实践的正常进行、取得预期目的、达到预期成效，也是将新时代学雷锋贴近社会实际、贴近人民群众需求、接地气、顺民心的一个新途径。

3. 保障新时代学雷锋志愿服务蓬勃开展的长效之举

新时代文明实践开展学雷锋志愿服务活动，需要统一组织协调、指导检查和总结表彰激励，也需要人力、物力和财力支持，这些都需要统一、有效的运行机制保障。对此，党中央和有关部门的一系列文件，都相应做了明确，提出了要求。这对于新时代文明实践开展学雷锋志愿服务活动，提供了组织保障、人员保障和财政保障，使新时代学雷锋志愿服务活动成为有源之水、有本之木，确保有序、正常顺利进行和不断发展。

（三）一个作为"一把手工程"负责推进的空前工作格局

制度创新的作用和魅力，在于激发责任落实、强力推进工作进展，确保取得成效和达到目标。新时代文明实践的制度设计和全面推行，特别是作为"一把手工程"的设置，有力推动了包括学雷锋志愿服务在内的相关工作蓬勃开展，并成为强劲动力和支撑。

从 2018 年 8 月，中共中央办公厅印发《关于建设新时代文明实践中心试点工作的指导意见》，在 12 个省（市）的 50 个县（市、区）部署开展试点工作。到 2019 年 10 月，试点扩大到 500 个县（市、区、旗）。截至 2022 年底，全国共建成新时代文明实践中心 2817 个、新时代文明实践所 3.8 万多个、新时代文明实践站 58 万多个，3000 多个县（市、区）党政"一把手"出任学雷锋志愿服务总队总队长、副总队长，每个新时代文明实践所、站都由乡镇、村的党委书记、支部书记出任所、站长。

各级党委、政府认真贯彻落实习近平总书记重要指示精神和中央部署要求，提高政治站位，增强责任意识，把新时代文明实践中心建设作为"一把手"工程，摆上重要位置，特别是县域、乡（镇）和村的党政"一把手"，以前所未有的重视程度和抓实力度，聚焦任务要求、目标，坚持目标导向和问题导向相结合，制定工作方案、明确任务责任，提出层级要求。召开相关会议，组织整合协调各种力量，落实学雷锋志愿服务人员和组织的编成。深入基层、深入实际、深入群众中，了解情况、指导工作、督促检查、推进落地，把文明实践学雷锋志愿服务切实做深、做实、做优、做到位，城乡人民群众的精神面貌和环境卫生、文明建设焕发新气象。这些成果的取得，与各地县域三级党政主官们在新职位上齐心履职、尽心尽职是分不开的。

以新时代文明实践推动和促进文明风尚的形成、社会文明的进步，需要各级党委政府的领导，全社会的共同参与和努力，更需要各级领导干部特别是党员领导干部带头示范和影响带动。

作为全国新时代文明实践中心建设首批 50 个试点单位之一，徐州市贾汪区委领导一开始就把区"文明实践中心主任"和"区志愿服务总队长"两副新担子扛在肩上，两个责任落在行动，在带头示范的基础上，把"书记工程""一把手项目"推进到全区，纳入镇、村主官的政绩考评体系，明确在以学雷锋志愿服务为主要形式的新时代文明实践中，哪个书记镇长、村干部不带头不亲为，休怪"挂鸭蛋""挪位子"。创出了学雷锋志愿服务"十必联"（群众家中有喜事、丧事、难事、急事、病事，必上门联系；群众家中有矛盾纠纷、信访诉求、当兵入伍、空巢老人、留守儿童的，必上门联系）的做法，受到中央有关部门领导的肯定。

湖南省汉寿县高站位推动、全力支持新时代文明实践中心建设，成立了由县委书记任新时代文明实践中心主任、县长任第一副主任、其他县领导共同参与的中心班子，实行县、乡（镇）、村"三级书记"负责制，明确要求各级党委要将新时代文明实践工作摆在突出位置，充分发挥全县 81 家文明单位示范引领作用，结对帮扶新时代文明实践所、乡村学校少年宫和乡镇敬老院，形成了"中心吹哨、部门动员、各方参与"的工作机制，聚焦学雷锋志愿服务，绽放文明之光。

《雷锋》杂志记者在"辽宁行"中了解到，辽宁省铁岭县 4 万多名学雷锋志愿者在县"总队长"的示范带动下，全县新时代文明实践中各项志愿服务活动都突出了学雷锋元素，并贯穿于各项活动之中，形成了"全民学雷锋，共当志愿者"的生动局面。

《雷锋》杂志记者在对福建省上杭县委书记傅藏荣的访谈中了解到，该县作为全国首批新时代文明实践中心建设试点单位之一，特别注重强化党的领导，建立起中心、所、站三级网络，中心主任、乡镇所长、村级站长全由三级党组织的"一把手"担任，推行"3+N"模式组建学雷锋志愿服务队："3"是在县级建立志愿服务总队，在乡镇建立志愿服务支队，各行政村建立志愿服务分队；"N"是广泛动员各种社会力量加入志愿服务队伍。从"送服务"到"种服务"，从"送文化"到"种文化"，从"送爱"到"种爱"，清新务实的党风政风影响和带动了乡风民风持续向好。

实践表明，党中央给各县域试点单位党政主官赋予"文明实践中心主任""区志愿服务总队长"两个"新职位"，既是出于对负有一方经济社会发展重任的主要领导同志的信任，也是压实新时代文明实践和学雷锋志愿服务的政治责任和工作责任，旨在着力推进文明实践学雷锋志愿服务落地，也是适应时代新情况、不断实现人民群众对美好生活新向往新期待的迫切需要和现实需要。

领导重视,整体联动,学雷锋志愿服务在
治国理政基层实践中绽放时代新光彩

把学雷锋志愿服务作为新时代文明实践的主要活动形式,既凸显了新时代志愿服务的巨大社会价值,又拓展了志愿服务的活动时空,是对公共文化设施学雷锋志愿服务的延伸,更为新时代学雷锋志愿服务提供了发展机遇,展现了广阔愿景,成为新时代学雷锋的一个新形态和有效载体。在当代中国辽阔的大地上,新时代学雷锋志愿服务呈现百舸争流的生动景象。

(一)在宣传群众上创建新形式

凝聚民心共识和前行力量,使新时代学雷锋志愿服务迸发生机与活力,赋予新的时代意义,产生良好的社会效应。

各级学雷锋志愿组织和广大学雷锋志愿者,把当地的实践中心和实践站,变成吸引群众、宣传群众和受群众欢迎的思想文化阵地。针对当地实际情况,积极开展人民群众喜闻乐见、生动活泼的学雷锋志愿服务宣传活动,创新文艺演出、歌咏比赛、播放视频、文明宣讲、游戏互动等形式,广泛宣讲党的创新理论、社会主义核心价值观、红色革命文化和英雄模范事迹,宣传"反对浪费、文明办事"、移风易俗和生活垃圾分类等,通过向人民群众传达讲文明、爱奉献、热心助人的志愿服务精神,厚植红色基因,丰富人民群众精神生活,倡导和吸引人民群众提高政治思想觉悟、增强精神文明意识、自觉做新时代移风易俗、思想道德文明的参与者、践行者和贡献者。

党有号召,志愿者有行动。为了让文明实践活动扎实有效地推进,各地学雷锋志愿者从群众的切身关注入手,在解决群众的实际困难中成风化俗,在攻克社会生活的顽疾中以文化人,积极主动作为,为人民群众提供了教育、文化、生活、生产等服务,在党、政府和人民群众之间架起了"连心桥"。

北京充分利用高新科技,创新开展新时代文明实践活动形式,创造开展志愿活动、服务群众的快捷载体。居民如想请志愿者到社区提供文化艺术、医疗健身、助学支教等服务,可以在手机 App 上"下单"。学雷锋志愿者看到

需求后，即可报名接受"派单"。这种精准化志愿服务模式，满足了群众多元化的需求，成为文明实践活动的一个"亮点"。

上海市以红色文化引领文明实践，充分发挥学雷锋志愿服务的桥梁与纽带作用，突出主题主线，着力打造党史和理论传播的"永远跟党走"育人大课堂；突出为民利民，织密服务群众"精细网"，共建整合多方资源的共享大平台；完善工作机制，优化文明实践"生态圈"，营造学雷锋志愿服务的暖心大环境。

内蒙古鄂尔多斯市准格尔旗友谊街道聚焦需求导向、民生导向，以"和美谊家"生活服务民生实事项目和准汇美好新时代文明实践为民办实事项目为抓手，充分发挥新时代文明实践所（站）统筹协调、整合多方资源的作用，持续开展形式多样的文明实践活动，让文明成果惠及广大群众，让文明风尚持续培育。实践活动创新意。在春节、元宵节、清明节等传统节日与三八妇女节、世界读书日、全国助残日等重要节日，友谊街道将传统节日与现代元素有效结合，贯彻"第一议题"制度，学习习近平总书记关于亲情、美德、家庭、读书等的重要论述；通过手工制作、谜语竞猜、现场品尝、入户慰问、美食展示、专题分享、评选表彰等环节，深刻挖掘节日内涵，丰富活动形式，持续培育并传承与发扬中华优秀传统文化。每一次活动方案详尽、具体、操作性强，居民参与度高，2022 年以来共开展 90 余场活动，受众 3000 余人，活动赢得广大党员群众高度评价和热烈欢迎，实现了新时代文明实践为民办实事项目的精准滴灌。

江苏省连云港市赣榆区为让农民、山民、渔民"懂政明理"，做党的乡村振兴战略和富民政策的"明白人"，组织了 15 支乡"理"乡亲文艺巡演队伍，结合"乡音+乡韵+乡情"文艺会演，坚持方言特色，创作"三句半"、快板等形式的理论曲艺作品 200 余个，在烈士陵园等地开展"实景"党课，在微博、微信新媒体、电台电视台、公交车出租车等平台开展"联播宣讲"，一批党的创新理论成果以文艺小节目、文明小故事、理论小常识、村头小喇叭"四小"形式，送到群众身边，获得了"连天线"又"接地气"的传播效果。与此同时，打造线上线下"百科教堂"特色志愿服务品牌，利用文明实践智慧云平台，将党的创新理论、教育、扶贫、就业、食品安全、粮食补贴、乡村振兴等方面的知识送到群众身边,开设"怀仁"家庭教育大讲堂,整合学校、社区、家庭各类教育资源,开展家庭教育指导和实践活动。开展"我们的节日"主题活动,充分利用中华传统节日,结合八礼四仪活动、主题团日活动、国旗下讲话等,深化对青少年学生的传统文化教育。

山东省济南市章丘区统筹运用党群服务中心、文化服务中心、乡村学校少年宫、家长学校、志愿服务站等各类阵地和场所,建立了 18 个镇街分中心、32 个文明实践基地、823 个村级实践站,实践广场、主题公园、文明长廊、新时代职工之家等遍布城乡,把宣传群众、教育群众的阵地延伸到居民村落、田间地头、园区工地等生产生活一线。

(二) 在服务群众上彰显新作为

"等我长大了,也要像他们一样帮助更多有需要的人。"意外烧伤的 12 岁新疆姑娘古丽则热·吾斯曼因说。广大志愿者的热心关爱帮助让她和家庭生活脱离了困境,她由此表达了长大后要做一个学雷锋志愿者的心愿。这折射出了新时代学雷锋志愿服务所产生的社会效应。

1. 建立学雷锋志愿服务站 (点)

为让更多的市民享受到便民服务,贴近他们日常生活,打通服务群众的"最后一公里",各地普遍建立了学雷锋志愿服务站 (点)。独特的外观、特色的布置和常态化值守、提供贴心的服务,成为市民群众喜爱和信任的便民服务阵地。

上海市徐汇区将新时代文明实践与学雷锋志愿服务,持续多年探索融入基层治理、融入城区发展,打造学雷锋志愿服务"三新"新路径。①新方法:一套共鸣共情共振的好机制,"1+1+13+311"三级联动的志愿服务组织管理架构不断完善,全区现有注册志愿者 36.93 万人、志愿服务团队 2400 余支。"变心动为行动"的入脑入心,连续 3 年推出的"新思汇"理论大课堂,聚焦区域发展重点、社会关注焦点和城区治理难点,凝聚各方力量进行宣讲。同时,由领导干部、专家学者组建特色志愿服务宣讲联盟,集中开展理论宣讲活动 2000 余场,培育理论宣讲志愿服务项目 250 余个,推动党的创新理论"飞入寻常百姓家"。②新作为:一个串起众品牌的文明圈。把志愿服务与文明实践紧密结合起来，以思想理论共悟圈、美好生活共建圈、民生服务志愿圈、文明新风共育圈、未成年人德育圈"五圈"为抓手，构建起"15分钟新时代文明实践圈"，全面拓展志愿服务阵地网络，先后建成 256 个特色实践阵地。③新楷模：一群引领文明风尚的"活雷锋"。徐汇区注重加强"中国好人""最美志愿者"等典型人物的传播力和影响力，以老典型示范和带动新典型，让都市风范充分彰显。以先进模范引领社会风尚，以时代榜样弘扬道德力量，以此推出"新风汇""美育汇""实践汇"大讲堂，通过汇聚区道德模范、专家学者、文明实践和志愿服务代表等，开展先进模范基层巡讲和"传帮带"活动；通过述心声、话文明、微分享、树新风等形式，推动榜样力量转化为群众践行核心价值观的实际行动，让雷锋精神转化为培育时代新人的内生动力。

辽宁省调兵山市晨光社区结合实际，通过抓队伍、搭平台、亮品牌，深化服务内涵，突出"人性化"服务方式，通过结对帮扶、送考送餐、上门理发、公益爱心筹集、文艺演出等各具特色的活动，与其他志愿服务队伍建立"友善之家"，建立长期有效的管理机制，每年开展爱心捐赠活动 200 多次。建立"爱心团队"，打造精品志愿服务项目。以"服务民生、服务社会、服务发展"为理念，先后建立了雷锋车队志愿服务队、"心连心志愿团"、党群志愿为民服务队特色志愿服务队伍、"581"社区志愿服务队（"581"谐音"我帮你"）、"578"志愿服务队（"578"谐音"我去帮"），社区志愿服务1400 余人，围绕群众需求，志愿服务实行"群众点菜、社区搭台、党群共建、群众自治"工作模式，提升了基层社区志愿服务的综合能力。

山东省龙口市以规范新时代文明实践中心建设体系为依托，全市镇街区文明实践所、站达到了"有场地、有队伍、有制度、有计划、有活动、有成效"的标准要求。在居民聚集区、公共服务设施、窗口单位及其他重点公共场所，一个个雷锋驿站成为"宣讲政策理论、提供便民服务、建设积分超市、开展专业服务"等群众进得去、乐得起来、踊跃参与的"加油站"，打通了文明实践服务的"最后一米"。

2. 全天候、常态化提供服务

文明新风惠万家，学雷锋志愿服务暖人心。各地学雷锋志愿服务组织因地制宜，采取各种形式、运用各种资源，为群众开展一系列暖心服务：爱心义卖、公益宣传、提供轮椅、急救服务箱、便民服务箱（备有老花镜、针线包等）、免费热水、爱心雨伞、咨询服务等。有的实现"全年无休"，做到常态化提供服务，不论寒暑、不畏风雨。

近年来，先后被授予"全国最佳志愿服务组织""山东省先进基层党组织"等荣誉称号的高密市党员雷锋团，组织全市党员志愿者自觉践行初心使命，"有一分热发一分光"，用奉献担当续写新时代志愿故事，以实际行动诠释雷锋精神。坚持"以党建统领学雷锋志愿服务"的工作模式，加强党的组织体系建设，设置党委党校、党代表工作室等多个职能部门，退役军人雷锋营等 21 个营（党总支），雷锋妈妈连等 385 个连（党支部），党员红衣天使等 24 个项目组，党员雷锋车队等 13 支大队中队，100 个党员雷锋益站，100 处党员雷锋岗，3 处爱国主义教育基地，500 平方米党员事迹展厅。实施"10 个100 工程"，与 400 多个特殊家庭结对，为 16000 余人送去党的关怀和社会大家庭的温暖。积极推动在职党员到居住地社区报到，建立标准化服务程序，在职党员到社区服务次数累计达 2.1 万人次。设置"党员雷锋益站"，定期邀请"益站"周边的孤寡老人、户外工作者、残疾困难家庭人员等到益站挑选物资，让志愿服务更加人性化、多元化和精准化。全市 300 余处悬挂"雷锋益站"牌子的沿街商铺，使一个又一个需要帮助的人及时得到热情关心和温馨关爱。

浙江省建德市用文明浸润一座城。一是数字赋能，文明实践智慧先行。借助数字赋能先发优势，依靠"城市大脑"，延伸新时代文明实践中心、所、站服务功能，打造数字服务平台，通过"无界"展示系统，以数字化形式展示宣传内容、丰富宣传效果，为城市文明创建注入新动能，让更多文明创建成果惠及百姓生活。二是志愿红成为建德最温暖的底色。组建了 6 支市级志愿服务联盟，包括 32 支志愿服务队伍，为文明实践中心、所、站提供专业服务。通过线上报名吸引社会力量参与中心实践文明服务，吸收专业医务人员和技术人员，开展理论宣讲、专家义诊、心理咨询等专业志愿服务。三是文明之花成为建德最美"市花"。建德市以文明实践中心为基点，辐射全市各角落。创新推出"文明一平米"，即以自己为中心点的一平方米空间里，文明地做好每一件事，共同为全市文明建设作贡献。可以有序排队，可以垃圾分类，可以光盘行动，可以文明养犬，把文明精确到了"一平米"，得到了广大人民群众的支持和参与，成为建德市历时三年，一举摘得"全国文明城市"桂冠的秘诀所在。

内蒙古自治区公路交通投资发展有限公司巴彦淖尔分公司，以弘扬践行社会主义核心价值观为引领，依托公路运营管理。将公路收费站、养护工区、服务区打造成为新时代学雷锋志愿服务站，将雷锋精神播洒在北疆万里路上。在各收费站建设"雷锋岗亭"，为过往司乘人员免费提供开水、应急药品、维修工具等；在各服务区建设"雷锋服务站"，为过往司乘人员提供洗浴、洗衣、旅游路线咨询等免费服务；在自然灾害频发路段，设立"雷锋路段"；在养护巡查车辆上张贴"雷锋"标志，主动帮助司乘人员解决路上遇到的困难，以实际行动弘扬雷锋精神。

3. 及时快捷为群众排忧解难

"我帮你！""我来了！"一个个身穿"红马甲"的学雷锋志愿者，像随风飘拂的蒲公英，走到哪里就将文明的种子撒到哪里，就把爱心和真善美播撒在哪里，书写了新时代的雷锋故事，成为新时代学雷锋志愿服务的一道亮丽风景线。

各地学雷锋志愿服务组织和志愿者走进社区、走进乡村、走进基层，登门入户，对老弱病残人员嘘寒问暖、清扫卫生、换洗衣服、买菜买米，提供力所能及的关爱和帮助。帮助寻找走失的小孩、老人，把他们送到亲人身边，主动扶起摔倒老人、关爱残疾人、热心为外地和本地的人指路、热情照顾突发疾病的大人小孩、帮助照看家中没人的左邻右舍，积极清扫环境卫生、美化环境植树种绿……

"时代楷模"、邓州"编外雷锋团"大力开展"学雷锋送温暖、献爱心"活动，他们根据不同时期、不同需求，开展爱心送考、爱心助学、爱心助残、爱心助校、爱心助老、爱心救助、爱心妈妈，助力乡村振兴和参与其他公益事业活动，坚持不懈从未间断。据不完全统计，这些年来全团共为社会各界捐款捐物计 1720 余万元，充分展现了大爱的胸怀、奉献的精神。

街头巷尾、房前屋后，随时随处可见的"红马甲"，成为内蒙古自治区乌海市的一抹最亮色彩。学雷锋志愿服务者以真心付出活跃在公益活动现场，以一颗火热心帮助每一个困难的人，用爱温暖城市。近年来，乌海市不断深化学雷锋志愿服务体系建设，学雷锋志愿服务队伍日益壮大，学雷锋志愿服务活动蓬勃开展，学雷锋志愿服务品牌不断彰显，文明新风尚蔚然成风。一是加强队伍建设，扩宽学雷锋志愿服务的"广度"。为解决新时代文明实践"谁来做"的问题，乌海市围绕织密学雷锋志愿服务"一张网"，广泛组建队伍，迅速形成规模。二是聚焦项目培育，提高学雷锋志愿服务"精度"。坚持以"我帮你"学雷锋志愿服务为抓手，从满足群众普遍共性需求和个性化、差异化需求出发，积极孵化培育"我帮你·唤醒沉睡的心"全民公益急救普及培训学习雷锋志愿服务项目、"榜样在身边"道德模范身边好人宣讲团志愿服务项目等具有乌海特色的学雷锋志愿服务项目 30 多个，努力实现实践志愿服务的精准化、常态化和便利化。还以项目化带动各领域学雷锋志愿服务的创新性、可持续性发展，重点打造"我是党员·我帮你""我是医务人员·我帮你"等 35 个特色学雷锋志愿服务品牌，使"奉献、友爱、互助、进步"的志愿精神在群众心中不断生根发芽，让城市时刻充满爱。三是依托线上"心愿墙"，提升学雷锋志愿服务温度。乌海市海南区公乌素镇利民社区党委秉持为人民服务宗旨，为切实解决辖区居民群众关切的烦心事、揪心事、操心事，依托社区线上"心愿墙"平台，于 2022 年 10 月 19 日打造并启动了"数字心愿墙"，由网格员负责日常信息汇总及需求处置，将线上"心愿墙"使用方法逐户告知到位，组织党员干部和志愿者自发定期走访了解大家生活需求，确保疫情期间群众生活必需品应供尽供，群众日常需求应保尽保。针对居民群众需求，利民社区想群众之所想，急群众之所急，依托新时代文明实践站"心愿墙"，创新打造了一面只需要在家动动手指，就能足不出户解决日常生活需求保障的"数字心愿墙"。居民通过线上"心愿墙"，录入自己的信息与需求内容，社区每日定时汇总，分门别类后进行志愿"派单"处理，为群众送"服务"上门，送"温暖"进家。

"爱心妈妈"团队为特困儿童播洒阳光。在江苏泗洪县，有一支本地志愿者 300 多人、全国志愿者 5000 多人的爱心妈妈志愿服务团队。她们通过"生命开花""宝宝不哭"等项目，运用情感慰藉、心理疏导、生活帮扶、创办

"艺术团""爱心图书馆"等方式，十多年如一日救助特困大病患儿，精准帮扶孤贫残障儿童，誉满苏北大地、洪泽湖畔。

建行德州德城支行发挥"雷锋驿站""爱心传递"效应，将雷锋精神与志愿服务有机融合，通过"五个走进"向外延伸服务触角：一是走进贫困家庭：对新华街道办事处辛庄村定点帮扶困难户进行了长期帮助，为他们购置了洗衣机、锅碗等日常生活用品。二是走进敬老院：爱心团队定期到德州经济开发区社会福利中心开展志愿活动，为养老院活动中心打扫卫生、消杀，为老人准备爱心午餐，让老年群体充分感受到雷锋般的温暖。三是走进环卫站点：积极了解环卫工人生活现状，为他们提供多项暖心服务。四是走进社区：多次联合周边街道、公益组织走进各大社区，开展以"弘扬雷锋精神驿站与您同行"为主题的志愿服务活动，以实际行动践行"金融知识进万家　传承雷锋精神"，送去驿站的温暖和关爱。五是走进校园：志愿者不定期到德州学院、德州职业技术学院开展"普及金融知识　共筑安全校园"主题宣讲活动，帮助大学生群体树立正确的消费观念和金融理念，全面提升金融素养，增强对银行业机构和金融知识的理解和认识。

（三）在乡村振兴中展现新担当

广大学雷锋志愿服务组织和志愿者积极响应党中央号召，以饱满的热情和一个又一个实际行动，形成一支充满活力的力量。

为深入贯彻落实乡村振兴、脱贫攻坚战略，弘扬中华民族扶贫济困、崇德向善的传统美德，引导社会各界关注贫困问题，关心扶贫工作，宣传凡人善举，培育良好风尚，各级各类学雷锋志愿服务组织和志愿者积极开展助力脱贫攻坚志愿服务活动，深入低保户、分散供养五保户、大病户、重度残疾人户，在帮助贫困户清扫屋内外卫生的同时，以实际行动助力和推进精准扶贫，引导他们养成文明健康生活习惯，鼓励他们保持乐观向上的生活态度，增强战胜贫困的信心和勇气，提高自身精气神，在党和政府的关怀下以及社会各界的帮助下，充分发挥自身优势和资源，在社会关怀下加上自身努力，摆脱贫困奔小康，深切感受到了来自党、政府和社会各界的关爱和温暖，进一步拉近了和贫困户之间的距离，让困难群众在努力脱贫的同时生活得更加舒适舒心,收到了温暖人心、传递感动、凝聚力量的社会效果。

江苏省南通市通州区以整合发展为契机,积极探索新时代文明实践与融媒体中心的"两中心"融通联通机制,为打通宣传群众、教育群众、关心服务群众"最后一公里"形成强大合力。创新运用"互联网+",推动农产品出村进城,助力全区农产品宣传销售,与区农业农村局联合开展文明实践惠农直播活动,包括室内直播、户外直播、大型活动直播和农展会直播等,使"惠农直播"成为通州为民服务、乡村振兴的新品牌。

山东省济南市历城区书写乡村振兴"时代答卷"。缝纫角、健康角、理发角、爱心角"四角"建设,使历城区村居服务意识在潜移默化中得到提升,让村居更加和谐,为乡村振兴奠定了文明根基,用"小实践"为乡村振兴、田园历城建设聚起"大能量"。

中国建设银行山东分行在学习和弘扬雷锋精神与服务乡村振兴上不断探索创新,把确保金融向善、金融为民,不断提升金融服务的普惠性、均等性覆盖率和满意度,作为使命和责任担当,升级"港湾文化",以实际行动书写新时代雷锋故事。作为首批开展适老认证的国有银行,中国建设银行山东分行参与认证的 16 家二级分行、22 个网点全部通过适老服务网点验收,其中 18 家网点达到"适老服务示范网点"标准,是全国银行业通过适老认证网点最多的一级分行。同时,为每个网点配有"龙易行"设备,持续做好老年客群和特殊客群的上门服务,规范上门服务流程,将践行雷锋精神与优化服务机制、提升服务水平紧密结合起来,真正把"以人民为中心"落到实处。

(四) 在各种文体赛事经贸活动中发挥新作用

"我们要特别感谢全体志愿者。从我们抵达的第一刻起,你们就给了我们宾至如归的感觉。你们的微笑温暖着我们的心。谢谢你们,志愿者!"2022 年 2 月 4 日晚,在北京 2022 年第二十四届冬季奥林匹克运动会开幕式上,国际奥委会主席巴赫热情洋溢的致辞中表达的对志愿者的诚挚谢意,蕴藏着志愿者的时代价值和社会作用。无论是在比赛场馆还是在城市街头,十几万名北京冬奥会志愿者以热情周到的服务、默默的奉献,成为展示当代中国亮丽风采的"蓝精灵",绘就了最美的中国名片,赢得了国内外参赛运动员和来宾的广泛赞誉，也赢得了学雷锋志愿者的光荣。

在大江南北、长城内外各地举办的各种文体赛事、经贸活动中，都闪现着学雷锋志愿者的笑脸，跃动着学雷锋志愿者的身影。他们在场馆内外集结，提供场馆管理，赛事服务，物流、交通、技术、新闻运行、语言服务，体育竞赛、颁奖礼仪和人员引导，信息咨询，文明宣传，应急救助，文化传播，环境保障，共建平安，助残排忧等众多服务，以热情、周到、努力、付出和奉献，保障和保证了相关赛事、活动的顺利安全圆满举行，为经济发展、社会稳定贡献了青春力量，展现了当代中国学雷锋志愿者的新风采。

这些新时代文明实践和学雷锋志愿服务的生动实践，是全国新时代文明实践的一个缩影，生动体现了新时代文明实践学雷锋志愿服务的时代价值和强大生命力。

贴近民生，服务人民，学雷锋志愿
服务在治国理政基层实践中展现新作为

"天下太平，万物安宁。"风调雨顺、丰衣足食、国泰民安，是人民群众最基本、最普遍的愿望，也是人心所向、人民福祉所在。

在 2022 年世界经济论坛视频会议演讲中，习近平主席的一番话铿锵有力、掷地有声："不论遇到什么困难，我们都要坚持以人民为中心的发展思想。"充分彰显了中国共产党的理想信念、性质宗旨和初心使命，也是对党的奋斗历程和实践经验的深刻总结。

基层治理是国家治理的基础，直接关系到经济社会能否持续发展、繁荣和稳定。推进基层治理现代化，提高基层治理水平和能力，是适应世界之变、时代之变、历史之变的必然要求，是实现人民对美好生活向往的必然要求、新时代治国理政基层实践的题中应有之义，也是新时代文明实践的根本任务、目的和学雷锋志愿服务的重要内容。

在新时代文明实践中，各地按照中共中央办公厅印发的《关于建设新时代文明实践中心试点工作的指导意见》中"大力培育和践行社会主义核心价值观，切实提高农村群众的思想觉悟、道德水准、文明素养、法治观念，更

好推动农民全面发展、农村全面进步"的要求，结合实际，保证国家政治安全、确保社会大局稳定、促进社会公平正义、提高人民法律素养、保障人民安居乐业、创造安全和谐的社会环境。

（一）积极参加社区治理建设，为基层治理发挥主体作用

各地按照习近平总书记的建设人人有责、人人尽责、人人享有的社会治理共同体的要求，把社区治理作为新时代文明实践的重要内容抓紧抓实。下大力加强社区治理体系建设，建立健全区域内各有关单位联席会议、工作协调配合运行机制，创新基层治理形式，加强对居民委员会、物业的指导和管理，特别是整合区域内各种力量，组建成学雷锋志愿服务队，成为街道、社区和乡村的社会治理主体力量，打造共建共治共享的社会治理格局，实现了政府治理和社会调节、居民自治良性互动，居民的社区认同感和归属感不断提升。

"一线吹哨，各级报到。"长沙市望城区坚持以党建为引领，以雷锋精神为内核，创新实施"党建聚合力——雷锋哨"工程，把弘扬雷锋精神和"我为群众办实事"实践活动结合起来，引导以党员干部为生力军、学雷锋志愿者参加的万名网格员下沉基层，及时发现和解决群众急难愁盼问题，打通基层治理的"最后一米"，成为新时代学雷锋志愿服务融入社区治理建设的成功实践。

推动移风易俗，是惠及福泽千家万户的民生大事，也是引领文明、弘扬新风的社会好事。广西壮族自治区灌阳县文市镇运用红色教育推动移风易俗，充分发挥德高望重、公道正派的老党员、老干部、老教师和乡绅的作用，组织各村新时代文明实践站积极全面加强村民理事会、红白理事会、道德评议会、禁毒禁赌会建设，修订村规民约，并融入社会主义核心价值观教育，切实发挥"一约四会"的引导监督作用，大力倡导和深化婚丧习俗改革，在全镇营造了浓厚的新时代移风易俗氛围。

（二）积极参加法治教育宣传，为基层治理树起防范"火墙"

各地普遍成立学雷锋政法志愿服务队伍，根据形势和实际，分期分批到

农村、社区、校园、企业等，以讲座、图板、视频、参观、现身说法、实际操作等方式，开展法律知识普及教育，进行"拒绝毒品，珍爱生命"、移风易俗、防抢防盗、防网络电信诈骗和消防安全等宣传活动。

广大学雷锋志愿服务人员走进村居、企业单位、学校开展法制讲座，将法律知识和安全常识送到家门口，帮助企事业单位全面完善安全防范措施。

沈阳市深入开展"我为群众办实事，争做贡献促振兴"实践活动，全面叫响"我是党派来的"口号，积极探索践行"以邻为善、以邻为伴"理念新路径，组织学雷锋志愿者在内的多种力量，组建志愿服务小分队入村、进社区进行法治宣传，全面激活社会治理"末梢神经"，用心用情办好民生事，打造有爱有善有暖有伴的幸福家园，有效提升了社区治理效能。

（三）积极参加公共安全防控，为基层治理构筑坚固防线

"五老"在村里、路口、社区进行巡查，外卖小哥化身"反诈快递员"，交通志愿者走上街头引导交通、维持秩序，家长志愿者撑起校园"安全伞"……学雷锋志愿者助力基层社会治理。

各地组织学雷锋志愿服务队伍，节假日在小区内实施巡视。配合公安机关根据情况，对"点、线、面"，包括辖区内的会议场馆、旅游景点、公共设施、繁华街道、交通路口等，适时开展安全大检查，排除安全隐患。组织学雷锋志愿服务人员协助公安等有关人员，对举办的大型集会、商贸娱乐活动进行安全检查、维持秩序、疏导人员，确保安全。发生疫情等重大突发事件时，在街道、社区干部组织下，学雷锋志愿服务人员协助开展防控和救援工作。

与此同时，广大学雷锋志愿服务者还参加了关爱未成年人教育、家庭教育、邻里守望等宣传教育，为基层治理取得成效、推进社会安宁作出了应有的贡献。

《雷锋》杂志记者在踏访贵州省龙里县时看到，该县的志愿者在"总队长"的带头示范和统一指挥下，以激发群众内生动力为目标，在全县开展了"新时代文明实践大比武"。如今，各村寨组建了以农村党员、乡贤寨老为主的组管委、寨管委、理事会 605 个，组成一支 2800 多人的"萤火虫"志愿服务队，各族人民群众在党组织的引领下，自商、自筹、自建、自管蔚然成风。

（四）积极参加矛盾纠纷化解，为基层治理贡献力量

各地从实际出发，重视吸纳各界特别是离退休的公检法司学雷锋志愿者参加矛盾纠纷化解，充分发挥他们懂法律、会宣传、会做思想政治工作的行业能力优势，化解当事人心结、帮助企业和个人解决法律方面的纠纷问题。特别是广大学雷锋志愿者将法治精神与雷锋精神融为一体，对化解群众纠纷、社会矛盾和不稳定因素，优化基层法治"公序良治"，促进依法治国与以德治国的有机结合，发挥了重要作用。

湖南省长沙市望城区充分吸纳公安民警、法官、司法调解员、各类志愿者以及公益协会等参与到社会治理中来，形成了融合联动的工作格局，基本实现了"小事不出社区、大事不出街镇"。

"全国优秀派出所"、桂林市公安局秀峰分局白龙派出所组织辖区 60 名网格员和 200 名志愿者积极参与基层社会治理。大力推行"警调衔接""民调入所""律师进所"等举措，形成矛盾纠纷多元化解机制，确保矛盾不上交。

1. 春风吹拂万象新，大地盛开文明花

胸怀"国之大者"，点亮"万家灯火"，确保"万家平安"。随着新时代文明实践的不断深入推进和蓬勃发展，形成了"良政善治"，谱写了"中国之治"新篇章。作为基本形式的志愿服务、主体力量的学雷锋志愿服务队伍，以及时快捷、热情周到、广泛深入的服务，笑容可掬、满面春风的形象，将雷锋形象和学雷锋志愿服务的精神，立体式、全方位生动地展现在人民群众面前，给人一种如同春风拂面般的亲和暖心之感，无形中形成了雷锋精神的巨大影响力和感染力，让广大人民群众特别是青少年感到雷锋还在人间、感受到雷锋精神的伟大，影响带动更多的人感悟认同到雷锋精神，进而自觉参加学雷锋志愿服务活动，对密切党和群众的"鱼水情"，推动乡村全面振兴，解决人民群众生活、生产和家庭存在的各种困境，回应人民群众精神文化生活新期待，不断优化生活环境，提高社会思想道德素质水平，满怀信心脱贫攻坚，实现全面建成小康社会和奔向第二个百年奋斗目标，深化和推进社会主义核心价值观体系建设，发挥了重要作用。

新时代文明实践开展以来取得的成效充分证明，这是适应时代发展客观

需要、守正创新建设具有强大凝聚力、引领力的社会主义意识形态的重要工程，是建设具有强大生命力、创造力的社会主义精神文明，推进社会主义核心价值观体系建设和社会长治久安的有效载体。同时，为中国特色的学雷锋志愿服务提供了广阔舞台，充分体现了中国特色学雷锋志愿服务的时代价值。

2. 新时代文明实践蓬勃开展，学雷锋志愿服务方兴未艾

2024 年 4 月，中共中央办公厅、国务院办公厅联合印发《关于健全新时代志愿服务体系的意见》，对新时代新征程全国志愿服务活动做出总体规划，提出了总体要求、主要目标以及具体措施。这是全面系统部署健全新时代志愿服务体系的一份重要文件，对完善我国志愿服务体系、促进志愿服务事业的发展，具有十分重要的意义。特别是文件提出"把雷锋精神和志愿精神体现到志愿服务工作各方面，彰显中国特色志愿服务的时代价值和道德力量"，凸显了雷锋精神对新时代新征程志愿服务的引领示范和激励推动作用。

在迈向第二个百年奋斗目标的新时代新征程，随着新时代文明实践的广泛持续深入推进，作为主要活动方式的学雷锋志愿服务，将在推动践行社会主义核心价值观体系建设，提高人民群众思想道德素质和经济社会发展，实现人民群众对美好生活的向往，全面建成社会主义现代化强国、实现中华民族伟大复兴征程中，释放出巨大时代力量，书写新时代的雷锋故事，彰显深远时代价值。

（本文执笔：王真茂，系雷锋文化学者、辽宁省互联网协会新时代雷锋文化研究传播中心主任）

中国经济腾飞的内在
"魔力"和奋斗"底色"

姚洪越

2022 年 10 月 16 日，中国共产党第二十次全国代表大会在首都北京胜利召开，习近平同志代表第十九届中央委员会向党的二十大代表们作题为《高举中国特色社会主义伟大旗帜　为全面建设社会主义现代化国家而团结奋斗》的报告。在报告中，习近平同志总结了 2012 年以来的 10 年在经济领域取得的巨大成就："我们提出并贯彻新发展理念，着力推进高质量发展，推动构建新发展格局，实施供给侧结构性改革，制定一系列具有全局性意义的区域重大战略，我国经济实力实现历史性跃升。国内生产总值从五十四万亿元增长到一百一十四万亿元，我国经济总量占世界经济的比重达百分之十八点五，提高七点二个百分点，稳居世界第二位；人均国内生产总值从三万九千八百元增加到八万一千元。谷物总产量稳居世界首位，十四亿多人的粮食安全、能源安全得到有效保障。城镇化率提高十一点六个百分点，达到百分之六十四点七。制造业规模、外汇储备稳居世界第一。建成世界最大的高速铁路网、高速公路网，机场港口、水利、能源、信息等基础设施建设取得重大成就。"[1]伟大成就震惊世界。党的二十大报告中的数字，只能是一个总的概括，只能是从宏观领域对新时代十年成就的总结。如果我们深入了解这十年的成就，就会发现更为惊人的细节，更为震撼的图景。

基础研究经费从 499 亿元增加到 1817 亿元，长征系列运载火箭实施发射240 余次，2012 年~2022 年十年间累计实现城镇新增就业 1.3 亿人，基本医

---

[1] 习近平：《高举中国特色社会主义伟大旗帜　为全面建设社会主义现代化国家而团结奋斗——在中国共产党第二十次全国代表大会上的报告》，人民出版社，2022，第 8 页。

疗保险覆盖 13.6 亿人，基本养老保险覆盖超 10 亿人，人均预期寿命增长到 78.2 岁①，一组组数字背后，无数笑颜绽放。2021 年 2 月 25 日，全国脱贫攻坚总结表彰大会上，习近平总书记庄严宣告："我国脱贫攻坚战取得了全面胜利，现行标准下 9899 万农村贫困人口全部脱贫，832 个贫困县全部摘帽，12.8 万个贫困村全部出列。"② 2013 年至 2021 年，国内生产总值年均增长 6.6%，对世界经济增长的平均贡献率达到 38.6%，超过 G7 国家贡献率的总和，是推动世界经济增长的第一动力。2021 年我国居民人均可支配收入超过 3.5 万元，比 2012 年增长近八成，形成世界最大规模中等收入群体；群众安全感由 2012 年的 87.55% 上升至 2021 年的 98.62%，成为公认的 "世界上最安全的国家之一"；基本养老保险覆盖超 10 亿人，基本医疗保险覆盖超 13 亿人，九年义务教育巩固率达 95.4%，高等教育毛入学率达 57.8%，各级教育普及程度达到或超过中高收入国家平均水平。③ 居民人均可支配收入从 16500 元增加到 35100 元；城镇新增就业年均 1300 万人以上；建成世界上规模最大的教育体系、社会保障体系、医疗卫生体系，教育普及水平实现历史性跨越，基本医疗保险参保率稳定在 95%。及时调整生育政策。改造棚户区住房 4200 多万套，改造农村危房 2400 多万户，城乡居民住房条件明显改善。互联网上网人数达 10.3 亿人。④ 城乡居民人均可支配收入比值从 2012 年的 2.88 下降到 2021 年的 2.50。

　　经济成就令人振奋，经济成绩来之不易。这沉甸甸的经济成就，是以习近平同志为核心的党中央运筹帷幄、协调指挥的结果，是广大人民团结奋斗、砥砺奋进的结果，同样也是中华优秀传统文化和中国精神蓬勃激昂、振

---

① 《为人民谋幸福　为中华民族谋复兴——党的十八大以来以习近平同志为核心的党中央治国理政纪实》，http://www.xinhuanet.com/politics/leaders/2022-10/14/c_1129064851.htm，最后访问日期：2024 年 9 月 29 日。

② 习近平：《在全国脱贫攻坚总结表彰大会上的讲话》，人民出版社，2021，第 1 页。

③ 任仲平：《十年砥砺奋进　绘写壮美画卷——写在党的二十大胜利召开之际》，《人民日报》2022 年 10 月 15 日。

④ 习近平：《高举中国特色社会主义伟大旗帜 为全面建设社会主义现代化国家而团结奋斗——在中国共产党第二十次全国代表大会上的报告》，人民出版社，2022，第 10~11 页。

奋激励的结果。在党的二十大报告中，习近平同志多次强调精神的重要作用，他先后提到的精神有伟大建党精神、奋发有为的精神、斗争精神、整风精神、钉钉子精神、担当精神、实干精神、奋斗精神、主动精神、创造精神、真理的精神、企业家精神、科学家精神、法治精神、劳动精神、奉献精神、勤俭节约精神、战斗精神、爱国精神、中央八项规定精神、人民首创精神等丰富的内容，提出了"中国式现代化是物质文明和精神文明相协调的现代化。物质富足、精神富有是社会主义现代化的根本要求"。"丰富人民精神世界"这一中国式现代化的本质要求，"人民精神文化生活更加丰富"的任务目标，"增强实现中华民族伟大复兴的精神力量"和"满足人民日益增长的精神文化需求"的全面建设社会主义现代化国家目标，"推出更多增强人民精神力量的优秀作品"和"提炼展示中华文明的精神标识和文化精髓"的建设任务。从这些重要的论述中，我们可以看到雷锋精神的丰富时代内涵和重要现代价值。"钉钉子精神"直接来自雷锋精神，奋发有为的精神、斗争精神、担当精神、实干精神、奋斗精神、主动精神、创造精神、真理的精神、劳动精神、奉献精神、勤俭节约精神、战斗精神、爱国精神等与雷锋精神、雷锋的言行具有高度的契合性。新时代的经济腾飞是新中国长期接续奋斗的最新成就，可以说，新时代的伟大成就蕴含着雷锋精神的强大支撑，新时代的现代化建设，赋予雷锋精神以鲜明的巨大时代价值和地位。60年学雷锋始终激励、支撑、引领着亿万人民踔厉前行，雷锋精神是不容忽略的腾飞"魔力"之源和奋斗"底色"。

脱贫攻坚中的"雷锋精神"

2021年2月25日，人民大会堂，全国脱贫攻坚总结表彰大会隆重举行。习近平总书记庄严宣告："经过全党全国各族人民共同努力，在迎来中国共产党成立一百周年的重要时刻，我国脱贫攻坚战取得了全面胜利，现行标准下9899万农村贫困人口全部脱贫，832个贫困县全部摘帽，12.8万个贫困村全部出列，区域性整体贫困得到解决，完成了消除绝对贫困的艰巨任务，创造了又一个彪炳史册的人间奇迹！"①

摆脱贫困，是中华民族几千年长期没能实现的夙愿，即使在各种封建的"盛世"，贫困也是始终存在的顽瘴痼疾。无论屈原的"哀民生之多艰"，杜甫的"安得广厦千万间"，还是刘安的"家给人足，四海之内无一夫不获其所"，都是中华民族摆脱贫困的心灵呐喊。党的十八大以来，以习近平同志为核心的党中央高度重视脱贫攻坚工作，把全面脱贫攻坚作为全面建成小康社会的重要内容。在中共中央的坚强领导和科学部署下，广大干部群众积极投身脱贫攻坚一线，用拼搏、汗水乃至生命谱写了脱贫攻坚的时代长歌。中国的伟大脱贫攻坚精神体现了以热爱党、热爱国家、热爱社会主义的崇高理想和坚定信念，服务人民、助人为乐的奉献精神，干一行爱一行、专一行精一行的敬业精神，锐意进取、自强不息的创新精神，艰苦奋斗、勤俭节约的创业精神为内核的雷锋精神。雷锋精神的核心——信念的能量、大爱的胸怀、忘我的精神、进取的锐气，在脱贫攻坚中得到了充分的彰显，成为支撑脱贫攻坚伟大成就的坚实力量。

"山凿一尺宽一尺，路修一丈长一丈，就算我们这代人穷十年苦十年，也一定要让下辈人过上好日子。"习近平总书记会上引用的重庆市巫山县竹贤乡下庄村党支部书记毛相林说给乡亲们的这句话，正是一个共产党人的铮铮誓言。毛相林相信雷锋的话："只要我们有叫高山低头、河水让路的气概，是没有战胜不了的困难的。"2018 年，黄文秀带领全村通过易地扶贫搬迁脱贫 18 户 56 人，教育脱贫 28 户 152 人，发展生产脱贫 42 户 209 人，共计 88 户 417 人，贫困发生率从 22.88% 降至 2.71%；村级集体经济收入达 6.38 万元，实现翻番增收。她坚持扶贫与扶志相结合，注重乡风文明建设，成立"乡村振兴、青年作为"小志愿者服务队，开展村规民约吟诵比赛和文明家庭评选活动。百坭村获得百色市 2018 年度"乡村文明"红旗村荣誉称号。

黄文秀生活上十分简朴，不讲究吃穿，为人随和，平易近人。在百坭村担任"第一书记"一年多，每当贫困户有困难需要她在经济上援助时，她都慷慨相助，还经常自掏腰包慰问村里的孤寡老人和留守儿童，对她们嘘寒问

① 习近平：《在全国脱贫攻坚总结表彰大会上的讲话》，人民出版社，2021，第 1 页。

暖。她还帮助考上大学的贫困生争取各项补助，让村里苦读多年的寒门学子获得上大学的机会。艰苦朴素，对党忠诚，心系群众、担当实干，黄文秀是践行雷锋精神的楷模。

黄大年同志秉持科技报国理想，把为祖国富强、民族振兴、人民幸福贡献力量作为毕生追求，为我国教育科研事业作出了突出贡献，他的先进事迹感人肺腑。我们要以黄大年同志为榜样，学习他心有大我、至诚报国的爱国情怀，学习他教书育人、敢为人先的敬业精神，学习他淡泊名利、甘于奉献的高尚情操，把爱国之情、报国之志融入祖国改革发展的伟大事业之中、融入人民创造历史的伟大奋斗之中，从自己做起，从本职岗位做起，为实现"两个一百年"奋斗目标、实现中华民族伟大复兴的中国梦贡献智慧和力量。

李保国，坚守太行山 35 年，被称为"新愚公"。作为河北农业大学的二级教授、博士生导师，他主要从事山区开发与经济林栽培技术推广工作。他把太行山区生态治理和群众脱贫奔小康作为终身追求，坚持每年深入基层 200 多天，在他的带领指导下，140 万亩荒山披绿，10 万山区农民脱贫致富。常年高强度工作使他积劳成疾，于 2016 年 4 月 10 日凌晨突发心脏病，经抢救无效去世，年仅 58 岁。2016 年，习近平总书记在对李保国同志先进事迹作出的重要批示中指出："李保国同志 35 年如一日，坚持全心全意为人民服务的宗旨，长期奋战在脱贫攻坚和科技创新第一线，把毕生精力投入到山区生态建设和科技富民事业之中，用自己的模范行动彰显了共产党员的优秀品格，事迹感人至深。"① 李保国同志堪称新时期共产党人的楷模、知识分子的优秀代表、太行山上的新愚公。广大党员、干部和教育、科技工作者要学习李保国同志心系群众、扎实苦干、奋发作为、无私奉献的高尚精神，自觉为人民服务、为人民造福，努力做出无愧于时代的业绩。

此外，还有从事教育脱贫的张桂梅，扎根脱贫一线、鞠躬尽瘁的黄诗燕，这些受到党和国家表彰的脱贫攻坚楷模，和广大党员干部、人民群众一起铸就了感天动地的脱贫攻坚精神，其内容为"上下同心、尽锐出战、精准务实、开拓创新、攻坚克难、不负人民"。其中，开拓创新、攻坚克难、不负人民，

---

① 赵周贤编《全面从严治党案例选编》，人民出版社，2016，第 230 页。

直接与雷锋精神一脉相承，上下同心、尽锐出战、精准务实，也可以从雷锋精神、雷锋事迹中找到学习的案例，奋斗的动力。

制造强国建设中的雷锋精神

在中国成为世界强国的进程中，制造业的全面崛起，基础建设的全面改进，成就了中国"基建狂魔"的美名。在"基建狂魔"的称号之下，千千万万的基建人，在祖国大地，在世界各地，用雷锋精神激励自己，用奋斗牺牲铸就伟业，彰显了雷锋精神、雷锋传人的无限力量。

2020 年 4 月，从海拔 5200 米的珠穆朗玛峰大本营出发，40 名铺设组成员肩扛传输光缆，带着 46 头牦牛组成的运输队，在冰川山路跋涉，运送近 8 吨的建设物资，完成特种传输光缆铺设。海拔 6500 米——4 月 30 日下午，世界海拔最高的 5G 基站投入使用。加上此前在海拔 5300 米、5800 米建成的基站，5G 信号已实现对珠穆朗玛峰北坡登山路线及峰顶的覆盖。这次信号系统的建设，为及时传送珠穆朗玛峰的最新测量高度奠定了坚实的基础。

刷新历史高度的，不只是 5G 信号。世界海拔最高的电气化铁路——拉林铁路，穿行于雪域高原，最高海拔 3650 米；世界海拔最高的民用机场——四川稻城亚丁机场，海拔 4411 米；世界海拔最高的火车站——青藏铁路唐古拉站，海拔 5068 米；世界海拔最高的并网光伏电站——西藏羊易光伏电站，海拔 4700 米。一系列新高度的数据，背后的支撑都有强大的科技、强大的设备，而强大的科技和强大的设备都蕴含了强大的精神。

中国新速度！2021 年，时速 600 公里高速磁浮交通系统在青岛下线，中国继续引领世界铁路技术的突破；"九章""祖冲之号"问世让中国量子计算机实现算力全球领先，2021 年 12 月 10 日，长征四号乙运载火箭成功发射，中国长征系列运载火箭的发射次数正式刷新为"400"。37 年、7.5 年、4 年多、33 个月，这是长征系列运载火箭 4 个"百次发射"所花费的时间，中国人探索太空的脚步不断加快。光纤网络接入带宽实现从十兆到百兆再到千兆的指数级增长，移动网络实现从"3G 突破"到"4G 同步"再到"5G 引领"的跨越，实现全国行政村"村村通宽带"……10 年来，我国信息通信业实现迭代跨越，建成全球规模最大、技术领先的网络基础设施，打通经济社会发展的信息"大动脉"。火神山医院、雷神山医院在 10 多天时间里拔地而起，在最短时间内实现了医疗资源和物资供应从紧缺向动态平衡的提升。

中国新跨度！经过近 300 天的飞行、4 亿公里的奔赴，"天问一号"成功"落火"；"嫦娥四号"首探月背，距地球约 38 万公里；我国首颗太阳探测科学技术试验卫星"羲和号"，运行于平均高度为 517 公里的太阳同步轨道。"探火""奔月""逐日"，跨越星球是我们从未停止的脚步。

中国新跨度！伶仃洋上，总长约 55 公里的港珠澳大桥宛若一条巨龙，一桥飞架三地。天山之上，乌尉公路"咽喉"工程——全长 22.1 公里的天山胜利隧道正加紧施工。建成后，这条"雪域天路"将穿越天山，成为贯通南北疆的幸福之路。放眼神州，以"创新"促进"跨越"。一个个高技术产品，成为我国实施创新驱动发展战略的注脚。2022 年 9 月，C919 大型客机成功获颁型号合格证，成为我国大飞机事业的重要里程碑。C919 立项以来，攻克无数艰难险阻，见证中国航空工业的跨越。10 年来，我国高技术产品质量更优。在一批中央企业攻关带动下，中国高铁、载人航天、北斗导航等大国重器成为国家新名片。

中国新精度！2020 年 12 月 6 日清晨，一份"宇宙快递"正在交接。21 秒内，一"抱"一"抓"，一次堪称"教科书式"的交会对接，让历经千难万险采集到的月球样品一气呵成踏上奔向地球的征程。"太空穿针"惊险浪漫，背后有百公里测量范围内、测距精度达 0.2 米的微波雷达保驾护航。国之重器，累积于每一次对精度的追求。0.01 毫米，这是极小径铣刀的直径，仅相当于八分之一头发丝粗细；±0.06 角秒，这是纳米时栅的最高测量精度，相当于 360 度圆周内任意 1 度的六万分之一，达到现有检测仪器水平的极限。涉及 9000 多万人的脱贫攻坚，需要前所未有的精准到人——近 2000 万人次进村入户，开展贫困人口动态管理和信息采集工作；需要规模巨大的精准组织——户户有责任人，村村有帮扶队；需要实事求是的精准施策——根据不同致贫原因实施"六个精准""五个一批"，因地制宜、因人施策。擘画中国 2021 年到 2025 年发展的"十四五"规划，"大"文件中需要"细"安排：人均预期寿命提高 1 岁，地级及以上城市 PM2.5 浓度下降 10%，每千人口拥有注册护士数提高到 3.8 人……

中国新深度！四川凉山，锦屏山隧道中部，2400 米地下，有一处安静地点——中国锦屏地下实验室。这里是世界上最深的实验室。21 世纪初，锦屏大河湾建起两座水电站，后来隧道贯通。正在寻找暗物质研究场地的清华大学，联系到国投集团雅砻江流域水电开发有限公司，希望利用隧道开展研究。仅用一年半时间，实验室建成。这座实验室具有岩石覆盖最深、宇宙线通量最小、可用空间大的特点，正助力我国在暗物质和天体物理研究领域进入全球第一方阵。深海——2020 年，我国"奋斗者号"载人潜水器在"地球第四极"马里亚纳海沟坐底，坐底深度 10909 米；2021 年，我国首个自营勘探开发的 1500 米深水大气田"深海一号"投产，海洋油气勘探开发迈向"超深水"。深井——2022 年，塔里木盆地，中国石油首口超 9000 米的深井鸣笛开钻，标志中国石油超深井钻井能力更进一步。深空——"中国天眼"，把中国空间测控能力由地球同步轨道延伸至太阳系外缘；由佳木斯深空测控站、喀什深空测控站、阿根廷深空测控站组成的中国深空测控网，测控覆盖率达90%以上。

中国新力度！金沙江上，白鹤滩水电站，一座拱形大坝横亘在高耸的山谷间，承受 1650 万吨的最大水推力。海南文昌航天发射场，长征五号 B 运载火箭将中国空间站天和核心舱送入太空。这个被称为"胖五"的我国近地轨道运载能力最大的火箭，起飞重量约 850 吨，近地轨道运载能力达到 25 吨级。湖南株洲，单机功率 28800 千瓦、牵引力 2280 千牛的"神 24"电力机车，能在 12‰的坡道上牵引 1 万吨货物列车。

中国新厚度！近年来，东北地区正在进行黑土地"保卫战"，通过推广农业科技等措施，夯实"大国粮仓"根基。以黑土面积最大的黑龙江省为例，根据多年监测数据，黑土区旱地平均耕层厚度由 19.8 厘米加深到 23.3 厘米。

拥有新厚度的，不光是土地，还有发展的基础和文化的根基。10 年来，我国全社会研发投入从 2012 年的 1.03 万亿元增长到 2021 年的 2.79 万亿元，其中基础研究经费的增长曲线迅速上扬，2021 年为 1817 亿元，年均增长15.4%。10 年来，中华文明探源工程、"考古中国"成果丰硕；《复兴文库》《中华传统文化百部经典》编纂、出版，熔古铸今、激活经典；博物馆热、文物热、非遗热纷纷兴起，国潮国风成为新时尚。

今日中国，正在打造雄厚的实力。我国建成全球最完整、规模最大的工业体系，拥有联合国产业分类中全部工业门类，使我国实体经济底盘更稳、产业升级根基更牢，220多种工业产品产量居世界首位。我国建成全球最大的5G网、高速铁路网、高速公路网、网络零售市场。

中国新密度！2022年，一款新的动力电池在中国问世，能量密度达到255瓦时/千克，可实现整车1000公里续航。2012—2021年，全国单位GDP建设用地使用面积下降40.85%，国土经济密度明显提高。这些领域密度的提升，意味着质量的提高，含金量的提高。"密度"提升，从节约集约利用资源入手。"用最少的资源环境代价取得最大的经济社会效益"，已成为中国人的普遍共识和努力方向。与2012年相比，2021年我国能耗强度、碳排放强度、水耗强度分别下降26.4%、34.4%、45%，主要资源产出率提高约58%。"密度"提升，关键在于创新能力。中国全球创新指数排名第11位，比2012年跃升23位，已进入创新型国家行列。无论是发展集成电路、生物医药、人工智能等新产业，还是布局数字经济、绿色低碳、元宇宙等新赛道，都是各地切实转变发展方式、追求高质量发展的注解。"密度"提升，需要产业提质增效。中国新能源汽车产业突破了电池、电机、电控等关键技术，建立了上下游贯通的完整产业体系。新能源汽车产销量连续7年世界第一。借助新能源赛道，中国汽车产业"换道超车"的愿望正走向现实。

中国新广度！2022年7月，地处欧洲东南部的克罗地亚，一座长2440米、宽22.5米的公路斜拉桥佩列沙茨大桥通车，克罗地亚总理普连科维奇称赞这座桥"实现了将克罗地亚南北领土连为一体的夙愿"。该项目是中国企业首次中标欧盟基金项目。在希腊，中远海运集团运营的比雷埃夫斯港，不仅是希腊最大港口，也是全球发展最快的集装箱港口之一。此外，在中国建设的支持下，马尔代夫有了第一座跨海大桥，塞尔维亚斯梅代雷沃钢厂重现辉煌，蒙内铁路让非洲运输更便捷。在这个蓝色星球，中国与世界更加联通。平均每分钟有7300多万元人民币的货物在中国和世界其他国家之间吞吐；平均每天有40多列火车在中国与约200个欧洲城市间穿梭；从共建"一带一路"到国家级"展会矩阵"，从门类齐全的"世界工厂"到商机无限的"世界市场"，中国发展惠及全球。

中国新温度！从百姓不断改善的生活，最能感受中国发展的温度。大凉山腹地，绝壁千仞。一座 2556 级的钢铁"天梯"，让"悬崖村"告别下山需要爬 17 段危险藤梯的历史，村民搬下"悬崖"，开启新生活。3.5 亿人次的农村学生，吃上营养均衡的餐食，这得益于我国实施的营养改善计划；10.4 亿人参加基本养老保险，退休人员的养老金水平不断提高。近 3700 万老年人正在享受老年人高龄津贴、养老服务补贴、失能老年人护理补贴等；13.6 亿人参加基本医疗保险，能用更低的价格、用上更多的新药好药，不少人开始享受跨省异地就医直接结算的便利。这样的温暖，日渐充盈着中国人生活的不同切面。推进全体人民共同富裕，中国人将有更暖心的日子。

这些惊人的数据背后，是同样惊人的精神支撑。"高铁神话"、"大桥神话"、"造岛神话"、"造船神话"、"两山建造神话"（火神山和雷神山两个医院的建造奇迹），以及"一带一路"建设中的众多建设神话，都需要而且都有强大的精神支撑。

林鸣，作为中国交通建设股份有限公司总工程师，港珠澳大桥岛隧工程项目总经理、总工程师，8 年间，他在建造港珠澳大桥过程中创造了一个又一个"第一"，实现了中国建设从"跟跑"到"领跑"的蜕变。他说："不能说超级工程就超级态度，一般工程就一般态度。人生只有一个标准，只有一种态度，那就是不断奔跑，把每件事做好。""起步是 0，往前一步就是 1"，2013 年 5 月 4 日凌晨 1 点，潜水员开始清淤作业。林鸣一直在船上指挥，和操作人员讨论编队、浮运、转向、系泊、沉放等一系列细节，下达指令……5 月 6 日上午 10 点，经过 96 个小时鏖战，沉管顺利安装就位。他说："我对每一项工作都很认真，不能因为它重要你是一种态度，不重要又是一种态度。认真对自己有利、对团队有利、对企业有利、对国家有利，对民族也有利。"

高铁设计工程师梁建英，从 2006 年起担任新一代高速动车组的设计师，在实现了高铁速度超过 300 公里的跨越之后，继续发力，于 2010 年实现了高铁时速 380 公里的新突破。在此之后，她带领团队继续奋战。早七晚九，成了梁建英的工作常态，甚至挤压吃饭睡觉的时间来监督实验的最新进展。为了多方位测试机动车的性能，梁建英带着团队走遍了祖国的大江南北。为测试新列车的性能和系统组装，梁建英带着团队来到了湖南。实验室封闭阴潮，加上正处于夏季，湖南闷热潮湿的天气让来自北方的研究员"叫苦不迭"。吃住不习惯，身上又长满了湿疹。湖南的天气并未击垮这群不适应的北方人。十几个小时在实验室里已是常态。为了实时检测机动车在运行轨道上的测试，梁建英亲自趴在车底进行检测。谁来劝都不听。一待就是几个小时，最后因为腰部僵硬，才喊来同事帮忙。旁人都劝梁建英赶紧去歇息，唯有梁建英自己"固执"。即使僵着腰躺在床上，手机也不离手，要求查看第一手的机动车轨道测试结果。在乌鲁木齐测试列车时，有一段的测试路是黄土路，路面崎岖布满砂石，每次测试结束，车座底盘都会布满尘土，为了保证每天的数据准确，梁建英都会留下来亲自探到车底进行擦拭，来保护机器的正常运作，早上七点开工的梁建英每每都是深夜才回到住所，一如既往，从未缺席。

面对新冠疫情的突然袭击，在4万多名"白衣天使"驰援荆楚、救死扶伤、托举生命之时，同样有4万多名建设工人从八方赶来，倾力抢建，并肩奋战，成为武汉战"疫"中的"最美建设者"。这群"沉默英雄"的辛勤付出、无私奉献，成为"劳动最光荣、劳动最崇高、劳动最伟大、劳动最美丽"的生动写照。

疫情突发，迅速蔓延。武汉市决定参照北京"小汤山非典医院"模式，在蔡甸知音湖畔修建一座可容纳1000张床位的火神山医院。两天后，又决定在30公里外的江夏黄家湖畔，再建一座雷神山医院。"按照常规，3万多平方米的项目，至少要建两年。搭建临时建筑都得1个月。10天新建一座传染病医院？"从事建筑行业26年的张旭，腊月二十九听到火神山医院建设任务时，第一反应是"怎么可能完成"，与时间赛跑，与死神竞速。一张床位，就能挽救一个生命。一声令下。一场事关生死的救援战全面打响！除夕夜，万家团圆时，运输车司机吕俊和同事们在火神山端上盒饭，简陋地"团年"。作为家中独子，他第一次不在家里过年，"不忍心让父母在家中独守除夕，但建设火神山医院太重要了"。

"小汤山非典医院"设计方组建应急团队，不到24小时绘出设计图；武汉建工组织2000多名工人火速赶来，汉阳市政调动1100余名工人，上百台机械陆续进场；国家电网数百名职工运送大批变压器、电缆，施工送电。作为牵头单位，中国建筑尽锐出战，举全集团之力，第一时间调集 12 家单位参战。中建三局担当主力，从各地集结 4 万多名管理、施工人员，3500 多台套机械设备投入战场。告别家人，日夜兼程。河南太康县兰子陈村 5 名 "90后" 小伙自发组团、赶赴武汉；湖北红安向家一门五兄弟自驾赶来；多地父子夫妻齐上阵。一夜之间，昔日荒凉的空地，成为如火如荼的工地。得知火神山医院建设缺工人，石腊英和丈夫以及他们的两个儿子从洪湖开车到武汉。钢筋绑扎、指挥车辆、保障后勤，一家人投入没日没夜的施工中。年近六旬的石腊英说，连续通宵作战，大家都在咬牙坚持，"就想尽快把医院建起来，病人能早些住进来"。白天，机器轰鸣、人声鼎沸；入夜，灯光如昼、焊花四闪。仅除夕当天，遍布藕塘、土堆的火神山 5 万平方米场地全部平整，面积相当于 7 个足球场大小；开挖土方 15 万立方米，足以填满 57 个标准游泳池。"头一天工地还是一片沼泽，推土机都快陷进去了。第二天早上土堆已经推平，沼泽被填实，完全看不出之前的模样了。"

结束火神山鏖战，再赴雷神山战场。来自河南漯河的刘西魁和肖建两名安装工人，完成火神山病区水电、通风系统安装后，马不停蹄赶赴雷神山。肖建说，来自各地的工友都在顶风冒雨、日夜奋战、争分夺秒，"最长一次，我连续 40 多个小时没合过眼"。武汉保卫战事关战 "疫" 全局。一批批定点医院、方舱医院完成改建，累计新增床位 6 万余张，相当于新建 60 家三级医院的病床数。据统计，总计有 7 万多名建筑工人奋勇逆行，不舍昼夜，为疫情防控构筑生命屏障。

危难时刻，逆行的都是英雄，奉献的都叫雷锋，所有的言行都是为人民服务，所有的精神都是无限忠诚。雷锋精神在职业精神、劳动精神、诚信精神、奉献精神、创新精神中的体现都化为建设中的挥汗如雨，都化为施工中的精益求精，都化为面对危险困难的无畏勇毅，都化为对党、对国家、对人民的炽热忠诚。

科技强国建设中的雷锋精神

科技界的活雷锋，支撑起了中国科技的巍巍大厦，成就了中国产品的质量过硬。钉钉子精神、傻瓜精神、勇士担当精神，这些雷锋当年倡导并身体力行的优秀品质在各行各业得到充分的彰显，发挥了重要的力量。

上海交通大学有一个 110 教研室，是交大编号第一的教研室，也是现在的船舶设计研究所，还是一个充满能量的"传奇"。这个教研室走出了我国造船界的首位中国科学院院士、2023 年 103 岁的杨槱，"辛一心船舶与海洋工程科技创新奖"终身成就奖获得者谭家华，国内高校唯一一位"船舶设计大师"何炎平以及他们身后一批批年轻的团队。

从大江大河到大洋大海，老、中、青三代船舶人追逐着同一个海洋强国梦，坚持从事开创性高技术船舶和装备研发，他们立足优势学科，面向国家战略需求，引领产学研用。在团队研发的一系列开创性的高技术船舶和装备之中，有 60 余艘大型绞吸挖泥船格外引人注目，它们已成为我国疏浚行业的主力军，年挖泥量超 10 亿立方米，年产值过百亿元人民币，在"一带一路"港口建设、基础设施建设、航道疏浚等工程中创造了举世瞩目的中国速度和多项世界纪录，创造了令人瞩目的社会效益和经济效益，在建设海洋强国、维护国家主权、推进国家战略中发挥了无可替代的作用。相关"海上大型绞吸疏浚装备的自主研发与产业化"成果获得 2019 年度国家科技进步特等奖。

谭家华教授是我国最早从事海上施工设备与特殊装备技术研究的专家之一，长期从事海上施工设备与关键技术方向的应用基础研究与关键技术开发，为地区和行业经济建设作出了重要贡献，也带动了上海交通大学船舶与海洋工程设计学科的发展，他主持开发国内广泛应用于水下地基处理的"软体排铺设"装备和技术，是海上大型绞吸疏浚装备自主研制的开拓者和倡导者。总长 138.0 米、总装机功率 26100 千瓦、标准疏浚能力 6500 立方米/小时的"新海旭"是目前世界上最大的非自航绞吸挖泥船。它的挖掘、输送、定位和控制等核心系统均实现国内设计、制造，这也标志着我国已经形成大型绞吸挖泥船设计、制造和使用的完整技术体系及总装建设和配套设备建造的完整产业链。依托这套技术，祖国的南海成功实现了沙礁变岛，实现了中国南海的国土安宁、增进了祖国版图的完整。

袁隆平院士，一生致力于杂交水稻的研究，为了实现"把中国人的饭碗牢牢地端在自己手中"的目标，为了实现天下苍生俱饱暖的中华夙愿，用尽一生的执着和奋斗，奋斗在水稻实验的第一线，研究出系列杂交水稻品种，把水稻的亩产量提高到 1500 多公斤，其研究出来的杂交水稻成为中国国家发展安全的"国之重器"，成为中国人粮食安全的压舱石和稳定器。他说："只要能解决老百姓的吃饭问题，个人的荣辱得失又算得了什么。搞科研的人要有使命感，有胸襟。""我就是这样的人，就是要挑战自己，能够更多地突破，永远不会停下前进的脚步。"

今天的国家经济实力，很大程度上来自企业的活力和水平。涌现出了一大批拼搏奋斗、努力探索、坚韧勇毅的企业家，从他们身上，我们可以发现中国经济发展的密码、雷锋精神的传承。

任正非，华为集团的创始人，20 世纪 80 年代中期，刚刚踏入商海，就被骗 200 多万元。面对困境，43 岁的他集资 2.1 万元创建了华为。华为有一个"勇士计划"，任正非就是华为的第一勇士。他讲："阿富汗战乱时，我去看望员工。利比亚开战前两天，我在利比亚。我飞到伊拉克不到两天，利比亚就开战了。我若贪生怕死，何来让你们去英勇奋斗。"2017 年 4 月 9 日晚，任正非离开叙利亚，六七个小时后的 10 日凌晨，美军空袭叙利亚。这个 70 多岁的企业家跑遍世界看望员工、鼓励职工，发现问题，解决问题。他说："除了胜利，我们已经无路可走。"

李书福，吉利集团的创始人，开创了中国汽车企业收购海外大汽车企业的经典案例。吉利收购沃尔沃，成为世界汽车行业的重大事件。李书福讲："人在旅途，谁知道前方有多少条路？要坚持住朝前走，认真一个方向走下去。人的追求是一个过程，不是结果。失败了没有意思，成功了也没有意思，在成功、失败之间才有意思。无限风采、无限美丽在成功、失败之间。"吉利已经发展成为世界级的汽车品牌，成为中国汽车行业的杰出代表。

深圳优必选公司的周剑，在 2008 年出差日本时，为日本机器人的先进技术和日本人的傲慢所触动，破釜沉舟进行中国机器人的研发和生产，实现了在 2015 年春晚上，100 多个自己公司生产的机器人在舞台上跳舞的夙愿。

以任正非、李书福为代表的中国企业家队伍，以罗阳、袁隆平、谭家华、梁建英、林鸣为代表的科研队伍，以及这两个队伍的结合，成为中国经济发展的促进力量。袁隆平讲："做任何事情都要有雷锋精神。""我和雷锋是同时代的人，都出生在旧中国，经历过国家贫穷落后、人民受苦挨饿的日子。新中国成立后，我们那一代人都翻身了，就想怎样为国家做事，报效国家，为人民服务。""为了解决我国的'吃饭问题'，不论遇到什么困难，都坚持下来了，这就是像雷锋那样干一行、爱一行、钻一行吧，雷锋精神对我还是影响很大的。""雷锋是为人民服务的好战士，他把为人民服务这个崇高的宗旨，变成具体的实际行动，是值得我们人人学习的好榜样。"雷锋作为为人民服务的好战士，他的精神成为我国发展的重要支撑。

美丽中国建设中的雷锋精神

雷锋精神成为我国进行美丽中国建设的强大精神力量。

塞罕坝，是中国三北防护林建设的重要组成部分，"牢记使命、艰苦创业、绿色发展"的塞罕坝精神是雷锋精神的重要践行和发展，是雷锋精神在美丽中国建设中的具体体现。塞罕坝地处内蒙古高原的东南缘，地处内蒙古高原与河北北部山地的交接处，地貌上介于内蒙古熔岩高原和冀北山地之间，主要是高原台地。到新中国成立初期，塞罕坝地区退化为高原荒丘，呈现"飞鸟无栖树，黄沙遮天日"的荒凉景象。20世纪60年代的塞罕坝林场环境很恶劣，寸草不生，黄土一片，但是从祖国各地来了300多个平均年龄只是24岁的年轻人，朝气蓬勃地，带着一片赤诚来到了这个荒漠。这就是塞罕坝林场的开始，这些人成为第一代塞罕坝人。

塞罕坝人在非常恶劣的环境下，利用简单的工具，扎根塞外，立志要把这里恢复成茂密的森林。在塞罕坝人心中，无论风吹雨打，种树，就是坚如磐石的使命。1964年春天，林场职工集中在三面环山的马蹄坑，连续大干3天，在516亩荒地上种满了自己精心培育的落叶松幼苗，96.6%的幼苗开始放叶。濯濯童山，渐次披绿。塞罕坝人已经历经三代，经过三代人的不懈努力，塞罕坝变成了拥有112万亩林场的亮丽风景线，这个林场的景观让世界上的许多人都惊叹不已，为之折服。也正是塞罕坝人让整个世界看到了人类正在创造的绿色文明奇迹。三代人，59年。昔日飞鸟不栖、黄沙遮天的荒原，已变成百万亩人工林海。在这里，时光见证了一场"人间奇迹"。

在陕北榆林，面对毛乌素沙漠的肆虐，郭成旺老人从承包 1 万亩沙地开始，长期进行植树造林。1985 年春天，郭成旺拿出了全部的积蓄，磨嘴皮按手印，好说歹说又从亲戚们那里借了 4000 元，一口气全用在买树苗上。每天天不亮，他就叫醒大家，扛上锄头、拿着干粮、背着水、步行一个多小时到达承包的沙地。中午，就和大家坐下来聚拢到一起，啃着干粮喝着水，稍微休息一会儿，然后再接着干。辛辛苦苦一个月下来，又是缺水，又是刮风，2000 棵树苗仅仅活了 1 棵。在请来的专家的指点下，在沙区打井引流，抽调地下水进行灌溉，再加上当地的降水量也说得过去，很快第二批、第三批……树苗活下来的概率大了起来。为了更好地照顾树苗，他和家人在沙地里盖起了房子和院子，住在沙地里，住在树苗中。在院里的空地上，他特意立起了一根高达 10 米的旗杆，旗杆上牢牢地挂着一面五星红旗。每天早晨六点钟，他准时穿戴整齐，带着家人在院子里举行升旗仪式。吃过早饭后，一家人立刻投入日复一日的种树、养护中去。如今，在他的带动下，越来越多的人投入治沙工程中。他们家又承包了 3.5 万亩沙地，治沙造林有了机械化的现代器具，曾经的不毛之地成了绿树成荫的森林，旅游业、畜牧业、林业支撑起当地人的幸福生活。

2014 年 12 月 12 日 14 时 32 分，河南南阳陶岔渠首大闸缓缓开启，丹江水奔涌而出，一路跋涉经千余公里注入北京颐和园团城湖，实现了"一泓清水润京津"的伟大梦想，在造福沿岸人民的同时，为京津冀协同发展、雄安新区建设等国家战略的顺利推进，提供了坚强有力的水安全保障。在南水北调的伟大工程中，沿岸民众的大局意识和奉献精神，折射出雷锋精神的时代光辉。

从 1958 年到 1978 年，淅川县先后动迁近 40 万人。这是人类发展史上在一个县域持续时间最长、规模最大、经济社会情况变化最复杂的移民工程。几代淅川人做出了巨大的牺牲，展现了感人的精神品质。他们不讲条件、没有怨言、不出难题，使得国家顺利完成了任务，做到了"不亡、不伤、不丢、不漏一个人"，这一精神，就是国家利益至上的家国情怀、舍家为国的凛然大义，忠诚奉献、大爱报国的"淅川移民精神"。除了淅川这个典型，整个南水北调中线一期工程总投资 2546 亿元；三峡工程 18 年内完成移民 139 万人，南水北调工程移民 34.5 万人,其中 2 年内基本完成 32 万人,仅南阳就要完成 16 万人的搬迁任务。形成了"顾全大局,以人为本,负重拼搏,团结协作"的南阳移民精神。

在新时代,从消灭旱厕的厕所革命,到垃圾分类的逐步推广,从实现"奥运蓝""两会蓝"为重要内容的蓝天保卫战,到清理河道、建立清洁水系的环境建设,从国家湿地公园到保护海洋生态,中国人民从雷锋精神中不断汲取为国为民的力量,从我做起、从小事做起的行动力量,努力学习、相互促进的支撑力量。志愿活动无时不有、无处不在,随手拍、及时报,消除各种安全隐患、环境问题和不良言行、促进社会文明进步的广泛参与,都成为社会进步、国家文明、人民幸福的重要证明,也成为经济发展、社会和谐、不断进步的重要支撑和保障。

习近平总书记指出:"绿水青山就是金山银山","人不负青山,青山定不负人"。这些至理名言正在变成活生生的现实。塞罕坝林场建立以来,累计投入 3.49 亿元,截至 2009 年底,林场有林地面积 110 万亩,林木总蓄积 1012 万立方米,林木价值 40 多亿元,林木每年生长增加蓄积 80 万立方米,增值 3 亿元,多年来累计上缴利税近亿元,现有林场固定资产 3 亿多元。据中国林业科学研究院评估,塞罕坝资源总价值为 152.9 亿元,投入产出比为 1∶44。

在"绿水青山就是金山银山"这一金句的诞生地浙江安吉余村,通过复垦复绿、治理水库、改造村容村貌等举措,从炮声隆隆、粉尘漫天,变得山清水秀、竹海连绵。如今,美丽生态已成为余村的一张金名片。"村民们开农家乐、办民宿、卖特产,尝到了乡村旅游带来的'甜头'。"葛军说。他和父亲也将自家居住的小楼打造成一座以奇石、文创为特色的民宿,受到游客欢迎。2022 年 7 月,余村启动"全球合伙人"计划,并携手上墅乡、天荒坪镇、山川乡 3 个乡镇的 17 个行政村,引进人才和资本,统筹发展"余村大景区"。涵盖 10 万平方米创业空间、2 万余平方米厂房、近 6 万亩竹林和农田的发展蓝图应运而生。2022 年,50 余个"全球合伙人"项目入驻,上千名大学生来到余村及周边村庄工作生活。在新村民和返乡人的影响和带动下,余村本地村民也主动提升业态、拥抱发展,乡村发展内驱力更加强大。这一年,余村全年村集体经济收入达 1305 万元,其中经营性收入突破 800 万元。"从靠山吃山到富山养山，绿水青山是我们的幸福靠山。"汪玉成说。未来余村将向着"高能级、现代化、国际范"的目标，全力推进乡村振兴。

在美丽中国的建设过程中起到巨大支撑作用的集体主义精神、勤俭节约精神、无私奉献精神、积善立德精神，全部是雷锋精神的生动体现。

结论：雷锋精神能转化为强大的经济发展效能

雷锋精神作为激活和生发人民内在品质提升和创造力发挥的"催化剂"，作为增强团结互助、促进携手发展的"粘合剂"，成为中国经济发展的内生动力和关键密码，成为中国式现代化发展，中华民族现代文明建设的重要力量。

1. 雷锋精神是支撑人才成长的重要动力

人才是国家发展的基础性、战略性支撑。人才的成长需要精神的支撑和激励。雷锋的一生就是不断超越自我，不断克服困难，不断奋斗成才的一生。个子矮，没有阻挡住他在鞍钢开机车的脚步；工作忙，没有阻挡住他为人民做好事的热情；幼年不幸，更加激发了他对党、对祖国、对人民的无限热爱。在人生的成长路上，在经济建设的各项工作中，不可避免要遇到很多新情况、新问题、新挑战、新状况。坚持学习、不畏困难、协同攻关、攻坚克难，需要钉钉子精神，需要干一行、爱一行的职业精神、敬业精神，需要热爱劳动、不畏困难的苦干精神，需要实事求是、客观分析的诚信精神，需要不计较个人得失，把解决问题和推动发展作为自己最大使命的奉献精神，需要深入钻研、持续探索、反复实验的创新精神。雷锋精神永不过时，雷锋精神在人才成长中具有不可替代的时代价值。张桂梅同志坚守初心、对党忠诚，响应党的号召，毅然到云南支援边疆建设，跨越千里、辗转多地，无怨无悔。她创办免费女子高中，帮助数千名山区女孩改变命运，为国家输送了一批又一批莘莘学子。她坚决贯彻党的教育方针，将坚定的理想信念融入办学体系，用红色教育为师生铸魂塑形。2000 年，她在领取劳模奖金后，把全部奖金 5000元一次性交了党费。她把对党的忠诚和对人民的热爱内化于心，在她身上充分体现着一名共产党员初心如磐的精神品质和至诚至深的家国情怀。

张桂梅同志爱岗敬业、爱生如子，为了不让一名女孩因贫困失学，坚持家访 11 年，遍访贫困家庭 1300 多户，行程十余万公里。她长期拖着病体工作，超量的付出透支了原本羸弱的身体，换来女子高中学生的好成绩。她不遗余力践行着"只要我还有一口气，就要站在讲台上"的诺言，用实际行动铺就贫困学子用知识改变命运的圆梦之路。为了改善孩子们的生活、学习状况，她节衣缩食，每天的生活费不超过 3 元，省下的每一分钱都用在学生身上。张桂梅先后捐出了 40 多万元，她的学生没有一个因贫穷而辍学。2006年，云南省政府奖励的 30 万元，她全部捐献给了一座山区小学用来改建校舍。每天早晨 7 点她第一个走进教室，晚上 10 点最后一个离开教室。她所任教班级的教室有的在前院，有的在后院，相隔 100 多米，每天早上、晚上她总是前后跑动着辅导，在抓好教学工作的同时，她还用中午、下午、晚上所有时机或全体或个别给学生补课、谈心。多年来她一直住在学生宿舍，和孩子们吃住在一起，陪伴学生学习生活。她在教书育人岗位上为贫困地区教育事业作出了重要贡献，在她身上充分体现了人民教师潜心育人的敬业精神和立德树人的使命担当。

教育是人才培育的主战场，以张桂梅为杰出代表的教师队伍，特别是贫困地区的教师队伍，用雷锋精神、雷锋故事作为自己的激励动力，扎根基层办教育、立足岗位学雷锋，为我国的经济建设培养了一大批优秀的建设者、劳动者、研究者和创业者。

2. 科技创新需要雷锋精神的支撑

科教兴国战略是全面建设社会主义现代化国家的重要支撑。科技强，才能实现产品质量高，质量高才能实现产业强。雷锋是爱钻研、爱研究的标兵，是克服科研困难的能手。在我国科技发展的大潮中，广大科研人员日夜奋战，不计报酬，为国为民，协同奉献，其家国情怀、其民族气节、其奉献精神，和雷锋的奋斗，和雷锋精神一脉相承，是雷锋精神和雷锋故事的精彩演绎。

"2008 年汶川地震发生后，率先到达重灾区的战士们，通过北斗卫星导航的用户终端机，为灾区发出了急救信号，给后续救援提供了宝贵依据。"北斗团队的短报文能力，是抗震救灾、恢复生产的强大科技支撑。作为导航卫星的频率基准，铷原子钟被誉为导航卫星的"心脏"，其背后蕴藏着有关时间基准的核心技术，决定着导航卫星定位、测距、授时的准确性，中国的科研团队在研制之初也面临着各种困难。"有没有遇到过困难甚至让人撑不下去的时候？肯定有！"迟军说，即便是在最艰难的时候，北斗团队也从未动摇过国产化的信心和决心，要打造世界一流工程、实现航天强国梦，就离不开国产化。2010 年，27 岁博士毕业的康成斌，只投了一份简历，就是要来北斗。"我读博士期间攻关做导航接收机，最令我受刺激的是，当时所接收的信号，大部分都是美国 GPS 的信号。所以，我就要来北斗，要做中国人自己的导航卫星。"康成斌说。

2000 年，团队研发北斗一号 RDSS 手持机，联调房设在顶楼向阳的小房间里。因设备紧张，联调只能轮班进行。倪少杰和另一个同事在中午 12 点以后的三个时段进行联调。盛夏的长沙，温度高达 40 余摄氏度。由于经费紧张，联调房内没装空调，每次联调过后，他们都如同蒸过桑拿，军装可以拧出水来。由于工程量巨大，工作人员的调度十分紧张。为此，他们身先士卒、赤膊上阵，干起了体力活：有的合力抬起数百斤重的机柜，有的装灯具、剪导管、贴标签……一位北京合作单位的领导前来拜访该团队的孙广富教授，竟在劳动大军中花了近 10 分钟才找到，不禁感慨地说："这样的团队，还有什么事干不成？"

自主创新、开放融合、万众一心、追求卓越的北斗精神，是雷锋精神在我国科技研究领域结出的灿烂花朵，是雷锋精神在科研领域的时代彰显。

3. 雷锋精神是建设大军的内在精神支撑

中国是基建"狂魔"，中国是建设大国。中国路、中国桥、中国隧道、中国高铁、中国港口、中国网络，成就了中国的大国实力、强国梦想。建设是一个苦差事，建设需要面临野外的骄阳酷暑、需要应对冬天的滴水成冰，需要应对地区动荡的生死考验。无论是热带地区的气候考验、病情肆虐，还是战乱地区的安全危局、生死抉择，无论是荒郊野外的孤独寂寞，还是远离家乡亲人的海外飘零，语言的障碍、生活的艰辛、心灵的压力、朋友的稀少，都成为建设大军需要克服、需要忍耐、需要面对、需要战胜的挑战。雷锋，一个普通的拖拉机手、一个普通的钢厂工人，一个普通的解放军战士，用自己炽热而又伟大的一生，为广大建设者提供了源源不断的精神支撑。为了国家的荣誉，为了工程的质量，为了造福人民，我国建设大军以雷锋精神为内在支撑打造了一处处精品工程，奏响了一曲曲精彩乐章。

2022 年 6 月 21 日，由中国电建水电七局承建的印尼雅万高铁全线施工难度最大的 2 号隧道顺利贯通，标志全线 13 座隧道全部贯通，为 2023 年 6 月建成通车奠定坚实基础。该隧道全长 1052 米，均为 V 级围岩，单洞双线设计，分布的地层为火山堆积层。隧址区地层"高液限、高压缩比、高含水量、高孔隙率"，叠加区域"强降雨"通过浅埋地层影响施工，使隧道变形、滑塌及涌泥等异常情况频发。自 2019 年 3 月 22 日正式进洞施工以来，项目部多次组织专家研讨论证方案，精准施策，细化流程，制定出针对性的开挖技术方案和隧道加固方案，开展劳动竞赛活动，在中国员工和印尼员工的共同努力下，保障现场履约有序进行。雅万高铁项目全线轨道铺设任务总工程师冯凯说：印尼的窄轨铁路跟中国的不一样，使用的年限已经非常长，另外线路的几何状态也比较差，这些给我们钢轨运输都造成了很大的困难。凭借着一股"不服输"的劲儿，冯凯带领团队不断攻坚克难，与印尼方协调合作，最终解决了这一技术难题，还在印尼本土建立起成熟的 50 米钢轨焊轨生产线，培训了大量印尼本地技术骨干力量。冯凯表示："我们选用的工人，从零开始，现在已经能够胜任一些中小岗位，特别是在钢轨场焊，有些工位已经是印尼方独立操作。"雅万高铁项目全线轨道铺设任务印尼籍工程师易汉木：通过学习新技术，我掌握了很多专业知识，包括建材的结构、材质等，我非常骄傲能在这里工作。

正是像雅万高铁一样的众多建设者，支撑起了中国建设的亮丽名片，撑起了经济发展的晴朗天空。

此外，经济发展的研究者，经济政策制定者，经济活动的组织者、监管者，都在各自的领域践行着雷锋精神，成为在经济领域讲述雷锋新故事的重要代表，共同演绎雷锋精神支撑经济发展的精彩华章。

（本文执笔：姚洪越，系中国工商大学马克思主义学院院长、中国工商大学全国企业党建研究中心主任）

"榜样力量"的文明
建树和哲学启示

王立新

　　有一位哲学家曾说："一个榜样胜过书上二十条教诲。"榜样用实际行动潜移默化地影响和启发着身边的其他人，去激发人们内心深处的潜能。当人们看到榜样所展现出的勇气、智慧与坚持时，他们就像火炬，点燃激情，传递梦想和信念，引领着身边的人向着更好的方向前进。榜样引领社会风气，让社会风气焕然一新，有榜样就有新气象，这种气象督促我们对照榜样才能找出不足，正是因为榜样模范具有示范引领和催人奋力前行的无穷力量和作用，我们党才通过 60 年持续抓学雷锋，创造了中华文明道德建设史上蒸蒸日上的奇迹。党的十八大以来，党和国家更加重视学雷锋榜样的选树和宣传。截至 2022 年底，共评选郭明义、庄仕华、孙茂芳三位"当代雷锋"。评选出包括全国助人为乐模范、全国见义勇为模范、全国诚实守信模范、全国敬业奉献模范、全国孝老爱亲模范在内的全国道德模范 462 人；评选出 128 位时代楷模；评选出 3600 个"四个 100"先进典型和 450 位学雷锋标兵。虽榜样模范名称不同，但他们身上体现出的忠诚为党、刻苦钻研、艰苦奋斗、无私奉献等共同特质，具有鲜明的时代特点和当代价值，这些榜样模范的人格感召力、情感共鸣力和行为带动力为广大公民的发展提供了价值引领，他们立足本职，默默奉献，并成为推动社会进步发展的精神力量。

一部中外文明史就是一部榜样文化史

　　榜样的作用是空前的，不仅可以作为一种精神启发，还可以作为一个行为标杆，因为榜样是从身边的鲜活典型中衍生出来的，具有可效仿性。它们所体现的道德标准和思想境界，是一个国家、一个时代的精神，可以影响一代人，也可以影响一个民族，同时也可以影响整个人类，对人类文明的发展有积极且又永恒的引领作用。

英国学者菲尔丁说过一句名言："典范比教育更快，更能强烈地铭刻在人们心里。"好的榜样是社会正向价值观最好的推广，是人生的坐标，是一个人走向成功的指南，更是激励人前进的号角，因为有志向的人会在榜样中寻找自己将来的影子，并能从他们身上汲取到自己所需要的精神或是能量。圣女贞德是法国人心目中的自由女神，法国人把她当成法兰西的英雄，她是有史以来第一个 17 岁就能统率法国军队的女性。她在英法百年战争中带领法国军队对抗英军入侵，支持法查理七世加冕。19 岁英勇牺牲，是为挽救法兰西作出巨大贡献的女英雄。法国人历来认为圣女贞德是他们整个民族的骄傲，对她的任何调侃和不恭，都被看作犯罪的极端行为。在印度，甘地被尊为圣雄，是印度民族解放运动的领导人和印度国民大会党领袖、现代印度的国父，甘地主义的创立者，倡导了一种不暴力反抗的现代政治理论。他的"非暴力"哲学对世界各地的民族主义者以及为实现和平而进行的国际运动，都产生了深远的影响，他的精神思想引导国家走向独立、摆脱英国殖民统治。在印度任何地方如果有谁胆敢对甘地发表不敬之语，百姓都会把他看作大逆不道的疯子和罪犯。在美国，马丁·路德·金是反抗种族压迫和种族歧视的无畏战士和精神领袖。他带领工人举行大罢工并要求通过新的民权法，给予黑人平等的权利，在社会上引起强烈的反响，在美国任何一个地方任何一个场合，对马丁·路德·金的不敬都会遭到公民的唾骂，甚至能掀起轩然大波。

中华民族是一个英雄辈出的民族，中华优秀传统文化更是一种礼赞英雄的文化。在五千年有文字可考的文明史上，无数叱咤风云的英雄人物及其所创造的英雄业绩，受到世世代代的景仰，成为我们民族精神的重要部分。以孔子为代表的儒家推崇君子、圣人，并以"圣人""君子"作为最高理想人格。"君子"是孔子理想人格的典范，仁爱的宽广胸怀、中庸的处世准则、重礼的道德规范、智明而圣的自觉意识、义以为上的价值取向。这样的价值追求是成为君子的必然品格。孔子曰："所谓君子者，言必忠信而心不怨，仁义在身而色无伐，思虑通明而辞不专。笃行信道，自强不息，油然若将可越，而终不可及者。此则君子也。"① 仁是君子内在已具之德，而非外界强加，在当时的孔子看来，一个人修养成为有道德情操的君子，对人对事就可以做得合情合理，"内省不疚"。孔子指出"君子道者三，我无能焉：仁者不忧，知者不惑，勇者不惧"②，这说的是有道德情操修养的君子，对事应有的表现。说具体，也就是不论在多么危难、多么艰险、多么严峻的问题和事态面前，都能态度沉着，毫不忧愁、惶惑和畏惧，并且卓有信心和决心认真对付它、克服它、战胜它。这个仁、知、勇的修养，都是修己的内在功夫，都是君子所必具的主观条件。简言之，孔子认为君子去掉了自身的仁德，就不再是君子了。君子在饭食之间、匆忙之际、颠沛之境都需要坚守仁德。孔子曰："所谓圣人者，德合于天地，变通无方，穷万事之终始，协庶品之自然，敷其大道，而遂成情性，明并日月，化行若神，下民不知其德，睹者不识其邻，此谓圣人也。"③ 在这里的圣人指的是能深刻了解宇宙万事万物和人类社会变化的客观规律，并能非常熟练地根据瞬息万变的实际情况，判断是非，决定取舍，且具有人类博大意识，又能为人类谋幸福的杰出的人物。除孔子之外，亚圣孟子设定"富贵不能淫、贫贱不能移、威武不能屈"的"大丈夫"标杆，孟子的思想深邃，他认为真正的"大丈夫"不仅仅是地位显赫或财富积累的象征，更重要的是其内心深处必须牢固地根植于道德和正义的基石。这些原则如同指引方向的灯塔，无论身处何种境地，他们都能够坚守"仁""义""礼"的准则，不随波逐流，以正直和道义为行为的准绳。孟子对"大丈夫"的定义充满了哲理，每一个字都透露出深刻的思想和闪耀着高尚的人格光芒。在漫长而复杂的历史长河中，这一理念激励了无数志士仁人，成为他们面对强权时不屈不挠、捍卫正义的精神支柱。这不仅是一句简单的格言，它蕴含着深厚的文化内涵和哲理智慧，成为中国传统文化宝库中的瑰宝。孟子还告诫人们在富贵后，也要俭朴，要洁身自好，不能奢靡。每个人都应该注重道德规范、道德修养和道德情操的提升，让"正气"成为一种风气。身

---

① （清）陈士珂辑、崔涛点校《孔子家语疏证》，凤凰出版社，2017，第 35 页。

② （宋）朱熹撰《四书章句集注·论语集注》，中华书局，1983，第 156 页。

③ （清）马骕撰，王利器整理《绎史·春秋第五十六·孔子类记》，中华书局，2002，第 1928 页。

处逆境，要有决心、有毅力、有骨气、有气节、不卑躬屈膝。在强权面前，要有勇气，要无所畏惧，要不屈服地勇往直前。道家所推崇的是达到"去我""去己"境界的真人、至人、神人，道家哲学强调对宇宙与生命本质的洞察。在他们看来，唯有那些能够真正理解并掌握这一真理的人，方可称为"真人"。这种人并非对世界有盲目的崇拜，而是通过内心的觉醒和觉悟达到了与自然和谐共存的境界。庄子以其深邃的智慧将"真人"描绘为超脱世俗束缚、自由自在的存在。这些真人可以站在高山之巅而不感到畏惧，即便是面对惊涛骇浪也能泰然处之。他们游泳于江河之中时，水不会沾染到自己的衣襟；在夜晚休息时，梦中无纷扰，醒来时心中没有忧愁。他们对待生活中的一切都持淡然态度，不论是出生还是死亡，都能保持一颗平和的心。他们拥有一种能力，即能够无拘无束地行走，却又能够自由自在地归来。这种能力使他们在任何境遇下都能保持内心的宁静与自由。简言之，这样的人，就是被道家推崇的"真人"，他们用自己的行动诠释了道家追求的最高境界。庄子认为老子和关尹子都是上古时期的真人，"真人"超越了"人"的观念，以天的角度从事，并无亲疏之分。言行都是纯粹的客观根据，真人就是"能体纯素"，是单纯的、简单的，先做到真人，才能得出真知。具体的准则就是真人"与天为徒"，真正的真人能够直接师法自然，依照天道行事；道家讲究的是清静无为，自然无为顺其自然，而道家所谓"至人"，则是将这种"追求"发挥到了极致。在道家看来，能做到无欲无求、超凡脱俗、无人无我的无上境界，便可称为"至人"。庄子关于"至人"的观点，在《庄子·内篇·齐物论》中亦有论述。庄子说，森林烧尽也不能让"至人"感到炎热，黄河冰封也不能让"至人"感到寒冷，"至人"能够腾云驾雾、遨游四海，无论是生是死，他们的身体都不会发生变化。"至人"超越了"我"这个概念，并且按照真人所讲的道理来行事。道教中的"神人"，并非"人"，而是"神"。以《庄子·逍遥游》为例，"神人"被描述为皮肤雪白如冰雪，体态柔美似处子，不食人间烟火，只饮清风甘露，腾云驾雾，乘龙遨游三山五岳，只在须臾之间。所谓神人无功，就是逍遥自在，无求有为无为。在《逍遥游》中肩吾说姑射山有神人居住，他们不吃五谷，吸风饮露。由此可见，所谓的神人，就是道术修为，可以"乘云气，御飞龙，而游乎四海之外"。墨家所推崇的是有"杀人以利天下"风范的侠士和敢于自我牺牲的勇义之士。墨家的戒律与精神，都是建立在天道之上的，杀身成道，以利天下；以天下苍生为己任，替天行道，所以经常以侠客身份现身，拯救苍生于危难之间。墨子与其门徒，为了天下苍生，赴汤蹈火，在所不辞。只要对天下有利，无论多大的痛苦，都可以承受，只要对天下有利，可以毫不犹豫地牺牲。墨家最佩服的就是舍己为人、自我牺牲的精神品质，他们崇尚大禹的精神，大禹治理水患的事迹无人不知，而大禹兢兢业业、不惧艰险的治水精神则与墨家精神一脉相承，墨子以舍己为人的人格魅力，吸引了各界人士拜其为师。墨家的禁欲及苦的思想，其目的并非遁世，而在于利世，走上政治舞台，以此来德化世人，回归三皇五帝之治，以道化天下。墨子的思想自从出现之后，很快就吸引了一大批信徒，就连诸侯国之间也掀起了一场思想的论辩，墨家成为当时最有影响力的两个学派之一，不少诸侯国的国君，都想把墨子请到自己的国家去宣传。与爱国主义相伴相生的英雄意识，是民族精神文化现象中的重要组成部分，渗入并奔腾在我们的血液之中，想抹也是抹不去的。在不同的时期，榜样都会被烙上不同的时代印记，从民族英雄林则徐到奋勇抗争的近现代革命先烈，英雄们大多是为国家的独立、人民的解放而献身的，如赵一曼、杨靖宇、赵尚志等，以及伴随着新中国的成长和发展进步涌现的时传祥、王进喜、袁隆平、许振超、王顺友等，模范人物开始出现了多元化和大众化的发展趋势，更多的楷模和感人的故事也在不断地出现。进入 21 世纪后，自从 2007 年开展第一次全国道德模范人物评选以来，道德模范人物的出现表现出一元导向和多元并存的局面，榜样人物可以来自各个行业、各个阶层，不分性别、不分年龄，凡是为推动国家发展、民族振兴、社会和谐、人民幸福而作出贡献的先进典型和代表，都是榜样。像勇于奉献的郭明义，一心为民的李素丽，26 年坚持崇文兴教反哺桑梓的 86 岁老人方敬等，都是当代的楷模。前有浴血奋战的将士，在战场上抛头颅、洒热血；如今有不忘初心、牢记使命、勇于担当、甘于奉献的黄文秀等。尽管他们的出现有其自身的特征和所处的时代背景，但他们的道德境界与行为却是一定历史时期的政治、经济状况的反映。他们的共同点是都具有鲜明的时代精神，都是一代又一代的英雄，更是可歌可泣的楷模、榜样。他们的名字并没有随着时间的推移而被遗忘，而是以其不朽的精神成为榜样，激励着人们不断前进。道德楷模是时代精神的具体体现，他们以崇高的品德、超前的思维和智慧，在各个时代描绘出一幅又一幅绚烂的图画。时代需要模范榜样，社会也需要模范榜样，榜样精神所引领的正是我们群众、党员学习的目标。到目前我们国家树立的当代雷锋、时代楷模、全国道德模范等，每个时期的英模，都是时代的精神符号和风貌化身。模范榜样们以其非凡的品质和高尚的道德情操，为人们树立了光辉的典范。他们不仅是时代精神的引领者，更是推动社会进步和文明发展的强大动力。在他们身上体现出的无私奉献、勇于担当、勤劳奋进的精神，深深激励着每一个人追求卓越、努力成为对社会有用的人才。正是这些榜样的存在，使这个世界变得更加美好，使进步的车轮不断向前滚动，让人们相信未来充满希望。

习近平总书记指出："一个政权的瓦解往往是从思想领域开始的……思想防线被攻破了，其他防线就很难守住。"① 面对意识形态领域"没有硝烟"的战争，宣传思想工作必须旗帜鲜明地坚持真理，在大是大非问题面前做到理直气壮，针锋相对，敢于亮剑，激浊扬清。这要求我们加强思想阵地建设和管理，旗帜鲜明地反对和抵制各种错误观点。中国特色社会主义伟大事业，需要千千万万个榜样模范，也培育着千千万万个榜样模范。在当今社会，重视榜样的作用是非常有必要的。一个国家、一个民族总要有一群仰望星空的人，这群人用榜样的力量来重塑人民的心灵。正是这些勇于开拓、无私奉献的人，才使祖国取得如此辉煌的成就。黑格尔认为，"理想"的人格不仅要满足其物质需求，而且要实现其精神目的。榜样精神成为新时期继承和发扬伟大建党精神的一个重要坐标，它生动地阐释了中国精神，丰富了民族与时代精神的内涵，为社会主义核心价值观的培育与实践提供了丰厚的精神养分。我们要在全社会大力宣传模范，把先进典型转化为推进社会主义现代化国家建设和中华民族伟大复兴的强大动力。1963 年 3 月 5 日，《人民日报》《解放军报》等各大报刊上，刊登了毛泽东主席的题词"向雷锋同志学习"，雷锋是中华人民共和国成立后，毛主席为之题词的第一个先进人物。雷锋作为一名

---

① 《习近平关于总体国家安全观论述摘编》，中央文献出版社，2018，第 100 页。

英模人物，已成为亿万国人争相学习和崇拜的榜样和精神力量，滋养着一代代中华儿女的心灵。打开《雷锋日记》，翻阅《雷锋的故事》，雷锋的生活中处处体现着为人民服务和助人为乐的精神，不管在什么地方，他始终保持着一颗为人民服务的心，充当一颗"螺丝钉"。不管在哪里，他都能主动做好事，心甘情愿地为人民服务，优秀共产党员雷锋的名字在中国家喻户晓，雷锋精神一度是"全心全意为人民服务"的代名词。我们这一代人，是在雷锋精神的影响下成长起来的，可能雷锋与他的先辈们以及他同时代的许多英雄人物比起来，显得很普通，但是，也正是雷锋的平凡，才让他的故事成为一种"大家都能学，大家都能做"的先进事迹，60 多年来全国向雷锋学习的热潮经久不衰。"对待同志要像春天般的温暖，对待工作要像夏天一样火热，对待个人主义要像秋风扫落叶一样，对待敌人要像严冬一样残酷无情。"这是大家所熟知的雷锋名言，雷锋对国家和人民的热爱是雷锋精神的重要内容，崇高的理想和坚定的共产主义信念是雷锋精神的力量源泉。雷锋用自己短暂的 22 年的生命，写下了一首光辉灿烂的人生赞歌，树立了一座让人敬仰的精神丰碑。雷锋精神充分体现我们党的价值追求，体现马克思主义的立场观点，是中华优秀传统文化和红色革命文化的结合，符合社会主义意识形态建设的客观需要。从"为民而生，为民而死"的信念，到"忠于革命忠于党"的赤胆忠心；从视他人之苦为己之苦，到"永远做一颗革命的螺丝钉"的敬业奉献态度；从艰苦奋斗的精神，到"富贵不忘本"的朴实品质……雷锋的信念力量、大爱胸怀，以及忘我的、积极进取的精神，都是中华民族精神的最佳写照。

伟大时代呼唤伟大精神，崇高事业需要榜样引领。要精心选树榜样楷模和先进典型，树立鲜明的榜样取向，从而发挥榜样的力量引导广大群众自觉践行社会主义核心价值观。习近平总书记指出："雷锋是一个时代的楷模，雷锋精神是永恒的。实现中华民族伟大复兴，需要更多时代楷模""我们既要学习雷锋的精神，也要学习雷锋的做法，把崇高理想信念和道德品质追求转化为具体行动，体现在平凡的工作生活中，作出自己应有的贡献，把雷锋精神代代传承下去。"① 平凡孕育伟大，雷锋用自己的榜样模范行为，展示了一名

① 《习近平讲党史故事》，人民出版社，2021，第 193 页。

普通的军人党员是怎样在平凡的岗位上践行对社会的责任、对国家的热爱、对党的忠诚、对人民的奉献，把共产党员为人民服务的宗旨生动地表现出来的。他用无与伦比的道德魅力，激起了广泛的社会反响，把全社会的力量都集中起来，使党的先进性得到了进一步的加强和提高，巩固了党执政的社会基础。雷锋精神之所以能跨越时间的长河，最根本的原因就是它体现了我们党源于人民、扎根人民，服务人民、植根人民，力量来自人民、与人民同在的价值理念。雷锋在自己的日记里这样写道："如果你是一滴水，你是否滋润了一寸土地？如果你是一线阳光，你是否照亮了一分黑暗？"在当今这个时代，思想和文化相互激荡，价值观念多元，越是这样，越需要真情付出、守望相助的道义坚守，以及赠人玫瑰的慷慨无私精神。学习雷锋，做雷锋的接班人，应是每个公民义不容辞的责任，以雷锋精神为心灵"补钙"，为道德"提纯"，为技能"淬火"，这已经是每个公民都应该自觉而为的事情。就人民军队而言，强军路上，红旗飘扬，雷锋精神之旗必将凝聚成一股强大的力量，为强大的军队提供强大的动力。雷锋精神一代一代地传承下去，学雷锋永远不会停歇，只会继续，唯有以"雷锋"为榜样，继续书写更加动人的雷锋故事，才能将高尚的理想信念、高尚的品德追求化为实实在在的行动。

榜样集中体现了德性视域下群体的价值认同

在人类历史上，任何一个历史人物的作用和命运都与一定的时代背景、进程和规律联系在一起。在历史唯物主义的理论中，时势造就了英雄，每一个时代都有自己的代表性人物。每一个英雄的产生，都说明他们的思维和行动是与时代的发展趋势相一致的，是按照历史发展规律来的，符合历史发展规律，杰出人物、伟大人物的出现具有其历史必然性。一个典型树立起一面旗帜，一个榜样树立起一根标杆。榜样的产生具有代表性、真实性、时代性、可学性等特点，榜样的事迹在民间广为流传，如同璀璨的星辰照耀着我们每个人的心灵。榜样模范不仅仅是崇高和伟大的象征，更是普通人身边的楷模，他们用实际行动诠释了什么是真正的高尚与正直。在平凡的岗位上默默奉献，以无私的精神感染周围人，他们的存在让道德的光芒照亮了时代，也温暖了人心。他们代表的是民族的精神气质和道德风骨，是国家精神文明的承载者和领跑者，体现了一种道德和价值之美，集中了人们的精神向往，构成了德性伦理学的主旨。

榜样典范的激励力量认同。榜样，是影响人、作用于人的积极、向上的典范。与普通民众相比，榜样模范更具有对社会思想道德关系与时代发展走向的敏锐洞察力，能适时地把握先进的思想道德规范与民众的需求。他们有着超越常人的思想道德品质，更加坚定的思想道德意愿与信仰，能够用自己的行动来诠释当代优秀品质。毛泽东主席说过，一个人做一件好事并不难，难的是做一辈子的好事，不做坏事。榜样楷模的道德行为并非只凭一腔热血，也不是盲目地逞一时之快，而是一种内在素质的自然流露，一种对道德行为的始终如一的坚持。作为一种理想的人格，榜样模范是一种人们所追求和向往的高尚的思想道德境界。他们自愿进行的贡献，为社会、为别人作出的牺牲，是一般人在同等条件下不愿意做、不能做或不能坚持做的。与普通群众相比，榜样模范的思想道德境界相对于一般群众具有超前性，而且，他们的道德水平不仅仅是在思想上，还体现在行为上，这也是他们被广大群众所钦佩和学习的原因。毛泽东等老一辈革命家多次强调"榜样的力量是无穷的"，说明了榜样的价值。榜样的价值体现为榜样对人具有引导、激励作用，使人产生向往先进、美好、崇高的价值取向，有助于人们树立正确的人生理想和价值观念，规范思想行为，引导高尚的思想道德观，指引人生方向，提升品质，升华思想，激励人们奋勇前行。在全党全国各族人民迈上全面建成社会主义现代化国家新征程、向第二个百年奋斗目标进军的关键时刻，坚持表彰代表社会主流价值的榜样人物，有利于汇聚成巨大的凝聚力和战斗力，为党和国家奋力实现中国梦提供强大的精神动力。"道虽迩，不行不至；事虽小，不为不成。"站在"两个一百年"的历史交汇点上，全党全国各族人民要肩扛"铁的担当"和发扬实干精神，要把榜样作为自己的"镜子"，把这股向上奋斗的力量发挥到极致，培养出处变不惊的决心、勇于开拓的勇气、克服困难的能力、坚持不懈的毅力，只有好钢才能锻造出好的刀刃，成长为能担当重任的栋梁之材。全党全国各族人民要始终坚持以榜样为镜，深植并弘扬那份伟大的榜样精神，将这份精神与灵魂深处紧密相连，脚踏实地承担起属于自己的责任，恪尽职守，无论道路多么崎岖，都坚定不移地走下去。正是这样的榜样精神，汇聚成了在新时代征程上再起行装、砥砺前行的磅礴力量，共同谱写出中华民族伟大复兴的壮丽诗篇。

榜样行为的社会学认同。班杜拉认为，人类的大多数社会行为是通过观察榜样而获得的。心理学家们相信，人们的某些行为、态度和价值观，甚至是道德品质和个性都可以从对他人的模仿中获得。亚里士多德曾经指出，模仿是人的一种自然倾向，他从人性的观点对"模仿说"进行了确认，并将诗歌与艺术的渊源也归于"模仿"，"模仿"是人的本性所决定的，并且他认为知识也来自模仿，也就是说，人是从模仿中得到原始的知识。达尔文还通过实验证实了模仿是人类的一种本能，他认为人类以及大部分的动物都具有同样的本能。道德榜样的示范是指通过模范的言行举止、事迹经验，将蕴含在榜样身上的价值观念、行为标准传达给人们，让他们去关注、去观察、去了解，产生感情上的共鸣，让他们产生学习的兴趣和模仿的心理，让整个社会都乐于并能主动地去效仿。"见贤思齐焉，见不贤而内自省也。""模范"，顾名思义，就是某些人或某件事情值得我们去学习；"模仿"，就是发挥榜样教育作用的心理依据，是一种人有意识或无意识地模仿某种行为目标，从而具有特定情感色彩的行为，这是一种群体的社会心理现象，也是社会交互中最主要的一种心理动力。榜样行为所带来的社会价值是激励观察者模仿榜样行为的动机，进而激发学习者模仿、学习、实践榜样行为的内在动力。通过树立一个好的榜样，很容易就能激起人们的效仿行为，从而增强他们的道德行为动机，促进人们的道德水平和社会风气的进步，形成健康的社会环境。榜样所蕴含的美好精神能够唤起个体内心深处的道德追求，激发起学习者强烈的情感共鸣，进而转化为推动个体实践这种行为的内在动机，接受其所蕴含的价值精神。树立榜样、宣传榜样，通过榜样的示范效应可以凝聚人心，激发斗志，形成合力。新中国成立之初，民生凋敝，百废待兴。在这个时候，就要树立模范，使其成为人民的精神力量的象征，不但可以提高他们的信心，也可以鼓舞他们的斗志，让他们战胜一切困难，努力进取，积极地开展社会生产活动。例如，"铁人"王进喜，他的形象在大庆油田的生产和发展中起到了无可比拟的"领头羊"作用。塑造特定职业的榜样对该职业本身也是一种褒奖与鞭策。在一个特定的时间里，榜样塑造的作用和目的就在于通过榜样来表扬在特定时期做出重大贡献的群体，让他们有一种荣誉感、使命感，进而形成一种努力工作的内驱力。比如"非典"时期，对那些为国捐躯的医务工作者进行表彰，既是对抗击"非典"一线医护人员的尊重，也是对他们的一种激励，让他们在这段时间里，为人民群众的生命和健康而不懈努力。此外，模范的树立还有调节作用，即通过榜样的塑造，可以调节公共关系、缓解社会矛盾。具体来说，就是在国家机关工作人员和人民群众之间的关系方面，例如，每年都有一批公安干警、行政干部成为榜样，以此来让公众认识到广大公安干警、国家机关工作人员的艰辛，同时也能让一些人缓解因为日常生活中的某些经历而对这类职业人群产生的误会，甚至不满和憎恨，进而促进社会关系的和谐。通过塑造这样的人物形象，让人们关注和模仿，从而使人们的行为符合一定的社会规范。这其实是一个社会进行"软规范"的过程，毕竟人们的思维方式不可能总是用"枪杆子"来管理，还需要通过榜样教育等"软"手段来实现。雷锋就是通过学习英雄的感人事迹成长起来的。雷锋入伍第一天，看的电影就是《董存瑞》。他在日记本里写下了学习董存瑞英勇献身精神的感想。他的一生曾经学习了董存瑞、黄继光、王若飞、方志敏、向秀丽等二十几位英雄模范。雷锋的奉献精神就是对董存瑞等英雄流血牺牲精神的继承和发展。雷锋 18 岁在团山湖农场当拖拉机手时就开始读《董存瑞》这本书。他在日记里写道："这天是我永远不能忘记的日子，这天是我最大的荣幸和光荣的日子。我走上了新的战斗岗位，穿上了黄军服……我要坚决做到头可断，血可流，在敌人面前决不屈服、投降。我一定要向董存瑞、黄继光、安业民等英雄们学习。"[1] 在雷锋的一生中，他没有创造惊天动地的英雄壮举，但他把自己生命的每一分热、每一分光都无私地奉献给了人民，用对人民的赤诚之心，用全心全意为人民服务的精神，谱写出了一曲平凡却伟大的人生乐章。雷锋在日记里写道："董存瑞英雄是我永远学习的好榜样，我一定要为党和阶级的崇高事业，随时准备牺牲自己的一切，直至生命。"[2]

---

[1]　总政治部编《雷锋日记》，解放军文艺出版社，2012，第 9 页。

[2]　总政治部编《雷锋日记》，解放军文艺出版社，2012，第 21 页。

雷锋学习革命先烈形成雷锋精神，而雷锋精神又在新的历史时期，哺育了新时代的董存瑞、黄继光式的英雄。如拦惊马救儿童英勇牺牲的刘英俊，扑向爆炸的炸药包保护民兵安全英勇牺牲的王杰，为了旅客生命安全，牺牲在火车轨道上的欧阳海……雷锋精神使我们党、国家、民族和军队形成了良性循环的英模链，呈现英雄辈出、后继有人、长江后浪推前浪的大好局面和态势。雷锋的一言一行、一举一动，都在发挥着榜样的示范作用，他的故事传遍了整个中国，他的高尚精神鼓舞着一代又一代的人，雷锋精神跨越了时间和空间，代代相传，已成为中华民族的一种精神代表。如果每个人都能按照榜样的行为和做人准则来做事情，那么这个社会就会更加稳定。人的发展是不均衡的，在人生的不同阶段会去认识和选择自己的励志榜样目标，每个人都有想要获得成功的愿望，但是并不是所有人都是一帆风顺的，这个时候，就需要有一个前进的动力，而榜样的影响在这方面就是关键。有了榜样，我们就能从榜样身上汲取无穷的力量，引导我们能够健康地成长，过积极向上的生活。榜样教育对个体的社会生活也是有益的，因为在真实的世界里每个人都会感受到来自各个方面的压力，这个时候，人们就会想要一些精神上的支持，这样才能给自己带来力量，榜样教育可以在一定程度上满足人们的这种需求。当人们带着强烈的希望睁眼望着这个在他们看来仍然模糊不清的世界，想要找到自己在这个世界中的地位时，一个在兴趣、性格甚至性格上都与他类似的人，就会成为他们行动的参照和精神支柱。几乎所有的人，都会在自己的一生中，默默地寻找到这样一个清晰的榜样。只有这样，才能在生活中找到方向和人生的意义。一个人无法选择所处的时代，但他可以选择所走的人生道路，雷锋就是通过学习英雄的感人事迹，在短短的22年生命中，写下了一首无比辉煌的生命诗篇，树起一座受人敬仰的精神丰碑，成为全党、全军、全国各族人民学习的光辉楷模。在全国人民的精神高地上，他是一种永恒闪亮的价值坐标，鼓舞着我们在向英雄学习、尊敬英雄、争当英雄的路上勇毅奋进。

榜样需求的自我实现认同。 马斯洛的需要层次理论，其核心是需要层次论和自我实现论。最高层次的需要是自我实现的需要，是指实现个人理想、抱负，发挥个人的能力到最大程度，它意味着要实现个人的理想和抱负，充分发挥自己的才能，实现自己的价值。接受自己也接受他人，更好地解决问题，更好地提升自己的自觉性，更好地处理各种事务，不被打扰，满足自己的需求。也就是说，一个人要做一件有能力的事，以便他能得到最大的幸福。马斯洛认为，不同的人通过不同的方式来满足自己的需求。自我实现的需求是指在努力实现自身潜能，不断成长为自己所期待的角色的过程中，榜样的树立是非常关键的，榜样对个人而言是一种愿望而未达到的目标理想，也就是个人所期待但还没有实现的将来的自己，一旦确立了榜样目标，榜样就会以"未来自我"的形象出现在个体的眼前，能够深深地刺激个体的自我提高、自我完善、自我超越和自我实现的内在情感。榜样身上的优秀品质必须得到学习者的认可，只有这样，学习者才能主动地培养这方面的品质。也就是说，我们可以根据学习者的思维和价值观，主动选择对自己具有激励作用的榜样。只有被学习者认可的榜样，才具有真正的激励价值。在现实生活中，人们由于长期的生活习惯、思想价值观念和道德准则等方面的差异，会主动选择符合自己阶层行为准则的人物确立为自身的榜样，并且对选定的榜样进行模仿，从而使自身的道德品质和综合能力得到持续提升。学习者认可榜样的优秀品质后，就会加强对榜样的学习，在学习和生活中遇到的各种心理问题和困难都能得到很好的解决。只有这样，才能持续促进人的全面发展。

榜样是一个时代的精神标尺，也是一种具有典型意义的人物，它在一定的领域里有着很强的代表意义，它可以给人带来正面的鼓舞。在大力弘扬雷锋精神的今天，学习雷锋对待工作的"挤"劲和"钻"劲，立足本职艰苦奋斗的朴素作风，是实现中国式现代化和中华民族伟大复兴所必需的精神动力。在全社会弘扬爱岗敬业、艰苦朴素、埋头苦干、自强不息的美德风尚，有利于通过先进的道德规范，去克服各种与创业需要相违背的思想行为。雷锋精神与当前倡导的社会主义核心价值观高度一致。弘扬雷锋精神，就是大力倡导雷锋那样无私奉献的价值观，弘扬雷锋那种爱憎分明的斗争精神，在全社会营造团结互助、平等友爱的氛围。要大力宣传雷锋，必须创新宣传方式，拓宽宣传渠道。媒体是一种重要的价值观引导者。随着科技的飞速发展，各类媒介形态不断涌现，除传统媒介（如报纸、杂志、电视和广播）之外，还出现了基于互联网的新媒体。目前，各种媒介的深度融合，使公众接收信息的渠道也由单一的平面向多元的、立体的传播方式转变。这虽然给人们提供了方便，但也构成了一些挑战。随着信息化的深入，新兴媒体的影响力日益增强。要加速推进"媒体融合"发展，增强主流媒体的传播力、引导力、影响力和公信力，形成网上网下同心圆，让正能量更强劲、主旋律更高昂。要使典型的宣传性学习活动更好地结合传统和新兴媒介，针对不同的宣传对象，准确地投放有关的内容，从而达到各种载体的优势互补。一方面，在当今社会，传统媒体仍占有举足轻重的位置，要发挥好传统主流媒体的作用，积极宣传先进的思想，拓宽榜样的受众范围。另一方面，要积极推进主流媒体的网络化和数字化转型，着力建设一批有较大影响、较强竞争能力的公共服务平台。此外也要正确对待主流与商业平台的关系，充分发挥微博、抖音等大流量媒体的优势，实现分层、分时段、分众化的宣传，提高宣传的针对性与实效性。

榜样示范的人格塑造认同。榜样是影响人格发展的重要参照，人们对榜样的认同、模仿、信奉、依从并为自己塑造合适的形象，有助于促进个体道德行为习惯的养成，从而实现自我的健康发展。榜样的功能就是通过榜样人物的崇高行为来影响人们的思想感情和行为，要充分发挥好榜样的功能，并加强榜样示范的人格塑造认同，就必须加强宣传和学习，创新形式，注重实效，使榜样的力量成为人们生活中的一种生动的实践。榜样是民众之楷模，更是国之栋梁和先进分子的优秀代表，个体要不断完善自我，促进个人全面发展，通过榜样人物的示范感召，进而产生关联反应，形成完善人格。榜样具有先进性，榜样在社会中的影响力和示范效应尤为显著。榜样具有的影响力、号召力和鼓舞作用皆因其具有先进性。先进性让大众与榜样的对比有了意义，让社会行为校正有据可依。榜样与一般个体相比，榜样的行为准则、生活方式、价值观等都具有一种超越常人的高尚品质。这种品质不仅影响着他们所处的群体，也激励着周围的人不断追求进步和完善自我。当榜样成为众人效仿的对象时，他们的先进性就转化为了一股强大的动力，推动着人们向着更高的标准努力。例如，一个在科研领域取得杰出成就的科学家，他的创新思维和对科学的执着追求是所有人学习的典范；一个坚守岗位、无私奉献的公务员，他的敬业精神和为人民服务的态度是全社会尊敬和效仿的楷模。

这些榜样，通过实际行动向我们展示了什么是真正的卓越和持久的价值。因此，无论是在职场上还是日常生活中，我们都能看到那些以自己的方式诠释先进性的个体，他们用行动书写着一个个关于坚持、勤奋与奉献的故事。正是这些鲜活的榜样，构成了我们社会文明进步的基石，也是我们不断前行的精神支柱。榜样之所以成为榜样，正是由于榜样的先进性特质，也正是榜样与一般个体之间差异性的存在，才能够激发人们奋起效仿，见贤思齐、完善自我，不断实现自我飞跃，以期达到与榜样在思想境界或能力水平上的一致。国无德不兴，人无德不立。一个民族如果有了精神的支持，就会变得强大。中华文化历史悠久，孕育着中国人可贵的精神品质，也孕育着中国人崇高的价值追求。自强不息、厚德载物、崇德向善等优良传统，是中华民族生生不息、薪火相传的精神支柱。时代的进步，离不开一种健康、向上的道德规范。开展国家道德模范的评选和表彰，推进社会公德、职业道德、家庭美德、个人品德教育，弘扬爱国、敬业、诚信、友善等基本道德准则，培养知荣辱、讲正气、作奉献、促和谐的社会风气，是促进公民道德建设的一种生动实践，也是社会主义精神文明建设的一种强有力的手段。学习榜样模范、关爱榜样模范、崇尚榜样模范、争做榜样模范，是一个社会发展的重要标志，也是推动一个社会文明进步的重要力量。

习近平总书记说过："当高楼大厦在我国大地上遍地林立时，中华民族精神的大厦也应该巍然耸立。"[1] 一个民族的强盛，并不只是物质上的富足，更重要的是"天下兴亡，匹夫有责"，"老吾老以及人之老"的温暖，"君子爱财，取之有道"的正直。坚持和发展中国特色社会主义，需要物质文明和精神文明全面发展、人民物质生活和精神生活水平全面提升。没有坚强的物质基础和坚强的精神基础，中华民族伟大复兴是不可能的。伟大的时代呼唤伟大的精神，伟大的事业要有榜样模范带头。近年来，全国道德模范的评选和表彰活动，在社会上的影响力与日俱增，广大群众的参与和支持力度不断增强，起到了崇德向善、见贤思齐的作用，引导社会积善成德、明德惟馨，产生了良好的引导效应和辐射效应，对我国加强公民道德建设、提升全社会道

---

① 习近平：《在文艺工作座谈会上的讲话》，人民出版社，2015，第 6 页。

德水准，具有重要的启发意义和参考价值。要注意发挥好典型的带头和示范效应，全国道德模范是一种看得见的正能量，一种鲜活的价值观念化身，是社会主义道德建设的一面重要旗帜，没有榜样的力量，就无法引导人们自觉地践行社会主义核心价值观。树立什么样的标杆，就明确了什么样的标准，也体现了什么样的导向。雷锋的名字家喻户晓就在于雷锋的事迹深入人心，雷锋精神滋养着一代代中华儿女的心灵，这为新时代更好地弘扬雷锋精神提供了根本遵循。实践表明，不管时代怎样变化，雷锋精神永远不会过时。新时代新征程，雷锋这个普通却又伟大的名字，将在历史的星空中熠熠生辉；雷锋精神，这座永恒而不朽的丰碑，在时代变迁中永不褪色！

榜样力量是看得见的哲理

榜样不仅仅是简单的模范，更是一种精神的象征和行动的力量。榜样的力量是人世间最具正能量的引领之力，榜样身上展现出积极向上的品质和行为，为他人树立了良好的示范引领，引领人民群众向着正确的方向发展，激发群众的积极性和创造力，榜样所汇聚起来的能量是鼓励我们践行社会主义核心价值观的蓬勃之力。

榜样力量体现本体论的终极价值。

一是榜样力量体现存在的本质和意义。本体论是哲学中探究存在的本质和基本原理的理论。本体论可以被理解为研究"是什么"和"为什么存在"的基本哲学问题，它主要关注的是"存在者"的本质，即"存在者为什么存在""一切实在的最终本性是什么"，本体论涉及对存在的本质和意义的探讨。哲学从其产生开始，就试图为人类提供某种关于人自身的存在和发展的最后根据、尺度和标准，也就是为人类提供某种"安身立命"或最高的支撑点，这就是哲学的本体论追求。榜样模范不仅仅是"存在"着，而且是具有某种"规定性"的存在，即具有某种特定的内容与形式的存在，他们所展现出的品质、行为和成就，通常符合一定的社会规范、价值观念和道德标准。古希腊哲学家普罗泰戈拉曾提出"人是万物的尺度"，就是说世界的存在、真理、规律，皆以人的感觉为标准，人作为唯一有思想和感知能力的生物，具有审美、道德、理性等能力，能够对世界进行认知和评价。马克思在《黑格尔法哲学批判导言》中提到"人的根本就是人本身"①，强调人的本质是由其自身的生产活动和社会存在所决定的，而不是某种神秘的力量。榜样模范的产生历史地构成人类用以判断、说明、评价和规范自己全部思想和行为的根据、标准和尺度，这是作为意义统一性的终极价值，是寻求生命意义的根基。榜样可以为人们提供关于存在和发展的最后根据、尺度和标准，从而引领人们朝着积极向上的方向发展，为人类存在和发展提供一种"安身立命"的支撑点。因此，榜样力量可以被视为哲学本体论追求的一种具体体现，它为人们提供了实践中的道德和行为准则，指引着人们朝着积极向上的目标前进。

二是榜样力量反映特定历史时期的社会需要。崇高的事业需要榜样引领的力量。任何一个时代都需要具有高尚品质和行为的榜样模范引领，以引领社会向更高层次发展。但不同的历史时期，人们对榜样的需求和期待有所不同。榜样模范所展现出的力量，不仅受到个体内在品质的影响，更受到时代背景和社会特征的塑造，成为社会发展和进步的重要标志。榜样模范的存在和作用是人类生命意义的根基和价值体系的重要组成部分，体现了一种意义统一性的终极价值。他们所具备的高尚品质和行为，成为人们对生命意义和社会价值观的根基和支撑点，为人们的行为规范和价值取向提供了统一的标准和尺度。引领着人们朝着更高尚、更积极的目标前进。

中国共产党成立以来，不同历史时期的榜样都有其鲜明的时代特征，反映了那一时代的生活内容和精神风貌。新民主主义革命时期，中国共产党领导中国人民推翻帝国主义、封建主义和官僚资本主义"三座大山"，完成民族独立和人民解放。这一时期需要投身革命、支援前线、追求解放的榜样模范力量；在我国社会主义革命、建设和改革的非凡历程中，一代又一代奋斗者顽强拼搏、不懈奋斗，涌现出无数感天动地的英雄模范。他们用智慧和汗水、甚至鲜血和生命，为国家富强、民族振兴、人民幸福书写了可歌可泣的壮丽篇章；改革开放和社会主义现代化建设新时期，涌现出诸多回应现实、彰显人性的道德榜样；中国特色社会主义进入新时代，习近平总书记高度重视英

---

① 《马克思恩格斯全集》（第一卷），人民出版社，1956，第460页。

雄模范在时代新人培养、时代新风弘扬中的重要作用，他指出："如果 13 亿多中国人、8900 多万党员、400 多万党组织都能学习雷锋精神，都能在自己的岗位上做一颗永不生锈的螺丝钉，我们的凝聚力、战斗力将无比强大，我们将无往而不胜。"① 我们要学习推广学雷锋的成功经验，引领更多个人和群体加入学雷锋队伍中，让雷锋精神在新时代绽放更加璀璨的光芒。可以说，时代性是榜样最鲜明的特征之一，是时代精神在榜样身上的集中体现，也是社会发展对榜样的根本要求。雷锋是时代的楷模，一批又一批雷锋式的先进典型不断涌现，体现的正是一种终极价值，一种生存的价值。

人民群众既创造历史，也造就榜样人物。

一是人民群众是历史的创造者。人民群众创造历史是一个伟大的命题，是历史进程中的重要力量。人民群众通过各种形式的社会运动和革命斗争，推动了社会的变革和进步。"雷锋团"是在炮火硝烟中诞生的英雄部队，革命战争年代参加战斗 49 次，形成了"万难莫挡、攻坚啃硬"的光荣传统。和平建设时期，七进长白山、六翻兴安岭、三度奉命出国扬军威，参加重大国防施工任务 20 多次，广大官兵视祖国需要为使命，把捍卫人民幸福的责任高高举过头顶，培植了听招呼、跟党走、守纪律、斗志坚的政治基因。人民群众的参与推动了社会的变革和制度的建设。在社会发展的各个阶段，参与政治、经济、文化等方面的活动，推动了社会制度的改革和完善，促进了社会的进步和发展。在社会的变革与发展过程中，人民群众的智慧和劳动是推动科技创新和生产力发展的重要动力。创新性的劳动和实践推动了科学技术的进步和生产力的提高，促进了经济的发展和社会的繁荣。此外，人民群众不仅在政治和社会经济领域发挥作用，也在文化和精神领域做出了重要贡献。人民群众创造了丰富多彩的文化形式和艺术作品，传承和弘扬了民族精神和文化传统，为自己民族文化的繁荣和发展贡献了力量。

二是榜样模范是人民群众中的杰出代表。马克思和恩格斯认为那些顺应

---

① 习近平2018 年 9 月 28 日在参观辽宁省抚顺市雷锋纪念馆时的讲话，《奋力书写东北振兴的时代新篇——习近平总书记调研东北三省并主持召开深入推进东北振兴座谈会纪实》，《人民日报》2018 年 9 月 30 日。

历史发展潮流、符合人民群众利益和意愿、承载社会主流价值要求的典型人物，应该成为榜样人物或英雄人物。在历史的发展与变化的进程中，马克思多次论述了榜样与人民群众的关系问题，立场鲜明地表明榜样人物来源于人民群众。譬如"编外雷锋团"政委姚德奇在担任邓州市房管局局长期间从不乱花国家一分钱，不管来客是谁，都坚持用"一碗牛羊肉配上焦边馍"的规格来招待，人送外号"一碗端"。他经手数亿元的资金，别人想浪费一点儿，绝对过不了他这一关。这是新时代新征程对党员干部的政治要求和行为底线。榜样人物的产生与人民群众息息相关，他们是人民群众中的一部分，往往通过行动为人民群众树立了典范和行为标杆，在一定程度上代表了人民群众的利益和愿望。这是因为榜样人物所具有的品质和行为，本质上是人民群众的产物，是社会环境和历史条件的反映。榜样人物所展现的品质和行为，是人民群众普遍追求的目标和价值观念的体现。为人民群众的行为和思想提供了引领和激励。

社会主义建设事业不仅是革命领导者的事业，而且是广大人民群众共同努力的结果。在社会主义建设中，人民群众是历史的创造者和主体，他们通过自己的实践活动参与到社会的建设和发展中来，推动着社会的进步和发展。人民群众是社会历史的创造者，作为社会先进人物代表的榜样必然产生于广大人民群众的社会实践中。榜样只有产生于广大人民群众的生产生活实践中，经过自下而上的推荐和筛选过程，才能确保其真实性、群众性、先进性和代表性。雷锋是人民群众中诞生的榜样，雷锋精神展现了奉献、友爱、互助、进步等特点，与社会主义核心价值观中富强、民主、文明、和谐的价值追求高度一致，其精神为社会主义核心价值观注入了鲜活的生命力和具体的行动指南。在雷锋的行动中，我们看到他的生活和行为如何展示了一个普通人能通过自己的努力对社会产生积极影响，从而促进社会的和谐与进步。雷锋鼓励人们将集体利益和他人的利益放在首位，这在今天仍然具有极其重要的现实意义。560 名曾与雷锋同在一个团，有的还是一个连、一个班的退役军人，实现了"无愧为雷锋战友"的铮铮誓言。从 1964 年至 1985 年，他们相继复员或转业回到家乡邓州，始终牢记老部队"走进来学雷锋，走出去做雷锋"的"团规"，在各自平凡的岗位上"几百人如一人，几十年如一日"做种子、播火种，累计作学雷锋事迹报告 2000 余场，1200 多人次被评为"优秀共产党员""先进工作者"，近百人立功受奖，成为最耀眼的雷锋精神种子。在社会主义核心价值观引导下，雷锋精神不仅是对过去的回顾，更是对未来的展望，它呼吁每个人都能在自己的岗位上做出贡献，以实际行动促进社会的富强、民主、文明、和谐。此外，雷锋精神还体现了社会主义核心价值观中的爱国主义精神。雷锋以自己的实际行动诠释了什么是对国家和人民的深厚情感，如何通过自己的努力为社会做出贡献。这种精神在新时代的背景下，激励着一代又一代人为实现中华民族伟大复兴而不懈努力。2007 年，南阳理工学院 71 名大学生志愿者申请加入"编外雷锋团"，有人认为他们不在邓州市，"异地入团"没有先例。"编外雷锋团"领导态度鲜明：学雷锋不分地域，只要愿意，再远也欢迎。这个学校建立的"大学生雷锋营"，开通了全国首个校园"1+1 雷锋爱心服务热线"，组成 12 个暑期大学生乡村支教服务队，分赴周边 24 个贫困山村中小学支教，被表彰为"全国大学生志愿者服务优秀团队"，正是践行雷锋精神的现实体现。所以，雷锋精神不仅与社会主义核心价值观高度一致，而且为我们提供了一个生动的学习榜样，告诉我们如何将这些价值观落实到实际行动中，如何在现代社会中继续发扬光大这种精神，为构建一个更加美好的社会而努力。

榜样是"抽象的人"与"现实的人"的统一。

一是榜样是"抽象的人"。"抽象的人"本质上是对人类共有的本质属性、思想、精神和行为特征进行一种高度的理性概括处理。它不是指单一的个体，而是通过对一群具有共同特征和代表性的人物或群体的分析，抽象出一种普遍性的人类品质。这种品质不仅体现了人的本质属性，也具有普遍的价值和意义，能够跨越个体的差异，对广大民众产生感染力、引导作用和激励效果。"抽象的人"这一概念，可以将具有代表性的榜样群体的先进性品质，如其思想、精神、行为等，上升到一种对人类普遍价值的追求和体现。这些品质不仅为人们提供了一种行为上的范例，更重要的是，在精神和思想层面，对个体乃至整个社会产生积极的引领和激励作用，促进社会的进步和人的全面发展。

二是榜样是"现实的人"。马克思关于"现实的人"的观点，深刻地体现了唯物史观的核心原理，即历史的主体和社会发展的推动力是现实的、活生生的人，而非抽象化的人的概念，"现实的人"不是某种处在幻想的与世隔绝、离群索居状态的人，而是指生活在特定社会历史条件下的真实个体，他们拥有独特的生活经历、思想情感和社会关系，凸显人的个体性和现实性，即每个人都是在特定的时间、地点和社会环境中生活的独特存在，他们的思想和行为既受到个人经历的影响，也与周遭的社会结构和文化背景紧密相关。"现实的人"的概念强调了个体的现实生活情境、社会关系以及能动性在理解人的社会性和历史性中的重要性，与"抽象的人"所强调的普遍性和理想化的品质不同，"现实的人"更加注重个体的具体情境和现实条件。通过研究和理解"现实的人"可以更深入地洞察社会结构的形成、人类行为的动机以及社会变迁的内在逻辑。

三是榜样是"抽象的人"与"现实的人"的辩证统一。"抽象的人"与"现实的人"的概念在马克思主义哲学中体现了一种深刻的辩证关系，即它们在某种程度上既是对立的，也具有统一性。这种统一是通过人的社会实践活动以及历史发展过程来实现的。社会实践是连接"抽象的人"与"现实的人"的桥梁。人们在社会实践中不断地创造和重塑自己，同时也被社会的物质条件和社会关系所塑造。正如"雷锋团"塑造了雷锋、"雷锋团"坚持不懈学雷锋成为学雷锋标兵团。雷锋在这个部队脱颖而出后，团队坚定信念学雷锋，抓住根本学雷锋，立足本职学雷锋，探索总结出了一套完整系统的与时俱进学雷锋经验，实现了从个体到群体、从军营到社会、从运动式到常态化的拓展，促进部队全面建设取得丰硕成果，成为原沈阳军区学雷锋标兵团和全国全军传播雷锋精神的重要基地，以上都是学习、践行雷锋精神的活动。在这个过程中，人们的普遍性质与他们的个别性、具体性相互作用、相互影响，实现了从抽象到具体的转化。在马克思主义哲学中，"抽象的人"与"现实的人"的统一也体现在个体与社会的辩证关系中。个体作为"现实的人"的代表，通过其实践活动体现和实现了"抽象的人"的普遍价值。同时，这些普遍价值又通过社会的历史发展被个体吸收和内化，促进了个体的发展和社会整体的进步。榜样是"抽象的人"与"现实的人"的统一。在榜样身上，我们看到了理想与现实的有机结合。他们通过实际行动体现了高尚的道德品质和人类共有的价值追求，同时也是生活在具体社会历史条件中的真实存在。榜样不仅仅是理想化的象征，更是具体行动和实践中的表率，他们的事迹和精神激励着人们向着更高的目标努力。因此，榜样的力量就在于它们既能够引领我们追求理想，又能够植根于现实，让我们明白，在现实世界中，通过具体的行动去实现理想是完全可能的。

　　榜样不是制造的，也不是从天上掉下来的。榜样就生长在群众之中，其一言一行获得身边群众的公认，榜样是一种客观存在，是生活在社会中的人，他们是真实的。榜样来源于群众，又高于群众，存在于现实的社会生活，不仅是一定理想人格的化身，更是对实际社会生活的反映和升华。学习榜样是引导群众践行社会主义核心价值观的有效抓手之一，对于推动社会主义核心价值观建设具有重要作用，通过典型引领示范，引导群众向上向善、积极传播正能量，营造温暖和谐的社会氛围。

　　榜样具有客观性。榜样客观性的依据在辩证唯物主义的观点中，世界的固有规律性和物质性，其运动、变化和发展是相对稳定和连续的，不受个体主观意识的影响。辩证唯物主义也强调，人们可以通过实践逐步揭示客观规律和认识客观事实的本质。榜样具有客观性，是因为榜样所体现的优秀品质和行为是基于客观的事实和真实存在的。无论是社会生活中的榜样还是历史上的伟人，他们所展现的品质和行为，都是在具体的社会和历史条件下产生和发展的。这些品质和行为所蕴含的普遍价值和道德准则，超越了个体的主观意识，具有普遍的、客观的意义。在疫情防控、抢险救灾等急难险重任务中，一批批雷锋式的模范冲锋在前，书写了新时代雷锋传人的"逆行"故事。特别是他们坚持雷锋战友本色、学雷锋本源，薪火相传、星火燎原，使雷锋精神在中华大地生根发芽、开花结果。因此，榜样所具备的品质和行为是基于客观的社会实践和历史背景的，反映了普遍的人类价值观念和道德规范。这种客观性使得榜样具有更广泛的感染力和引领力，能够激发人们的共鸣和追随，成为社会进步和发展的重要动力。

　　榜样的客观性体现在其所具备的品质和行为的客观存在和普遍意义上。首先，榜样所展示的优秀品质和行为往往是基于客观的社会实践和历史背景而产生的。这些品质和行为通常反映了社会价值观念、伦理道德和文化传统，超越了个体主观意识的范畴，具有普遍的、客观的意义。例如，马克思、恩格斯、列宁、毛泽东等伟大的革命家和理论家，他们的思想和行动是在特定的历史时期和社会条件下产生的，但他们所追求的人类解放、社会进步等价值目标具有普遍的意义和影响，被广泛认同和尊崇。其次，榜样所具备的品质和行为能够被广泛的社会群体所认同和接受，这也是其客观性的体现。无论是历史上的伟人还是当代的杰出人物，他们的品质和行为之所以成为榜样，是因为能够引起广泛共鸣和追随，具有普遍的社会认同度和影响力。所以，榜样的客观性体现在其所具备的品质和行为的客观存在和普遍意义上，其价值和影响超越了个体的主观意识和特定背景，具有普遍的社会认同度和影响力。榜样既是时代发展的产物，又经历了实践的磨炼，凝聚了基层群众的创造性智慧，这种贴近实际生活、紧随时代步伐、经过深入调研而树立起来的榜样人物，具有广泛而坚实的群众基础，榜样本身具有能触发人们仰慕的可效仿性。

榜样的客观性存在对我们每个人都具有现实意义，榜样是具体、形象的，不是抽象、不可捉摸的，这种能力源于榜样所具备的优秀品质和行为的吸引力。当人们看到榜样的成功和成就时，往往会被其所展示的品质和行为感染，产生一种向榜样学习、效仿榜样的愿望和动力。榜样的客观性存在对每个人都具有至关重要的现实意义。首先，榜样所展示的优秀品质和行为能够在精神层面上激励和鼓舞人们。当我们看到榜样的成就时会感受到一种强烈的动力和信心，促使我们树立起正确的人生目标和价值观念，勇敢地追求自己的梦想和目标。其次，榜样所展示的正面品质和行为模式具有引领和示范作用。通过效仿榜样的优秀品质和行为，我们可以学习到正确的处世态度和价值观念，从而在自己的生活和工作中取得更好的成就。通过学习和效仿榜样的行为，我们可以逐步树立正确的价值观念，培养积极向上的生活态度，为社会的进步和发展贡献力量。最后，榜样的存在和影响有助于改善社会的风气和氛围。当更多的人受到榜样的影响，树立了正确的行为准则和价值观念，整个社会的道德水平和行为规范都将得到提升，从而建设更加和谐、文明的社会环境。做好事是学雷锋，但是学雷锋不仅仅是做好事，学雷锋要务实清廉、力戒形式主义，雷锋精神的实质和核心就是全心全意为人民服务，要多做人民期待、群众拥护、百姓受益的"民心工程"。多年来，"编外雷锋团"的战友们总是想着群众的利益和需要，时时为人民，处处讲奉献，有的为患者送医送药 30 多年，有的带领家乡亲人走上致富路，有的严于律己、淡泊名利、两袖清风，没有收过别人一分钱的礼，没吃过群众一顿饭。因此，我们应当积极学习和效仿榜样的优秀品质和行为，不断提升自己，为社会的发展和进步做出更大的贡献。实践证明，具有鲜明时代特色和强烈时代感的人物更能成为人们效仿学习的榜样——这是榜样力量留给人们的富有生命力的哲学启示。

（本文执笔：王立新，系辽宁石油化工大学新时代雷锋精神研究中心分管日常工作副主任、党建与思政研究中心主任，马克思主义学院教授，博士）

整体性的道德进步和风气优化

彭　丽　王东虓

60 年的学雷锋活动，给社会主义中国带来了什么？"举其大者"，全国人民整体性的道德进步和风气优化应是其中"必选之项"。

事实正是这样，全国学雷锋 60 年的伟大实践，是百年党史的精彩篇章，是党带领全国人民创造性推进社会主义文化强国征程、建设新中国思想道德大厦的成功实践，是提升全社会文明程度卓有成效的国民教育。

八大道德进步，见证中国"厚德强国"的软实力

梳理 60 年来我国由"学雷锋"引领的全民道德实践活动，我们发现，中国人民整体性的道德进步，集中表现在以下八个方面。

（一）以"爱国至上，勇于担当"为核心的社会公德的集体进步

社会公德是全民性的道德准则，它为社会全体成员所共同遵守，是社会道德在人类社会公共生活中的特殊表现。要问 60 年的学雷锋活动带来人们社会公德的集体进步到了什么程度，有一块最好的"试金石"，就是看人们在大灾大难面前的特殊表现。

1976 年唐山大地震中地下矿工群体在党员带动下沉着应变、有序撤退、无一人伤亡的传奇就是中国工人恪守社会公德创造的"惊世美谈"。

2008 年汶川大地震中广大军民勇于担当持续救援的无私行动，被救的 3 岁小男孩躺在担架上向恩人们敬礼的实录镜头，顿时让国内外多少人潸然泪下！

尤其是在 2020 年年初的"武汉保卫战"中，大疫当前，没人高价悬赏，没人强制摊派，没人讨价还价，有的只是奋勇当先、逆行而上。于是，人们看到了：那些逆行而上的"天使白"、日夜坚守的"卫士蓝"、随处可见的"志愿红"、逆风前行的"环卫黄"、勇挑重担的"迷彩绿"……他们不是从天而降的英雄，也不是不食人间烟火的"超人"，而是成千上万普普通通的中国老百姓。据统计，光是此次"武汉保卫战"中，为国担当、直接参与疫区救助的各类学雷锋志愿者多达 350 多万人。危难关头，他们围绕国家所需、百姓所盼，勇向险中行、敢往火线冲，聚沙成塔、涓滴成河，使雷锋精神熠熠生辉、大放异彩！

雷锋精神蕴含个人对国家、社会、人民的责任使命与牺牲奉献精神。近年来，边防战士陈祥榕在中国西部边陲喀喇昆仑高原加勒万河谷边境冲突中，突入重围，营救战友，英勇战斗，奋力反击，毫不畏惧，直至壮烈牺牲；"人民英雄"张超在执行任务时，突遇空中险情，果断处置，尽最大努力保住战机，被迫跳伞，不幸壮烈牺牲。"时代楷模""全国脱贫攻坚楷模"黄文秀，在脱贫攻坚第一线，勇于担当、甘于奉献，用美好青春诠释了共产党人的初心使命，把生命献给了脱贫攻坚事业。2022 年感动中国人物林占熺，经过无数次试验，发明出了以草代木培养食药用菌的方法，为全世界脱贫致富提供了新方案。全国教书育人楷模张玉滚，用一根扁担，为大山里的孩子们挑来了学习生活用品，也挑起了孩子们走出大山的希望。

实现中华民族伟大复兴中国梦的进军号声，催生了无数雷锋式的道德模范。激励人们在平凡工作中"为人民谋幸福"，在普通岗位上"为民族谋复兴"。诸如，原载于 2022 年 4 月 20 日央广网的一则平均年龄 71 岁的"老年雷锋团"的报道。这支"老年雷锋团"在郑州火车站广场上的志愿者服务亭里，每日为南来北往的旅客答疑解惑。从问路、充电、换零钱、寻人、寄存、发快递，旅客的难题"五花八门"，他们的志愿服务内容也随群众的需要而不断升级。平均年龄 71 岁的"老年雷锋团"成员，都是在 60 年前唱着"学习雷锋好榜样"长大的青少年。这个现象折射出毛主席"向雷锋同志学习"的超时代号召力，也作为一面平凡而感人的镜子，反映出我国社会公德的集体进步的道德风貌。

（二）以"人民第一，忠于职守"为特征的职业道德的全面进步

职业道德是所有从业人员在职业活动中应该遵循的行为准则，其核心是一个"献"字。"献"，就是礼敬地、虔诚地、不计报酬地贡献给国家、人民和社会。雷锋的职业精神正是这样告诉我们，无论在什么岗位，无论做怎样的工作，都要发挥最大的能力，做出最大的贡献。几十年来，在我国的改革发展中，各大产业和文教卫健岗位的从业人员都不同程度地践行着雷锋的爱岗敬业精神，努力把本职工作做得好上加好。这里，我们只说说两类人的职业精神。

第一类是在这次抗疫中大放异彩的中医药界的志愿者团队，这是一个在紧要关头勇立大功的雷锋式群体。2020 年 3 月 23 日下午 4 时，国务院新闻办公室在武汉举行新闻发布会，中央指导组成员、卫健委党组成员余艳红在会上介绍，在这次新冠疫情防控中，临床疗效比较观察显示，中医药总有效率达到了 90% 以上，而中医治愈新冠患者成本不到国外西医治愈者的 1% 甚至更低。以张伯礼院士为首的 2000 多位中医药医护人员完全以雷锋式奉献社会的职业精神南征北战、指哪打哪胜哪，所创献的"清毒养肺"药剂成了世界上真正扫灭新冠的"特效药"，党和人民把"人民英雄"的荣誉称号颁给张伯礼院士，表彰他所代表的中医药界学雷锋志愿者团队的职业道德精神，可谓"实至名归"！

雷锋精神蕴含各行各业先进代表的职业精神。"消防英雄"杨科璋，在灭火救援战斗中，怀抱一名两岁大女孩踩空坠楼，用自己身体给怀中孩子充当"救命垫"，保住女孩生命，自己壮烈牺牲。"扫雷英雄"杜富国，在中越边境扫雷任务中，失去了双手和双眼。他说，为了群众能有一个幸福安宁的生活环境，一切的牺牲，值得！

全国优秀共产党员、"时代楷模"张桂梅，倾心倾力帮助民族地区师生、困难群众，将积蓄全部用于兴教办学、扶贫济困。联合国教科文组织促进女童和妇女教育特使彭丽媛在对张桂梅的评语中，高度概括张桂梅"人民第一，忠于职守"的职业道德事迹。

"一心为民的党支部书记"周炳耀，在台风"莫兰蒂"到来时，不顾个

人安危，忠于职守，在清理河道堆积物时不幸遇难，用行动履行了一个基层党支部书记的职责，践行了一个共产党员"全心全意为人民服务"的承诺。

"肯把自己给出去的人"——吴孟超。被誉为"中国肝胆外科之父"的中国科学院院士吴孟超，对晚辈们讲过一段名言："孩子们，这个世界上不缺乏专家，不缺乏权威，缺乏的是一个人，一个肯把自己给出去的人！"可以说吴孟超不仅是一位医人大师，更是育人大师。2012 年，吴孟超被评为年度感动中国人物，颁奖词上这样写道："60 年前，吴孟超搭建了第一张手术台，到今天也没有离开；手中一把刀，游刃肝胆，依然精准；心中一团火，守着誓言，从未熄灭。"

陈晓磐被人民网冠以"雷锋精神透彻心骨的民警"、被人民群众称为"最亲近的人"。漯河市临颍县公安局民警陈晓磐凭着对公安事业的执着追求和爱岗敬业的职业道德境界，以"陈晓磐学雷锋活动小组""留守儿童温馨家园"等为弘扬雷锋精神、传递道德力量的平台，将工作做到了老百姓的心坎上。作为基层民警，离老百姓身边最近的人，也是在学雷锋志愿服务的广阔天地上大有作为的人。2021 年 7 月 1 日，他作为嘉宾参加了党百年华诞盛典观礼。他还多次受到习近平总书记等中央领导同志的亲切接见，荣获全国特级优秀人民警察、全国道德模范提名奖等殊荣。

第二类是以任正非、李书福、曹德旺等为代表的企业家中的"拼命三郎"。为了掌握牵引中国经济腾飞的"颠覆性技术"，这些本来都已是亿万富翁的"市场将军"全都以"不惜倾家荡产"的决断投入科技创新研发，发疯般地"让中国的鸡在中国下蛋"，把到手的"颠覆性技术"产业化，创造了 5G 产业、顶尖汽车的中国第一品牌、高端无人机产业集群等西方望尘莫及的"经济神话"。

习近平总书记在担任浙江省委书记的时候，曾肯定过浙江企业家的"四千"精神："走遍千山万水，说尽千言万语，想尽千方百计，尝遍千辛万苦"。这"四千"精神是中国的企业家精神，也是雷锋的职业道德精神——"钉子精神"在企业界的生动体现，是中华民族优秀企业家的缩影和代表。正是他们创造了所有西方经济理论永远都难以解构的"中国经济发展之谜"。

（三）以"孝老扶弱、互勉共进"为主题的家庭道德的整体进步

家庭美德是每个公民在家庭生活中应该遵循的行为准则。习近平总书记指出："中华民族历来重视家庭。正所谓'天下之本在家'。尊老爱幼、妻贤夫安、母慈子孝、兄友弟恭、耕读传家、勤俭持家、知书达礼、遵纪守法、家和万事兴等中华民族传统家庭美德，铭记在中国人的心灵中，融入中国人的血脉中，是支撑中华民族生生不息，薪火相传的重要精神力量，是家庭文明建设的宝贵精神财富。"[①] 说到尊老，有个事实：西方某国在新冠疫情蔓延之时，推出让 65 岁以上患者早死救国的"方案"。而中国则始终推行"应收尽收、全力救治"的战"疫"方略。于是，就有了 108 岁的确诊患者被治愈的"欢愉新闻"；有了 70—79 岁和 80 岁以上的确诊患者接近 100% 的治愈率的"硬核"战绩。与此同时，整个中国社会家庭道德的显著进步，则被一系列的数据刷屏：中国男人多数升级为家中最好的厨师，包揽了以前钟点工阿姨的劳动；异地战"疫"情侣的相思成为人生最美好的记忆。广大青年用心体验父母长者的含辛茹苦，用柴米油盐的规整、锅碗瓢盆的有序提升生活能力，增强勤俭治家本领。可以看到，为了整个国家的安全，许多小家都甘愿作出牺牲，这是"活雷锋"们共有的家国情怀的生动展现。

在共创"爱心之家志愿者协会"征途中，共建"全国最美家庭"的孙梅丽夫妇发起成立了三门峡市"爱心之家志愿者协会"。志愿者数量由开始的几人、几十人，到 15000 多人。志愿服务范围也扩展到助孤、助困、助老、助学、无偿献血等数十个领域。"爱心之家志愿者协会"被授予全国学雷锋志愿服务"四个 100"最佳志愿服务组织等荣誉。多年来夫妇俩先后抚养和资助了孤残儿童、贫困学生，救助了多名重病患者。孙梅丽夫妇荣登"中国好人榜"，家庭被评为"第九届全国五好文明家庭"。2021 年 11 月孙梅丽被评为全国道德模范提名奖，在人民大会堂受到习近平总书记的接见。2022 年孙梅丽同志又被评为"全国三八红旗手"。

全国首届十大孝德典范张志旺，20 年如一日伺候病母，为救母不惜卖掉

---

① 习近平：《在会见第一届全国文明家庭代表时的讲话》，人民出版社，2016，第 2 页。

升值的房子；照顾瘫痪哥嫂十余年，为其养老送终；资助贫困大学生，帮其完成学业；收留迷路晕倒老人，为其寻找到亲人。全国道德模范提名奖、中国好人周林香，丈夫去世早，悉心照料病瘫儿媳 22 年，凭着农家妇女特有的刚强与勤勉，让贫寒家庭走出了困境。安徽省道德模范张舜华，秉承"孝悌忠信、自强精进"的家训，年少时，她以柔弱的肩膀撑起家庭的希望，侍奉患病父母，照顾两个妹妹，结婚后，她支持爱人在外工作，持家行医一肩担，独自拉扯大 5 个孩子，躬身践行自强精进的家风家训。中国好人、江西省道德模范齐丽，25 年如一日，不离不弃，无怨无悔，用爱心、细心、耐心伺候着失明的婆婆，用善良和爱心树起了新时代婆媳关系的好榜样。

（四）以"守望相助，助人为乐"为准则的个人品德的显著进步

个人品德，即个人的德行或品性。随着公民道德建设的深入推进，我国广大公民更加关注个人品德修养，人们的爱国奉献意识、善良正直意识、勤劳拼搏意识、自强自立意识、明礼遵规意识、和谐包容意识等有了显著提升，在"非典"疫情、南方雪灾、汶川地震、玉树地震、新冠疫情和 2008 年北京奥运会、2022 年北京冬奥会、上海世博会、广州亚运会等一系列道德大考的关键时刻，中国人民都展示了巨大的个人品德力量和道德进步水平。从朱伯儒、孙茂芳到郭明义，从杨善洲、黄大年到张桂梅，一批又一批的个人美德榜样以"积小节而成伟大的"的嘉言善行表达着众人"看得见的哲理"，产生着不令而从的感染力和影响力，使人际邻里关系日益和谐美好，这与我国经济、社会发展进步是同向的，是积极向上的。

著名电影表演艺术家田华，始终把"演党的女儿，做党的女儿"作为最高追求，离休后真诚回报社会，年事已高仍积极参加慈善公益活动，关心扶助下一代成长成才，多方呼吁并筹措资金为山区贫困孩子捐资助学，以实际行动诠释了一名文艺老兵的人民立场和赤子情怀。"中国好人""江苏好人"方敬，20 多年来，捐献了 200 多万元的积蓄，资助任庄村 260 余名寒门学子上了大学。他说："我是一名共产党员，总要为社会做些好事。"第六届全国道德模范刘玉杰，为照顾空巢老人发起"春雨行动"，与志愿者包楼到户，照顾困难群众；小区里没物业，带领居民成立物管会，无偿为居民提供服务。

（五）以"尊崇英雄、见贤思齐"为内涵的良风美德的长足进步

有人说，这次战"疫"，空前拉近了民众与英雄的情感距离。此言不虚：一方面，通过战"疫"的生死搏斗，人们看到了英雄的可爱、英雄的众多、英雄的伟大，英雄就在身边、就在眼前；另一方面，出于感恩，英雄得到空前的尊崇、最高的礼遇、特别的关爱。尤其是各省援鄂医疗队凯旋时，得到的盛大欢迎和国宾级的"双水门"等礼遇。民间自发兴起学英雄、颂英雄、争当英雄热潮。2024 年 9 月修订的《烈士褒扬条例》，从制度层面肯定并固化了这一道德进步的成果。

全国道德模范提名奖、江西省道德模范、中国好人胡红霞，在村民落水、命悬一线的危急关头，奋不顾身跳水救人，落水的母子俩最终脱离危险，她却不慎触电溺亡，献出了年轻而宝贵的生命。她舍己救人的事迹在当地被广为颂扬，是十里八村乡亲们心中的"巾帼英雄"。全国劳动模范、全国"五一劳动奖章"获得者黄久生，为回馈家乡父老乡亲，出资兴建了敬老院，成为家乡 700 多位鳏寡孤独老人共同的"儿子"，他仁心大爱温暖社会，生动诠释了利他精神的内涵，树立了一种道德境界的标杆。

（六）以雷锋"助人为乐"的幸福观为支撑的中国特色志愿服务蔚然成风

这是社会主义中国足以享誉全球的道德进步。源自西方的志愿服务 20 多年前被引进中国以后，与中国原有的学雷锋活动相结合，迅速变成有组织的学雷锋助人为乐活动，它比单个人做好事的力量大得多，由于它"充分彰显了理想信念、爱心善意、责任担当，成为人民有信仰、国家有力量、民族有希望的生动体现"，也就是体现了雷锋精神的核心和本质，所以它成了中国社会文明进步的重要标志。截至 2023 年底，我国注册的学雷锋志愿者超过了 2.37 亿人，[①] 无论在数量规模上还是在思想高度上都成了"世界志愿服务之最"。这是世界上谁也无法否认的中国人民整体道德进步的鲜明标识。

---

① 《中国志愿服务发展报告（2022-2023）》，中国志愿服务网 2024 年 8 月 1 日发布。

2022 年感动中国人物邓小岚，是默默耕耘十余载，无私奉献的音乐教育志愿者。十几年来，每年数十次往返于北京和地处太行山深处的马兰村，为改善当地孩子的读书环境，让山里的孩子感受音乐的美好而尽自己的一份爱心努力。第六届全国道德模范、全国志愿助残阳光使者、全国百名优秀志愿者，威海市残疾人就业服务中心主任刘长城，带领团队在助残扶困等志愿服务领域，甘于奉献，扶危济困、扶残助残近 30 年，他以大爱之心，谱写了一曲"长城公益之歌"。

在以雷锋"助人为乐"的幸福观为支撑的中国特色志愿服务中，《人民日报》曾对河南省新时代宣讲师黄久生作出"把助人当作快乐，把奉献作为幸福"的评语。从小吃"百家饭"长大的黄久生，致富不忘本，常怀报恩心。他是 700 位鳏寡孤独老人共同的"儿子"，为他们养老送终；他是家乡永不缺位的"主人"，先后为援建家乡小学、修路、购置医疗设备等捐款 310 多万元；他是那些遭遇困难陌生人的"兄弟"，无数次默默为贫病者慷慨解囊。黄久生的仁心大爱温暖社会，点亮了一盏精神世界的明灯，无愧于道德模范的称号。黄久生生动诠释了利他精神的内涵，树立了一种道德境界的标杆，必将鼓舞更多的人把助人当作快乐，把奉献作为幸福。

全国岗位学雷锋标兵，濮阳市妇幼保健院党委书记韦德华抱着"幸福就是被他人需要"的幸福观，从事中国特色志愿服务活动。她有句名言："医生开出的第一张处方是关爱。"她以"为广大患者解除病痛，做一名白求恩式的好医生"为终身座右铭，被群众誉为"车头永远对着医院的方向停放的人"。群众口碑折射出一位白衣战士为了深夜接到急诊电话能早一点赶到医院、赶到需要她的患者身边的高尚职业道德情操。二十多年如一日，她带领着"韦德华志愿服务队"，用心血和汗水去践行自己的诺言，先后被评为全国最美志愿者、全国岗位学雷锋标兵等荣誉称号。中华大地学雷锋效典范蔚然成风，推动了道德进步，优化了社会风气，绘制成一幅新时代文明建设亮丽画卷。

（七）以"一诺千金，说话算数"为特征的诚信道德的显著进步

这同样是全国 60 年学雷锋带来的重要成果。诚信是社会和谐的基石和重要特征，是社会主义核心价值观的重要内容。几十年来，我国结合开展学雷

锋活动，大力推动各行业各领域制定诚信公约，加快个人诚信、政务诚信、商务诚信、社会诚信和司法公信建设，涌现了大批诚信单位和诚信个人。据统计，自 2016 年至 2022 年，中宣部、国家发展改革委已经联合评选表彰了五批共 52 个"诚信之星"（含个人与集体），推动全社会形成履约践诺、诚实守信的良好风尚。

全国道德模范提名奖、中国好人钟光平，他当选村支书做的第一件事就是向村民作出承诺，要带领全村人共同脱贫致富。他不但要带领大家脱贫致富，更要带领大家做诚信人、种良心菜，在他的带领下，富裕村变成了一个远近闻名、产业兴旺、诚信种菜的富裕村。"时代楷模""全国道德模范"黄大发，带领老乡们一锤锤凿、一钎钎撬，历时 36 年开凿修建了绵延近 10 公里的水渠。他说："共产党员就是要干一辈子，我的梦想就是把家乡建设好。"

（八）以"爱憎分明、珍重气节、不卑不亢、敢于斗争"为内涵的集体自尊和文化自信已经明显提升

这也是当代中国人民非常重要的道德进步。大家知道，过去中国人在外国人尤其是西方人面前"见人矮三分"，有一种说不清的自卑感，甚至习惯于忍气吞声，息事宁人。通过多年来的学雷锋活动，我国上下从政府官员到普通民众，对雷锋同志"爱憎分明的阶级立场"以及《雷锋日记》中的"四个对待"，即"对待同志要像春天般的温暖，对待工作要像夏天一样的火热，对待个人主义要像秋风扫落叶一样，对待敌人要像严冬一样残酷无情"，[1] 大家心领神会，骨头普遍硬起来了，无论在对外交往还是在涉外经济活动中，自觉坚持了"不惹事，但决不怕事，敢于斗争、善于斗争"的骨气和底气。

雷锋精神还具有见义勇为的丰富内涵。2019 年 3 月，桂林电子科技大学学生崔译文返回寝室途中，为保护同学小梁，被男子猛刺两刀，她顾不上疼痛，捂着伤口挣扎起身，用自己的身躯紧紧地护住小梁，再次身中多刀，鲜血直流。崔译文用自己的行动，诠释了新时代青年的勇敢与担当。

---

[1]　总政治部编《雷锋日记》，解放军文艺出版社，2012，第 66 页。

牢记历史经验：厚德方能强国

面对全国持续开展学雷锋活动带来的整体性的道德进步和巨大变化，习近平总书记全面总结历史经验，在不同场合多次强调"国无德不兴"这一"厚德强国"的重要思想。他指出："一个民族、一个人能不能把握自己，很大程度上取决于道德价值。""只要中华民族一代接着一代追求美好崇高的道德境界，我们的民族就永远充满希望。"①

"德不优者不能怀远，才不大者不能博见。"习近平总书记说，实现强国梦就"要深入推进公民道德建设、志愿服务建设、诚信社会建设、网络文明建设，不断提高人民道德水准和文明素养"②。这就要求我们，必须把"厚德强国"提升到战略高度来认识、宣传、执行，浸入日常生活中落细、落小、落实。

（一）弘扬雷锋精神特质，用明德引领风尚

德为人先，用明德引领风尚是习近平总书记对 60 年学雷锋促道德进步的成功经验和客观规律的高度概括。习近平总书记提出学雷锋志愿服务者首先要做到"德为人先"，学雷锋志愿服务活动要"用明德引领风尚"，为新征程学雷锋志愿服务活动指明了方向。

在新时代大力弘扬雷锋精神，首先，要坚持"德为人先"，认真修炼雷锋的道德品质。包括：热爱党、热爱祖国、热爱社会主义的崇高理想和坚定信念；心系群众，秉持厚重的人民情怀；自觉践行无私的爱、真诚的善、友爱互助、助人为乐的奉献精神；志愿服务、提升自我、承担社会责任、投身民族复兴的时代新人品格。

其次，要深刻把握雷锋的英雄特质。1963 年 3 月 19 日，时年 80 岁的谢觉哉老人在家书中写道："雷锋同志是平凡的，任何人都可以学到；雷锋同志

---

① 《习近平关于社会主义文化建设论述摘编》，中央文献出版社，2017，第 139、137 页。
② 《习近平谈治国理政》（第四卷），外文出版社，2022，第 310 页。

是伟大的, 任何人都要努力才能学到。"① 2014 年 3 月 4 日, 习近平总书记给
"郭明义爱心团队"的回信中也写道, "雷锋精神, 人人可学; 奉献爱心, 处
处可为", 希望大家"以实际行动书写新时代的雷锋故事"②。2022 年 4 月 25
日, 戚建国上将在《雷锋》杂志社调研时讲道: 新中国成立以后, 精神道德
楷模最能打动人的是雷锋。雷锋这个榜样与其他不一样, 他不是见义勇为、
舍己救人, 做了惊天动地、让人惊叹的事迹, 雷锋打动人的是一种平凡的道
德精神, 在平凡中走向伟大, 平凡是人人可学, 伟大是只有努力不懈才能
达到!

再次, 要用明德引领风尚就要弘扬中华优秀传统文化, 坚守雷锋追求崇
高、崇德向善的"仁爱"精神。习近平总书记指出, 雷锋身上所具有的"信
念的能量、大爱的胸怀、忘我的精神、进取的锐气, 正是我们民族精神的最
好写照"③。"自强不息、厚德载物"的古训塑造了中华民族奋发图强不认输、
崇德向善人之初的民族性格。中国人崇善、赞善、向善、行善, 讲究积德行
善, 崇德向善、助人为乐、大爱无疆。崇德向善是人性"之善", 人心"之
良", "善、良合一"就是道德良心。雷锋精神无不蕴含着平凡朴实、向上向
善的人生哲理, 时刻闪耀着"仁者爱人"的光辉。雷锋精神永不过时, 就在
于雷锋精神不断与中华传统美德相承接, 与伟大的民族精神相融合。弘扬雷
锋精神蕴含的中国传统善文化基因, 是新时代新征程提出的新课题。

最后, 爱憎分明、疾恶如仇的"斗争"精神是雷锋精神特质的重要方面。
周恩来同志为雷锋题词: "向雷锋同志学习爱憎分明的阶级立场, 言行一致的
革命精神, 公而忘私的共产主义风格, 奋不顾身的无产阶级斗志。"④ 其中
"爱憎分明"和"无产阶级斗志"就是我们学习的重要方面。雷锋日记中
"我要牢牢记住这段名言: '对待同志要像春天般的温暖, 对待工作要像夏天
一样的火热, 对待个人主义要像秋风扫落叶一样, 对待敌人要像严冬一样残

---

① 谢觉哉:《谢觉哉家书》,《人民日报》2014 年 9 月 30 日。

② 《习近平书信选集》(第一卷), 中央文献出版社, 2022, 第 31 页。

③ 习近平2013 年 3 月 6 日在参加十二届全国人大一次会议辽宁代表审议时的讲话, 见《唱响新时代
的雷锋之歌》, 人民出版社、沈阳出版社, 2024, 第 4 页。

④ 《周恩来年谱 (1949-1976)》(中卷), 中央文献出版社, 1997, 第 539 页。

酷无情。'"① 雷锋的"四个对待"充分表达了他的斗争精神。当前世界正经历百年未有之大变局,国际形势复杂多变,改革、发展、稳定、内政外交国防、治党治国治军各方面任务之繁重前所未有,我们面临的风险挑战之严峻前所未有。因此,必须进行具有许多新的历史特点的伟大斗争。只有发扬雷锋与"个人主义""敌对势力"斗争的革命斗志、革命锐气,才能提高"进行伟大斗争"的政治自觉。雷锋精神也只有在"进行伟大斗争"中永恒。广大人民群众认可雷锋精神,上亿人自觉自愿参与雷锋志愿服务活动是一种了不起的力量。只要中华民族一代接着一代追求美好崇高的道德境界,我们的民族就永远充满希望。

(二)从弘扬践行雷锋精神中摸索规律、找准路径

系统观念是习近平总书记始终坚持的重要思想和工作方法。基于总书记对"我们既要学习雷锋的精神,也要学习雷锋的做法"的系统论指导,探讨摸索新时代"雷锋精神+"志愿服务模式,以研究学雷锋志愿服务活动常态化的规律和措施。这一课题按照"行""德""古""今"的逻辑思路,分为四类志愿服务模式,分别系统化拓展雷锋精神内涵,旨在探讨学雷锋活动的自身规律性和科学性,避免活动简单化倾向。

第一,行——雷锋精神+精辟语言和行为活动类:把雷锋的言和行作为基本学习内容。主要通过梳理、学习、效法雷锋的一系列精辟语言和"做法",系统地在学雷锋活动中重现雷锋精神,以升华雷锋精神的实践活动性。

第二,德——雷锋精神+崇高品德类:以雷锋被人们普遍认同、自觉效法的崇高品德为基本学习内容。主要是通过学习、宣传雷锋的一系列崇高"精神",形成系统的"雷锋品德场",通过道德感染力量得以系统升华雷锋精神的品德特性。

第三,古——雷锋精神+民族精神类:从纵向的历史性视角,以雷锋精神生成的中华优秀传统文化基因为基本内容。通过挖掘雷锋精神中的传统美德基因,特别是优秀传统乡土文化,以实现弘扬雷锋精神与弘扬民族精神的统

---

① 总政治部编《雷锋日记》,解放军文艺出版社,2012,第65-66页。

一，形成以传统性与现代性为一体的强大"精气神"，得以系统升华雷锋精神的民族性。

第四，今——雷锋精神+时代精神类：从横向的时代性视角，探索雷锋精神与时俱进的品质。习近平总书记说，雷锋精神是社会主义核心价值观的生动体现，要花大力气使雷锋精神的内容和形式在新时代不断得到丰富和升华，就要坚持以社会主义核心价值观为引领，焕发出雷锋精神引领时代风气之先的独特魅力和永恒生命力。

总之，广大人民群众认可雷锋精神，几亿国人自觉自愿参与学雷锋志愿服务活动是一种了不起的力量。只要把握学雷锋志愿活动的自身规律性和科学性，我们的民族就能一代接着一代追求美好崇高的道德境界，我们的民族就永远充满希望。

（本文执笔：彭丽，系上海电力大学马克思主义学院副院长、复旦大学博士后；王东虓，系郑州大学公民道德建设与教育研究中心首席专家教授、博士生导师）

代代新人的茁壮成长和出色担当

姚洪越

总结 60 年来我国全民开展学雷锋活动的伟大成果，不能不聚焦一个重要的命题：代代新人的茁壮成长和出色担当。

代代新人的茁壮成长和出色担当，与以毛泽东同志为核心的党的第一代中央领导集体及开国元勋们大力倡导"向雷锋同志学习"的全民教育活动密不可分。可以说，第一代中央领导集体及开国元勋们的倡导和支持，为代代新人的茁壮成长和出色担当提供了源头活水和重要的衡量标准。之后，从邓小平到习近平的历代领导集体的持续推进和体制机制建设，为代代新人的培育成长和雷锋精神的与时俱进、永葆青春奠定了坚实的制度保障和组织支撑。

时代的发展演变提出了要求、提供了保障

代代雷锋新人的茁壮成长和出色担当是时代的需要和要求，也是时代条件不断完善和发展的重要结果。时代在变化，变化的是学习雷锋、传承雷锋精神、培育代代新人的集体条件和不同背景，不变的是雷锋精神跨越时代的永恒价值，不变的是雷锋精神对铸魂育人、对价值塑造、对社会发展、对人民幸福、对生活美好的巨大支撑和意义。

（一）国内背景是代代新人成长的内在基础

20 世纪 60 年代初期，我国新的生产关系基本调整到位，社会主义意识形态也随之逐渐演变成型。其中最典型的就是以雷锋精神为代表的社会主义道德观念开始逐渐普及。社会主义经济关系所要求的精神品质和行为准则，雷

锋都默默地、一丝不苟地、全心全意地实践着。雷锋成了践行社会主义价值观和思想道德体系的光辉典范，"雷锋叔叔"成了社会主义时代的精神标杆。

进入改革开放和社会主义现代化建设新时期，中国特色社会主义制度、中国特色社会主义道路、中国特色社会主义理论、中国特色社会主义文化不断探索、发展和定型，改革开放成为决定党、国家和人民命运的关键。"学雷锋、树新风"，成为伴随改革开放、伴随中国特色社会主义建设发展的持续精神动力，激励着一代又一代新雷锋不断涌现，雷锋的精神、雷锋的事业不断延续和发展。学雷锋与志愿活动的逐渐融合交融，成为雷锋式新人成长涌现的重要特征，学雷锋的队伍在壮大，学雷锋的成效在提升，雷锋精神、雷锋式新人成为推动改革开放和中国特色社会主义事业发展的重要动力和源泉。

党的十八大以来，中国特色社会主义进入新时代，在全面建成小康社会的冲锋中，在全面脱贫攻坚的决战中，在全民防疫抗疫的斗争中，在全面建设社会主义现代化国家的新征程中，年轻的新雷锋层出不穷，新时代的雷锋精神更加凸显。习近平同志 20 多次论述雷锋和雷锋精神，亲自为郭明义等雷锋传人回信，《雷锋》杂志社得到众多认可和支持，雷锋学校不断在中华大地涌现发展，雷锋精神作为中华民族精神的重要传承和发展，作为中国共产党人精神谱系的重要组成部分和内在支撑，得到各行各业、各地区各领域的高度关注和支持，雷锋从未离去，雷锋精神更加朝气蓬勃、雷锋故事更加动人绚丽。

（二）历史背景是代代新人成长和担当的人生舞台

我们知道，开国领袖毛泽东从某种意义上说是"育人大师"，他无论是抓建党、抓建军还是抓开国建国，最看重的都是人——注重发现和培育有理想、有道德、能干事的"新人"。决定一个国家能否兴旺发达持续发展的关键，在于人，在于人的世界观、人生观和价值观。有了大批雷锋这样的"新人"，什么人间奇迹都可以创造出来！毛泽东及开国将帅们都如此重视学雷锋，遵从的正是这样一条历史规律。毛泽东一生明确号召学习的只有三个人：白求恩、张思德、雷锋。这三人都是他最看重的"新人"的代表，而雷锋则是和平时期"新人"的唯一代表，在毛泽东心目中，建设新中国比建立新中国更需要像雷锋那样的大批"新人"。所以，他在题词"向雷锋同志学习"后专门讲道："学雷锋不是学他哪一两件先进事迹，也不只是学他的某一方面的优点，而是要学他的好思想、好作风、好品德；学习他长期一贯地做好事，而不做坏事；学习他一切从人民的利益出发，全心全意为人民服务的精神。当然，学雷锋实事求是，扎扎实实，讲究实效，不要搞形式主义。不但普通干部、群众学雷锋，领导干部要带头学，才能形成好风气。"① 毛泽东曾先后六次讲雷锋，两次观看有关雷锋的演出剧目。毛泽东的多次倡导、大力弘扬，使雷锋精神的培育和发扬站到了前所未有的高度，为代代"雷锋传人"的成长和涌现奠定了坚实的基础。其他领导人也以各自的方式对弘扬雷锋精神、学习雷锋进行了大力倡导，提供了巨大的支持。领导人的倡导和人民的自觉拥护践行紧密结合、相得益彰，构成了经久不衰的学习雷锋的热潮，学雷锋精神、做雷锋传人成为中华大地道德和文化建设的持久工程、亮丽工程。

我们知道，邓小平同志始终强调两手抓、两手都要硬。面对 20 世纪 80 年代末的国内形势，总结改革开放以来的经验教训，邓小平同志旗帜鲜明地指出"我们最大的失误是在教育方面，思想政治工作薄弱了，教育发展不够。我们经过冷静考虑，认为这方面的失误比通货膨胀等问题更大"。② "十年来我们的最大失误是在教育方面，对青年的政治思想教育抓得不够，教育发展不够。"③ 江泽民同志也高度重视雷锋精神的发展和传承。他指出：雷锋精神的实质，是全心全意为人民服务，为了人民的事业无私奉献。一定要继续在全国开展学习雷锋的活动，学习雷锋公而忘私的共产主义风格，学习雷锋的奉献精神，学习雷锋全心全意为人民服务的精神。④ 在纪念中国共产主义青年团成立八十周年大会上的讲话中，他把雷锋同志称为"可歌可泣的先进模范人物"，是"把有限的生命投入到无限的为人民服务之中的伟大的共产主义战士"。⑤ 胡锦涛同志高度重视雷锋精神的学习和传承，他出席纪念毛泽东等老

---

① 《毛泽东年谱（一九四九——一九七六）》（第五卷），中共文献出版社，2013，第 201 页。

② 《邓小平文选》（第三卷），人民出版社，1993，第 290 页。

③ 《邓小平文选》（第三卷），人民出版社，1993，第 287 页。

④ 《江泽民思想年编（1989—2008）》，中央文献出版社，2010，第 46 页。

⑤ 《江泽民文选》（第三卷），人民出版社，2006，第 480~481 页。

一辈革命家为雷锋同志题词三十周年大会，并发表重要讲话《发扬光大雷锋精神》，把雷锋精神作为"中华民族传统美德和共产主义光辉思想相结合的时代精神"，并指出了发扬光大雷锋精神的具体要求："把有限的生命投入到无限的为人民服务中去。""发扬爱国主义精神，树立集体主义思想，坚定社会主义信念。""艰苦奋斗、勤俭创业。""发扬钉子精神，努力学习，刻苦钻研，用马克思主义理论和现代科学文化知识武装自己、提高自己、完善自己。""立足本职、忠于职守，在现代化建设事业中做一颗永不生锈的螺丝钉。"①

习近平同志高度关注雷锋和雷锋精神，对在新时代如何学习雷锋、弘扬雷锋精神进行了丰富的宝贵论述。2013 年，明确指出雷锋、郭明义、罗阳"所具有的信念的能量、大爱的胸怀、忘我的精神、进取的锐气，正是我们民族精神的最好写照"，是"民族的脊梁"，② 优秀青年要带头学雷锋。2014 年，在军民迎新春茶话会上嘱托雷锋生前所在团"把雷锋精神弘扬好"，③ 在给郭明义爱心团队的回信中，指出雷锋精神人人可学，让雷锋精神"蔚然成风"，"以实际行动书写新时代的雷锋故事"。在接见部分军队基层人大代表时指出："雷锋精神是永恒的，是社会主义核心价值观的生动体现。你们要做雷锋精神的种子，把雷锋精神广播在祖国大地上。"④ 并且在河南调研指导时指出，雷锋精神"过去是、现在是、将来仍然是我们党的宝贵精神财富"，"存在的时间虽然短暂，但这短暂铸就了永恒"，"焦裕禄精神，同井冈山精神、延安精神、雷锋精神、红旗渠精神等都是共存的。任何一个民族都需要有这样的精神构成其强大精神力量，这样的精神无论时代发展到哪一步都不会过时"。"雷锋和焦裕禄等先进模范人物的影响力和感染力是穿越时空的，每次重读他

---

① 《胡锦涛文选》（第一卷），人民出版社，2016，第 56~59 页。

② 《雷锋精神 忘我进取服务人民》，http：//www.moe.gov.cn/jyb_xwfb/moe_ 2082/2021/2021_zl26/leifeng/202110/t20211028_575707.html，最后访问日期：2024 年 9 月 29 日。

③ 《习近平总书记关于学雷锋讲话系列摘编》，http：//www.leifeng.org.cn/news/2303.html，最后访问日期：2024 年 9 月 29 日。

④ 《习近平总书记关于学雷锋讲话系列摘编》，http：//www.leifeng.org.cn/news/2303.html，最后访问日期：2024 年 9 月 29 日。

们的事迹都会受到深刻的教育。"①

2018 年，习近平总书记为雷锋墓敬献花篮，并参观了抚顺雷锋纪念馆，其间指出："雷锋是时代的楷模，雷锋精神是永恒的。实现中华民族伟大复兴，需要更多时代楷模。我们既要学习雷锋的精神，也要学习雷锋的做法，把崇高理想信念和道德品质追求转化为具体行动，体现在平凡的工作生活中，作出自己应有的贡献，把雷锋精神代代传承下去。"② 如果 13 亿多中国人、8900 多万党员、400 多万党组织都能学习雷锋精神，都能在自己的岗位上做一颗永不生锈的螺丝钉，我们的凝聚力、战斗力将无比强大，我们将无往而不胜。③ "雷锋是一个时代的楷模，雷锋精神是永恒的。实现中华民族伟大复兴，要不断闯关夺隘，也需要更多的时代楷模。积小善为大善，善莫大焉，这和我们党'为人民服务''做人民勤务员'是一脉相承的。我们要见贤思齐，把雷锋精神代代传承下去。"④ 2019 年，习近平再一次提到雷锋，指出"雷锋逝世时 22 岁"，雷锋是"青年英杰"。并在给中国志愿服务联合会第二届会员代表大会的贺信中，"希望广大志愿者、志愿服务组织、志愿服务工作者立足新时代、展现新作为，弘扬奉献、友爱、互助、进步的志愿精神，继续以实际行动书写新时代的雷锋故事"⑤。2022 年，在庆祝中国共产主义青年团成立 100 周年大会上的讲话中，习近平再次提到共青团"开展学雷锋活动"，指出"新时代的广大共青团员""要做艰苦奋斗、无私奉献的模范，带头站稳人民立场、脚踏实地、求真务实，吃苦在前、享受在后，甘于做一颗永不生锈的螺丝钉。"⑥

---

① 习近平 2014 年 3 月 17~18 日在河南兰考县调研时的讲话，《人民日报》2014 年 3 月 19 日，第 1 版。

② 《雷锋精神永恒的价值底蕴》，https：//baijiahao. baidu. com/s？id = 17094 68264243956805&wfr = spider&for = pc，最后访问日期：2024 年 9 月 29 日。

③ 《雷 锋 精 神：在 平 凡 中 成 就 不 平 凡》，https：//baijiahao. baidu. com/s？id = 1677 937675191410443&wfr = spider&for = pc，最后访问日期：2024 年 9 月 29 日。

④ 《「平 语 新 时 代」用 雷 锋 精 神 涵 养 时 代 新 人》，https：//baijiahao. baidu. com/s？id = 1695634526865597356&wfr = spider&for = pc，最后访问日期：2024 年 9 月 29 日。

⑤ 《习近平书信选集》（第一卷），中央文献出版社，2022，第 231 页。

⑥ 习近平：《在庆祝中国共产主义青年团成立 100 周年大会上的讲话》，人民出版社，2022，第 3、11 页。

（三）国际背景是代代新人成长和担当的外部环境

从 20 世纪中叶开始，以美国为首的西方反华势力，加紧对中国实施"和平演变"的阴毒战略："摧垮中国人的核心价值观念"，诱使中国公民主体特别是年轻人"毁弃信念、追求享乐"，甚至"娱乐至死"，造成中国社会无可救药的"整体性的道德滑坡"，其要害是与我们党"争夺中国的下一代"！以毛泽东同志为代表的老一辈革命家直接倡导的声势浩大的全民学雷锋运动，正是应对西方对华"和平演变"伎俩的"最具杀伤力的一招"。之后的历代中国共产党人持续推进全民性的学雷锋活动，极大地提升了广大中华儿女的思想境界，社会风气大为好转，保证了千百万中国执政骨干和青少年像雷锋那样"养心"做人，健康成长，成功抵制了西方反华势力发动的一波又一波的思想渗透，为社会主义中国在苏联解体后仍然持续崛起提供了坚强的思想支撑和道德保障。我们党的历代中央领导集体之所以都高度重视抓全民学雷锋，其战略初衷就是构建坚如磐石的道德长城和文化防线，更好地在与西方"争夺中国的下一代"的斗争中立于不败之地，更好地培育"社会主义新人""社会主义建设者和接班人"。

中国特色社会主义进入新时代，雷锋精神的传承和发展面临新的国际环境。随着中国完成全面脱贫攻坚，实现全面建成小康社会的伟大胜利，顺利完成了第一个百年奋斗目标，并开启向第二个百年奋斗目标迈进的新征程，西方世界对中国开展"价值观"冷战，妄图阻止中国的发展进步和现代化建设，世界格局中中美两极格局、中西在对立中合作的格局更加凸显，西方在军事、经济、科技等领域对中国进行封锁压制、遏制打压相继失利的情况下，把精力和希望寄托在通过价值观的歪曲和操纵，通过文化软实力的渗透和引导，通过精神文化的对立和绞杀，来实现遏制中国发展、延续自己霸权的目标。在这种背景下，雷锋的青年形象、生动故事、雷锋精神的世代传承，就具有了自己的独特重大价值。用雷锋精神来彰显中国共产党的精神力量，用雷锋精神来凸显中华优秀传统文化和马克思主义理论的融合力量，用雷锋精神来培育新时代的价值力量和道德修养，成为社会主义核心价值观的重要抓手和依托，成为中国特色社会主义文化铸魂育人的重要切入点和着力点，成为中华文化，中华价值，中华美德，中华信仰，中华骨气、底气和豪气的重要源泉和动力。雷锋精神成为培养担当民族复兴大任的时代新人的重要资源和滋养、重要凭借和力量。

代代新人三个层次的具体内涵

从社会主义革命和建设时期到今天，中国共产党努力培养培育造就养成的"新人""社会主义建设者和接班人""担当民族复兴大任的时代新人"，具有一脉相承而又与时俱进的内在要求和特征，这主要体现在如下三个层次。

第一层次的"新人"，是党的执政团队的中坚分子、领导干部，特别是中央领导集体的核心人物。他们的政治品格、理论素养、统御能力、廉实作风是确保老一辈革命家开创的"人民江山"永不变色、代代相传、持续前行的关键因素。中国的事情，关键在党，关键在有一个坚强有力的党中央，一个坚强有力的中央政治局，一个坚强有力的中央政治局常委会。党中央的高瞻远瞩，各级领导干部的团结有力，党的领袖和干部的信仰定力、理论伟力、实践能力、领导水平、作风品格，是党和国家各项事业发展的坚强柱石和有力保证。党的领袖代不乏人、党的干部始终先进、党的决策科学民主、党的组织团结强大、党的号召群众相应，是"新人"的重要基础和关键力量。

第二层次的"新人"，是能直接推动中国经济腾飞和国家全面发展的新型劳动建设大军的先锋群体和骨干分子。这些负有特别使命的劳动者、建设者，既包括作为国家主人的各大产业大军的优秀代表，也包括各有专长的科技专家群体，他们的道德水平、科学技能、文化素养是主宰国家建设速度和发展水平的核心要素。人才是全面建设社会主义现代化国家的基础性、战略性支撑，人才是第一资源。这里的人才包括政治管理和服务人才、经济建设人才、文化艺术人才、社会治理人才、生态文明建设人才、国防外交人才等多个领域；包括科技人才、管理人才、一线工作人才等多个层面。足够数量的各领域各层次高质量人才的涌现和人尽其才，是党和国家事业发展的重要支撑。

第三个层次的"新人"，是胸怀大志、充满活力、自强不息的莘莘学子。他们的道德面貌、学习能力、择业走向是确保国家拥有源源不断的发展后劲的重要力量。社会上更多的、最多的是具体的一线建设者，是普通的具有高度觉悟、具有奉献精神、能够胜任工作、立足岗位创新奉献的工人、农民、战士、教师、律师、社区管理员、快递小哥、网约车司机、外卖骑手、自由职业者、手工业者。社会大众的精神状况，决定着社会的整个风尚；劳动人民的日常生活，构成了国家文化的深层力量；人民大众的工作创造，是支撑起国家发展、现代化建设的最大力量。社会大众的"与时俱进"，新貌新颜、新的生产生活方式，才是社会发展的鲜活证明。

这三个层次是相对独立而又存在重大关联融合、紧密交织互嵌的一个有机整体。人的身份是在变化的，领袖和领导退休了、离休了，也是普通人，党员和干部也是从普通一员成长起来的。普罗大众中的学雷锋标兵、感动中国人物、当代雷锋、最美志愿者，也是具有较大影响力、组织力和号召力的不平凡人物。第一个层次的高瞻远瞩和战略定向，是雷锋精神不断发展落实、各种学雷锋志愿活动体制机制的重要发源地和根本保障。第二个层次是落实第一个层次的决策部署、倡议号召、体制机制的重要凭借力量，是传承学习雷锋、贯彻雷锋精神的重要示范者、引领者，是广大群众学习雷锋的组织者、倡导者、示范者，是承上启下的重要力量。第三个层次是学习雷锋、弘扬雷锋价值的主体力量，是学习雷锋精神、贯彻全心全意为人民服务宗旨、发扬螺丝钉精神的磅礴力量。人民是历史的创造者，是物质财富和精神财富的创造者，也是雷锋精神传承弘扬的主体，他们既是雷锋精神的践行者，也是雷锋精神的受益者。很多人，就是在雷锋精神的感召下，在学雷锋活动的温暖下，加入学雷锋的大军，成为志愿服务的一员。以心传心、以人感人、以事化人、以理服人、以情动人，正是千百个雷锋传人打动感染了亿万个新的雷锋传人，使这个活动、这种精神、这个群体像积雪球一样越来越大，终于成为磅礴的人民伟业。

代代新人三个层面的具体分析

60年的学雷锋活动，是否真正地促进了这三个层面的新人的茁壮成长？让我们走进历史，逐个层面作些简略的回顾。

（一）第一层面：峰峦叠翠　秀丽天下

中国共产党之所以伟大，是因为伟大的马克思主义者代不乏人，是因为伟大的政治家、理论家、革命家层出不穷。以毛泽东、邓小平、江泽民、胡锦涛、习近平为主要代表的中国共产党人，都是坚定的雷锋精神领学者、雷锋故事讲述者、学雷锋活动倡导者。他们的坚定有力，他们的目标明确，他们的思路清晰，他们的团结奋斗，成为中国学雷锋成效的伟大证明，成为中国特色社会主义事业、人民幸福美好生活、民族伟大复兴、文明延续发展的关键力量。

党的十九届六中全会通过的《中共中央关于党的百年奋斗重大成就和历史经验的决议》指出："党和人民事业发展需要一代代中国共产党人接续奋斗，必须抓好后继有人这个根本大计。"[①] 这是深刻总结我们党成功培养一代代新人茁壮成长经验得出的规律性认识。《决议》指出，党的十一届三中全会以后，以邓小平同志为主要代表的中国共产党人，成功开创了中国特色社会主义。党的十三届四中全会以后，以江泽民同志为主要代表的中国共产党人，成功把中国特色社会主义推向二十一世纪。党的十六大以后，以胡锦涛同志为主要代表的中国共产党人，成功在新形势下坚持和发展了中国特色社会主义。历史和实践充分证明，党的十一届三中全会以来的中国共产党领导集体，都是积极宣扬和坚决践行雷锋精神的带头人，是党的执政团队中勇于担当的高层"新人"，成功完成了自己的历史使命，实现了第一代领导人的初衷和期待。

毛泽东同志指出："学习雷锋，也包括我。"周恩来两次为雷锋题词，刘少奇、朱德、邓小平、陈云、叶剑英等领导同志都为雷锋题词。这些题词是对雷锋的缅怀和赞叹，是对雷锋精神的概括和凝练，是对广大党员和人民的号召，也是对题词者本人的勉励和要求。以毛泽东同志为代表的中国共产党人在全国掀起了学习雷锋好榜样的高潮，激发了社会的热烈反响，雷锋精神

---

① 《中共中央关于党的百年奋斗重大成就和历史经验的决议（全文）》，https://www.gov.cn/zhengce/2021-11/16/content_5651269.htm，最后访问日期：2024 年 9 月 29 日。

成为治国理政、培育新人、促进发展的重要精神动力。

邓小平同志不仅自己为雷锋进行题词，而且亲自反映群众要求雷锋叔叔"回来"的愿望。在改革开放新时期，把学雷锋树新风、岗位学雷锋作为精神文明建设的重要内容在全国推广。江泽民同志为雷锋题词"学习雷锋同志，弘扬雷锋精神"。在 20 世纪和 21 世纪之交把雷锋精神的传承和弘扬、把学雷锋活动进一步推到 21 世纪。胡锦涛同志继承了这一优良传统，并在新的条件下实现了雷锋精神和学雷锋志愿活动的接续发展。党的其他领导成员——特别是分管文化思想和意识形态工作的领导，在各自的岗位上，带头学习雷锋、部署学雷锋工作，都在工作中实现了自我教育、自我学习、自我提升。需要指出的是，面对 20 世纪八九十年代之交的苏东剧变，面对世界共产主义运动进入低潮，面对改旗易帜成为很多马克思主义政党和社会主义国家的"流行"选择，中国党和国家领导人信念坚定、信仰牢固、理想不变，党和国家的性质、宗旨、方向保持了稳定，这与雷锋精神的影响具有众多的联系。

历史已经证明并将继续证明，有了包括雷锋精神在内的中国共产党人的精神谱系的滋润涵养，有了包括雷锋在内的先烈英模的示范榜样，中国共产党的领导地位、领导能力、领导水平会与时俱进，不断推动时代的发展、社会的进步、国家的现代化和中华民族的伟大复兴。

应该指出的是，党的执政团队中活跃在各条战线上的大批时代新人，如史来贺、孔繁森、吴仁宝、王宏斌等党员干部，也都像螺丝钉一样铆定一处，造福一方，确保整个国家机器顺畅运转，夯实了党的执政根基。他们同样是可敬可爱"善莫大焉"的时代新人。正如习近平总书记所说的，13 亿中国人、8900 万党员、400 多万党组织都能学习雷锋精神，都能在自己岗位上做一颗永不生锈的螺丝钉，我们的凝聚力、战斗力将无比强大，我们将无往而不胜。① 可以说，从第一个层面而言，学习雷锋活动的初衷基本实现，成就巨大。

---

① 《"那天，我跟着总书记学雷锋"——专访抚顺雷锋纪念馆馆长李强》，《雷锋》杂志 2018 年第 11 期，第 9 页。

（二）第二层面：群星荟萃　光耀神州

这一层面的新人，在数量上远多于第一个层面，在三个层面上发挥着承上启下的关键作用。他们承担着把第一层面的战略方向、决策部署、方针政策变成科技发展、社会进步、经济建设的组织管理和科技支撑实力，成为引导和组织群众生产生活的中坚力量。我们不可能穷尽每一个领域，只能选择科技发展领域、国家经济建设领域、国家治理领域、国防建设领域等几个方面进行深入剖析，以便管中窥豹，一叶知秋，把握雷锋精神在育人塑魂领域的重大作用，从中认知代代新人在这一层面的基本状况。

1. 科技发展领域

雷锋精神激励了以钱学森为代表的老一辈科学家和广大科技工作者，他们作为先进生产力代表的工人阶级和作为三大产业中坚力量，包括科技创新主体的科技专家队伍在内的新型劳动者和建设者，学习和践行雷锋精神，形成中国"无所不能"的建设速度和持续突飞猛进的发展实力，优化提升了中国整个建设、发展大军的"综合实力"和"文明程度"，初步形成了独具特色和世界影响的文明形态，这也是让美国和西方世界怕得发抖的"硬核力量"。雷锋精神开启了钱学森为代表的科技专家雷锋之路。钱学森作为"西东两个世界"的过来人，深知"凡是爱国的科学家都不能没有雷锋精神"，所以他生前爱读《像雷锋那样做人》《雷锋辞典》等书。他说看到中央机关推荐的《史来贺评传》把他和雷锋等优秀共产党员并排相称，感到"激动极了"，主动在行动上向雷锋看齐，并试图从科学角度提炼出雷锋精神中"有规律的原则"。在钱学森、邓稼先、孙家栋、任正非等科技界"雷锋"的带动下，我国广大科技工作者纷纷把论文写在祖国的大地上，把科技成果应用在实现现代化的伟大事业中：我国高科技领域一系列"卡脖子"难题成功突破了西方的重重围堵，重大科技成果不断涌现，超级计算机、高速铁路、智能电网、第四代核电、特高压输电技术等进入世界先进行列。

2. 国家经济建设领域

爱岗敬业是雷锋精神的重要支撑，工人雷锋是工人阶级的重要精神支柱。雷锋精神开启了以郭明义为代表的工人阶级"新人"的学雷锋的道路。

郭明义，1980 年入党，当年被评为"全师学雷锋标兵"，1982 年复员到鞍钢集团矿业公司齐大山铁矿工作，时时处处以雷锋为榜样，爱岗敬业，在先后任职的 7 个岗位上，取得了突出的业绩。郭明义把奉献社会、扶危济困、播撒爱心当成毕生天职，被群众誉为"雷锋传人""当代雷锋"。2012 年被中央文明委授予"当代雷锋"荣誉称号。郭明义坚持 20 余年无偿献血，献血量达 6 万多毫升，相当于自身总血量的 10 倍多。在他月收入不到 600 元时就开始资助贫困儿童，累计资助 100 多名。而他一年四季都穿工作服，始终在基层拼搏奋进。不仅如此，以郭明义为发起人的爱心团队迅速发展壮大，他们的积极作为，引领着全国工人阶级和社会公众奋起效法，每天都书写着新时代的众多雷锋传奇故事。

赵春娥，1966 年在洛阳老集煤场当现场工，1980 年加入中国共产党。赵春娥工作认真负责，惜煤如金，几十年如一日在车站看守煤堆，注意点滴节约，每天猫着腰用手将漏在石缝里的煤抠出来，十个手指经常磨得鲜血淋淋，硬是拣回 150 吨煤。她长期坚持干脏活累活，积劳成疾；面对病魔，她带病工作，还坚定地说："我宁肯倒在煤堆上，决不躺在病床上！我喜欢煤场，也离不开煤场，死后将我的骨灰撒在煤场上，让我看煤。"她助人为乐，是出了名的"活雷锋"，在患癌症期间，仍坚持为五保户、军烈属老人送煤送粮打扫卫生操劳家务，被誉为"党的好女儿"。1983 年 2 月，国务院授予她"全国劳动模范"称号。

李保国，河北农业大学教授。心系群众、扎实苦干，奋力作为、无私奉献，在服务人民中实现自身价值。始终奋战在科技兴农、扶贫攻坚和教书育人第一线，先后取得研究成果 28 项，获得省部级以上奖励 18 项，技术推广面积 1826 万亩，培育了 16 个山区开发治理先进典型，打造了系列全国知名品牌，带动省内外 10 万山区农民增收 58.5 亿元。参与开发的聚集土壤、聚集径流"两聚"理论，使邢台前南峪森林覆盖率达到 90.7%，植被覆盖率达到 94.6%，被誉为"太行山愚公"。

张卫华，河南省濮阳市中原油田分公司文卫采油厂治保巡检大队政工员。1999 年至今，他累计献血 90 多次，献血量达近 3 万毫升，相当于 7.5 个成年人身体血量的总和，公益服务时长 1600 多个小时。2017 年，张卫华登记注册了"河南省造血干细胞捐献志愿者""中国人体器官捐献志愿者",希望向社会传递生命永续、大爱捐献的善举。他个人先后获得"全国无偿献血志愿服务奖一星奖""全国无偿献血奉献奖金奖"等称号。2017 年 3 月,张卫华创建了濮阳市第一个寻亲微信群——风铃志愿者群。风铃寻亲志愿服务群已招募志愿者 1500 余人,寻亲范围扩展到北京、上海、广东、新疆、黑龙江等 20 余个省区市求助站,先后帮助 600 余名老人、孩子、智障残疾人以及精神病患者,让上百个失散家庭重获团聚。与此同时,张卫华还是"雷锋车队""雷锋驿站""宝贝回家"等 40 多个公益微信群的"公益达人"。

3. 国家治理领域

雷锋精神感动感染了广大党员干部,他们立足岗位努力工作,为民服务,他们在工作之余和离开工作岗位之后,继续奉献社会,成为推动国家治理和社会建设的楷模和榜样。

孔繁森,18 岁参军,1966 年加入中国共产党。1969 年复员后,先当工人,后被提拔为国家干部。1979 年,国家要从内地抽调一批干部到西藏工作,时任聊城地委宣传部副部长的孔繁森主动报名,请人写了"是七尺男儿生能舍己,作千秋鬼雄死不还乡"的条幅。刚到西藏,他又写下"青山处处埋忠骨,一腔热血洒高原"以明志。孔繁森同志是优秀共产党员,焦裕禄式的好干部、时代先锋、领导干部的楷模,我们学习的好榜样。2018 年 12 月 18 日,党中央、国务院授予孔繁森同志改革先锋称号,颁授改革先锋奖章。2019 年 9 月 25 日,孔繁森被评为"最美奋斗者"个人。

吕玉兰,河北省邢台市临西县下堡寺镇东留善固村人,1955 年高小毕业回乡务农,当年担任本村"铁球"农业生产合作社社长,是新中国最年轻的合作社社长;1958 年入党;1960 年任本村党支部书记;1966 年发表了闻名海内外的"十个为什么"的人生体会文章;1969 年当选中共中央委员;1970 年任临西县委书记,提出了著名的"农业要上去,干部要下去"的口号;1971 年任中共河北省委副书记;1974 年兼河北省农委副主任;1977 年任中共河北省委书记(当时设有第一书记)、省革命委员会副主任;1981 年任中共正定县委副书记;1985 年任河北省农业厅副厅长,农业厅党组成员;2019 年 9 月,被授予"最美奋斗者"称号。

杨怀远，先后担任原交通部上海海事局和平 14 号轮的生火工、服务员、副政委、政委。1980 年主动辞去政委职务，到长柳等轮担任服务员直到退休。他始终以雷锋为榜样，甘当人民的"挑夫"，自备 120 多种方便旅客的工具，肩挑小扁担，为顾客排忧解难，被群众誉为"老人的拐杖""孩子的保姆""病人的护士"。独创了一套语言服务和心理服务学，用日记积累了 6000 余首服务诗歌、顺口溜，把服务经验写成 40 多万字的《讲点服务学》。退休后，他成为上海百老德育讲师团成员，到学校和企事业单位作报告 600 多场。1985 年被授予"全国劳动模范"荣誉称号。

谢清洁，沧州市运河区公园街道办事处北环桥社区党总支副书记。她时刻以雷锋的标准要求自己，践行党的宗旨，先后为失学儿童、困难户、洪涝灾害等捐款 327 次，共计 40 多万元，用实际行动诠释学雷锋精神，先后 152 次获得"学雷锋标兵""劳动模范""优秀共产党员"，2009 年获得"全国道德模范提名奖"。

刘崇和，重庆市志愿者服务总队队长、中共重庆党史研究室干部。1979 年 12 月 10 日创办重庆市志愿者服务总队，下设 682 个分队，16 万志愿者遍布各行各业，为街道社区、特困企业、福利院、敬老院、贫困山区开展义务服务，先后获得"全国学雷锋先进个人""中国十大杰出青年志愿者"荣誉称号。

刘真茂，湖南省宜章县长策乡武装部长，狮子口大山义务护林员，被誉为新时代的"活雷锋"。从 1983 年开始，带领民兵护林队守护狮子口大山的 35 万亩森林和 7 万亩草山以及各种丰富的动植物资源，被亲切地称为"山大王"，被授予 2011 年"郴州市道德模范"和"湖南省优秀共产党员"。

黄大发，历时 36 年忠实践行"修渠、致富"的誓言，带领群众绝壁凿天渠，建成一条跨 3 座大山、大小 9 个悬崖，主渠长 7200 米、支渠长 2200 米的水渠，解决了当地的缺水问题，改善了当地的经济发展和生活条件，被当地群众称为"当代愚公"。2019 年 9 月 25 日，黄大发获"最美奋斗者"个人称号。2020 年 11 月 24 日，被表彰为 2020 年全国劳动模范。2021 年 6 月 29 日，中共中央授予黄大发"七一勋章"。

4. 国防建设领域

雷锋作为士兵中的"新人之星"开启了广大军人的学雷锋之路。解放军系统作为雷锋精神的发源地，在学雷锋活动中始终走在全社会的前列。雷锋生前所在部队自觉弘扬雷锋精神，"一杆大旗扛到底"，包括该部已经退役的两万多官兵，全都成了自觉传播雷锋精神的优质"种子"，广播在祖国大地上。雷锋以一名战士的身份牺牲在自己的岗位上，雷锋是一个兵，一个班长，雷锋精神成为支撑国防和军队建设的重要动力。可以说，我国国防和军队建设领域的先进人物的成长都包含着雷锋精神的哺育和陶冶。在这里，可以举出以雷锋为榜样，推动军队建设的新人代表。

王杰，1961 年应征入伍，曾任济南军区驻江苏徐州某部工兵一连五班班长。他以雷锋为榜样，从"微不足道"的小事做起，处处以身作则。在长途行军中，他主动关心新战友，帮助新同志扛枪、背背包；在抗洪救灾中，哪里危险他就冲向哪里；在施工中，哪里有重活，他就奔向哪里。他用自己的行动实践自己"一不怕苦，二不怕死"的誓言。1965 年在一次训练中，他为保护民兵而英勇牺牲。2009 年，他被评为 100 位新中国成立以来感动中国人物之一。

刘英俊，1962 年入伍后，处处以雷锋同志为榜样，严格要求自己，自觉为连队、为群众做好事，甘当无名英雄，1966 年 3 月 15 日早晨，勇拦惊马，为保护 6 名儿童牺牲了自己的生命，被追认为中共党员，追认一等功。

朱伯儒，1937 年生。1955 年参军，历任空军航空兵空中通信员、团参谋，空军油库股长、副主任，军区空军后勤部副部长、政治部副主任等职。他廉洁奉公，发扬我军优良传统，竭尽所能为群众做好事。曾义务赡养 1 位孤独老人，接济过 40 余名生活困难的群众和战士，帮教诸多青年。先后 21 次立功受奖，被群众誉为"八十年代新雷锋"。1983 年，中央军委授予朱伯儒"学习雷锋的光荣标兵"荣誉称号。

麦贤得，以雷锋为榜样，学习理论著作，1965 年 8 月 6 日参加海军战斗，身负重伤仍坚持战斗 3 个小时，直到胜利，被国防部授予"战斗英雄"称号。

刘德全，海军大连舰艇学院原副院长，荣立二等功一次，三等功五次，26 次被评为优秀党员，24 次受嘉奖，1991 年被评为"全军学雷锋先进个人"，1993 年被评为"全国学雷锋先进个人"。他曾被 40 多所中小学聘为校外辅导员，先后为军内外作报告 3000 多场次，义务理发 3000 余人次。

刘光建，1973 年被授予"全军十大学雷锋标兵"，跨越甘肃、宁夏、内蒙古 3 省区 21 个城市，行程 2.8 万公里，30 次搬迁，耗资 2.8 万多元，扶持残疾人、孤儿、下岗失业人员再就业 145 人，被人们称为"雷锋专业户"。

雷锋生前所在的班、团，被命名为雷锋班，雷锋团，雷锋班、雷锋团的传人们自觉作为雷锋精神的宣讲者、践行者、研究者，雷锋的战友们成为雷锋精神传承弘扬的永不休止的传人。应该说，1962 年后军中的先进模范人物都受到了雷锋的影响，并且在雷锋精神的基础上生发出新的宝贵精神。这些精神或多或少都受到了雷锋精神的哺育和滋养，是雷锋精神在军中的延续、展现和发展。

（三）第三层面：生气勃勃　充满希望

广大人民积极参与，普通群众投身其中，是雷锋精神深入中华民族基因和血脉的重要基础，也是雷锋精神代代传承的不竭力量。广大雷锋传人从自我做起，从身边做起，从小事做起，从点滴做起，通过个体行动组织起来，通过志愿服务、通过济危助困、通过各种义务服务推动雷锋精神的传播弘扬，推动自身的境界提升。

1. 个人层面的代代新人

代代新人传承雷锋的助人传统，为社会送去温暖、为他人送去关怀。应该说，在全国学雷锋的持续性活动中，在志愿服务不断发展普及的过程中，在历次的抗险救灾、重大事件中，学雷锋做好事已经成为遍布中华大地的每一个角落、每一个领域无时无刻不在书写的感人日常。在这里，我们列举典型案例中的几个普通事例，列举几次重大活动中的雷锋群体，用以证明中华民族处处都有雷锋传人，雷锋精神已经像阳光、空气一样充盈在每一寸土地、每一个人的心灵。

白芳礼，在 74 岁以后，他靠自己蹬三轮车的收入帮助贫困的孩子实现上学的梦想，直到他将近 90 岁。在十多年的时间里先后捐款 35 万元，资助了 300 多名大学生的学费与生活费。2009 年，被评为 100 位新中国成立以来感动中国人物之一。

李高峰，北京市朝阳区无限社区保洁员，河南在京环保志愿者服务队发起人。他十多年如一日坚持利用业余时间学雷锋做好事，义务清扫街道、捡拾垃圾，开展治安巡逻，帮助群众排忧解难，积极参与各类环保公益活动，先后荣获"首都文明之星""全国'五一'劳动奖章"。

郑兴杰，自 2001 年担任天涯社区义务管理员以来通过网络社区平台宣传志愿者精神，不断积极组织网民开展公益活动。他组织成立数支志愿服务队，照顾孤寡老人、看望残障儿童，他收募图书，建立了 100 多家爱心图书室，让数万学生有课外图书，成为"志愿狂人"。2007 年，被评为"感动海南十大新闻人物"。

陈观玉，深圳市沙头角水产公司退休职工。数十年如一日照顾孤寡、救助贫困、拥军优属，关心青少年健康成长，热心公益事业，被誉为中英街上的"活雷锋"。1997 年，荣获"全国老有所为贡献奖""广东省劳动模范"。2008 年当选"改革开放 30 周年感动广东人物"。

2. 学雷锋活动的代表

除了不计其数的个人雷锋，中华大地上的各种志愿服务组织、各种雷锋精神的宣传弘扬践行组织也在持续行动。

一辆雷锋车。连云港市新浦汽车总站"雷锋车"组，从 1963 年开展学雷锋活动以来，一代一代坚持学雷锋，从一条木扁担、一辆木板车，演变为铁板车、人力三轮车、电动车、风光旅游车，行程 17 万多公里，免费运送老弱病残旅客 26 万人次，义务运送行李包 22 万余件。

两个雷锋城。长沙和抚顺。在抚顺，"雷锋"这个名字已深深融入了这座城市的血液，从车站到广场，从街道两边到建筑物上，雷锋的塑像、画像和手迹随处可见，以"雷锋"命名的街路、单位比比皆是。作为雷锋精神的发源地，近半个世纪以来，无论形势如何变化，抚顺市学雷锋活动从未间断过。学雷锋已经成为抚顺社会主义核心价值体系建设的标志性元素，成为构建社会主义核心价值体系的一杆大旗。50 多年来，抚顺相继涌现出学雷锋小组 4 万多个，学雷锋服务队 4000 多个，以"雷锋"命名的站、岗、亭、车、路、班组和团队遍布抚顺城乡。在长沙，雷锋已经成为长沙这座城市的集体记忆和学习楷模。长沙人带着深厚的感情在传颂着雷锋的故事，传唱着雷锋的赞歌，传承着雷锋的精神。学雷锋、当雷锋更是成为全市人民的普遍共识和自觉行动。长沙一次次扩建湖南雷锋纪念馆、修缮雷锋故居、雷锋生平陈列馆，人们到处可以看到用雷锋的形象、雷锋日记摘抄以及雷锋精神创作的标语和宣传画。而且，雷锋学校、雷锋大道、雷锋路、雷锋桥、雷锋电影院、雷锋超市……很多公共设施以雷锋来冠名。60 年来，长沙活跃着一群人，他们或是倾毕生之力，宣讲雷锋精神，实现对市民的教育，或是沿着雷锋的光辉足迹，描绘鲜活、真实的雷锋，或是孜孜不倦地探究雷锋精神的博大内涵与时代价值。他们深信，不管社会如何发展，雷锋这个不朽的名字都会永远留在人们的心间。

一个编外团。1960 年 8 月，560 名河南省邓州市籍青年入伍到沈阳军区某部工程兵团，与早一年入伍的雷锋同在一个团工作、学习和生活，亲身感受了伟大的雷锋精神。在雷锋的这些战友陆续退伍返乡后的，始终把"雷锋的战友"作为最高的荣誉，在不同岗位上坚持和传承雷锋精神，被当地干部群众亲切地称为"编外雷锋团"。陆续退伍的邓州籍雷锋生前部队的老兵们，携手坚持学雷锋，1997 年 4 月正式成立邓州"编外雷锋团"，不久被中宣部树为"时代楷模"，邓州也被称为生产"雷锋"的名城。

一种学校。雷锋曾经是一名学生，雷锋长期担任学校的辅导员，学校是学习雷锋和弘扬传承雷锋精神的重要平台。雷锋生前就读的学校、担任辅导员的学校都把雷锋精神作为自己的重要特质和强大基因。中国特色社会主义进入新时代，创建新时代雷锋学校成为时代的强音，截至 2023 年底，已有 160 多所新时代雷锋学校屹立在中国大地上，成千上万的学生成为传承雷锋精神的新生力量。随着百所雷锋学校目标的确立，更多的学校会成为这一特殊荣誉、特殊使命、特殊精神的承担者、践行者、传承者。

此外，众多的志愿服务组织，各种学雷锋小组、学雷锋小分队、学雷锋志愿服务队、志愿服务协会、爱心团队、特殊人群关爱计划，遍布祖国大地，深入田间地头，深入车间厂房，深入千家万户，来到身边心头，为促进社会和谐、家庭温暖默默奉献、持续发力，成为当代中国精神文明建设的重要支撑和保障，成为中华文明、中华美德的新标识。

3. 青年学生是学习雷锋的希望和持续力量

2021 年 7 月 1 日，北京，庆祝中国共产党成立 100 周年大会现场，朝气蓬勃的大学生们列队进场，天安门广场上回响着他们的铮铮誓言。

事实表明，我国当代青年，特别是在校学生，作为随时能满足党和人民需要的"时代新人的天然来源"，的确是最有朝气、最有希望的重要群体。

雷锋生前作为少先队的辅导员，曾到高校作政治报告，他倾心挥洒心血的学校系统历来是学雷锋的前沿阵地。一批又一批青少年学生，在《雷锋日记》中受到精神洗礼，完成了价值塑造，实现了人生升华。雷锋学校在各地开始涌现。广大学生对雷锋精神的传承和践行，在为"学生系好第一粒扣子"，培育科学的世界观、人生观和价值观中起到了格外重要的奠基作用。

进入新时代，学校，特别是大中学校的思政课堂，依然是培养新人的"一线阵地"。落实立德树人根本任务，努力培养"堪当民族复兴重任的时代新人"成为教育战线学雷锋的核心任务。近年来，围绕习近平总书记倡导的这一教育目标，各地教育部门坚持思政课在育人体系中的政治引领和价值引导作用，统筹大中小学思政课一体化建设，推动各类课程与思政课建设形成协同效应，切实为培养堪当民族复兴重任的时代新人提供坚强保障。社会大课堂形式丰富，思政课实践教学有效开展。教育部连续多年举办习近平新时代中国特色社会主义思想大学习领航计划主题活动，近 1000 所高校师生参与。田间地头、工厂社区、红色地标等成为立德树人的不竭资源，北京在"12345"市民热线服务中心、城市副中心等地建设实践教学基地，内蒙古围绕"铸牢中华民族共同体意识"，在博物馆、街道社区、牧民家"同上一堂课"，效果明显。2021 年高校师生思想政治状况滚动调查数据显示，98.7% 的学生表示"能将爱国情、强国志、报国行统一起来"，越来越多的高校学生把远大抱负落实到实际行动中，用中国梦激扬青春梦，勇做走在时代前列的奋进者、开拓者。许多高校和学生主动尝试把雷锋精神引进思政教育体系，积极践行雷锋精神。广大师生的精神面貌有了喜人的变化。

代代新人成长和担当的经验启示

雷锋精神是中国共产党人精神谱系中的普通一种，一个贫农的孩子，一个钢铁企业的工人，一个年轻的战士，一个知党恩、感党恩的青年，一段苦难幸福冰火两重天的短暂生命，铸就了感天动地，人间永恒的伟大精神。雷锋精神和铁人精神、王杰精神、焦裕禄精神等众多用人名命名的精神一样，都是社会主义先进文化的结晶和支撑，都是中华优秀传统文化和马克思主义基本原理的融汇升华。但是雷锋精神又是不普通的，是共产党人精神谱系中唯一一种党历代领导集体都高度关注、都大力弘扬的精神，是做好事、志愿服务代名词的唯一精神，是道德建设、文明建设、社会建设重要支撑和内容乃至代名词的唯一精神，是延续至今，亿万群众通过志愿服务、通过学雷锋做好事、通过道德先进的评选拥有体制机制保障的唯一精神。雷锋精神是中国共产党人精神谱系中在延续时间、影响范围、群众认可、社会参与上最突出的一种精神。雷锋精神，在很大程度上成为共产党人优秀品质、社会主义文化先进特性、马克思主义及其中国化成果道德价值的重要证明。60 年的持续弘扬，60 年的代代新人，60 年的波澜壮阔，60 年的伟大成就，都彰显出雷锋精神的伟大魅力和实践伟力。为什么雷锋精神具有这么大的伟力，为什么学雷锋活动、代代雷锋新人等持续涌现，需要进行经验总结和启示发掘。雷锋精神哺育下的代代新人的茁壮成长和出色担当，具有如下经验、启示和内在规律。

（一）雷锋精神的丰富内涵和与时俱进，是雷锋精神哺育代代新人的内在动力

雷锋精神是以雷锋名字命名的、通过雷锋言行事迹表现出来的，以雷锋的先进思想、高尚品德和崇高追求为基本内涵的一种伟大精神。周恩来总理把雷锋精神概括为四句话："爱憎分明的阶级立场，言行一致的革命精神，公而忘私的共产主义风格，奋不顾身的无产阶级斗志。[①]" 2012 年，中共中央办公厅在《关于深入开展学雷锋活动的意见》中将雷锋精神概括为"五个弘扬"，即弘扬雷锋热爱党、热爱祖国、热爱社会主义的崇高理想和坚定信念，弘扬雷锋服务人民、助人为乐的奉献精神，弘扬雷锋干一行爱一行、专一行精一行的敬业精神，弘扬雷锋锐意进取、自强不息的创新精神，弘扬雷锋艰

---

① 中共中央文献研究室编《周恩来年谱（1949-1976）》中卷，中央文献出版社，1997，第 539 页。

苦奋斗、勤俭节约的创业精神。[1] 2013 年 3 月，习近平总书记参加十二届全国人大一次会议辽宁代表团的审议时，以"信念的力量、大爱的胸怀、忘我的精神、进取的锐气"[2] 的高度凝练，对雷锋精神作了最新概括。雷锋精神是开放的、与时俱进的，但其基本内涵是超越时空的、永恒的。这就是：忠于共产主义事业、毫不利己、专门利人、全心全意为人民服务。

雷锋精神具有基本的稳固的内核，具有鲜活的实践和活动载体，具有与时俱进不断发展的内在品质，具有广阔的社会需要和现实支撑，这构成了雷锋精神经久不衰、历久弥新、不断生发、保持青春的内在动力。

（二）党和国家的大力倡导弘扬和制度机制保障是雷锋精神延续发展的关键支撑

毛泽东、邓小平、江泽民、胡锦涛、习近平等党和国家的主要领导人都对雷锋精神高度认可、积极弘扬，都支持各种类型的学雷锋活动，都要求各级党团组织、宣传部门、企事业单位、行政办公机构、社会民间团体和广大人民群众立足岗位、结合实际、用各种方式单独或者组织起来学习雷锋、助人为乐、关爱他人，并且支持团中央、民政部和各级政府、各企事业单位为学习雷锋、弘扬雷锋精神的各种组织和互动提供必要的支持和保障。所有这些，都为代代学雷锋、代代弘扬雷锋精神、代代用雷锋精神和学雷锋活动造福社会、造福人民提供了重要的平台、载体、组织和机制，为用雷锋精神铸魂育人提供了强大的支撑和保障。

（三）社会的广泛需要是雷锋精神生生不息的持久动力

雷锋精神人人可学、处处可学。无论是在社会主义革命和建设时期，还是在改革开放和社会主义现代化建设新时期、中国特色社会主义新时代，无论社会如何发展进步、国家如何现代先进、社会保障如何细密有力，需要帮

---

[1] 中共中央办公厅印发《关于深入开展学雷锋活动的意见》，https：//www.gov.cn/jrzg/2012-03/02/content_2081558.htm，最后访问日期：2024 年 9 月 29 日。

[2] 《雷锋》杂志编《新时代雷锋精神解读》，人民出版社，2018，第 8 页。

助、需要救助、需要辅助是永恒的现实需要。无论是个人层面的吃喝拉撒、喜怒哀乐、柴米油盐、婚丧嫁娶、求学就业、衣食住行，还是社区层面的访贫问苦、环境卫生、秩序维护、矛盾调解、关系协调，还是社会层面的区域治理、道德建设、助人为乐、见义勇为、团结协作，对雷锋精神的呼唤，对当下雷锋的需求，是社会更好运转、人民更好生活的永恒话题。学习雷锋，永远不会过时，弘扬雷锋精神，永远都在路上，这就为雷锋精神的弘扬传承，为代代雷锋新人的成长担当提供了最大的原动力。

（四）丰富的生动实践是代代雷锋新人成长担当的丰沃土壤

送人玫瑰，手有余香。在日常的助人为乐中，在抗洪的奋不顾身中，在救险的勇往直前中，在抗震的勇气前行中，在抗疫的逆行铿锵中，在捐款箱前，在献血站里，在清理垃圾的行动中，在协调关系的言谈里，到处都是学习雷锋的生动战场，到处都是弘扬雷锋精神的鲜活课堂。不仅如此，在工作中的协助支撑，在生活中的携手前行，在奋斗中的甘苦与共，在服务中的换位共情，学习雷锋安于奉献的精神，做螺丝钉的精神，为党为民的精神，刻苦钻研的精神，扎根人民的精神，勤俭节约的精神，永远都是随处放光芒，永远都是始终都在场。在丰富广阔的志愿服务的舞台，在感人生动的雷锋故事的书写中，雷锋传人茁壮成长，雷锋传人出色担当，雷锋精神持续弘扬，雷锋故事激越昂扬。学雷锋做雷锋，意义重大，其乐无穷，义务付出，志愿奉献，感天动地，光荣充盈。可以说，在学雷锋中成长，在弘扬雷锋精神中提升，在奉献牺牲中感悟，在为民服务中永恒，这成为雷锋精神不断发展演变，成为雷锋精神永续永恒力量的重要力量。

雷锋的生命定格在了 22 岁，雷锋的精神成为永恒；雷锋精神是短短的几句话，践行雷锋精神、做雷锋传人需要一生的坚守，雷锋精神作为好人精神、善人文化的传承，作为共产党人精神的杰出代表，作为马克思主义基本原理同中华优秀传统文化相结合的优秀文化，将为中华民族伟大复兴，为中国式现代化建设，为中国人民的美好生活提供永久的动力，学雷锋，弘扬雷锋精神将成为中华民族的突出特性和内在优势，不断引领中华民族走向更加美好的明天，不断引领人类文明新形态的培育发展。

雷锋同志被树为时代楷模以来的 60 年，是人民怀念雷锋、传承雷锋精神的 60 年，是人民践行雷锋精神、发扬雷锋精神的 60 年，是人民在雷锋精神的指引下，用雷锋事迹、雷锋精神陶冶情操、提升自我、逐步趋向共产主义新人的 60 年，是党和国家的各项事业在雷锋精神的鼓舞下、激励下、支持下不断发展、走向辉煌、铸就现代化强大基础的 60 年。雷锋精神人人可学、处处可学，雷锋新人代代传承、代代涌现，永不止息。实际上，"代代新人"的培育是一个连续的、不间断的传承过程。雷锋精神已经成为体现得最突出的民族精神，其民族品格、其平民特质、其能学易学而又需要一直学的品格，其被中国民众广泛接受的性质，都使雷锋精神成为中国全民最平凡也是最伟大的一种价值取向、一种人生追求、一种生活习惯。

以上我们回顾了在 60 年学雷锋活动中茁壮成长起来的各个层面的时代"新人"，学雷锋永远都年轻，新雷锋永远都年轻，代代雷锋传人，代代雷锋新人永远是社会主义中国保持"不变质、不变色、不变味"青春活力的不竭动力，永远是全中国人民美好生活的创造者、推进者和守护者。

（本文执笔：姚洪越，系中国工商大学马克思主义学院院长、中国工商大学全国企业党建研究中心主任）

团员青年：率先作为的生力军

张俊虎

    2022 年 5 月 10 日，习近平总书记在庆祝中国共产主义青年团成立一百周年大会上的讲话中，赞扬在社会主义革命和建设时期共青团的一大功勋是团结带领广大团员青年"开展学雷锋活动"。与此有关，他在这次讲话中两处使用了"生力军"这一关键词：一处是肯定共青团"团结带领广大团员青年积极投身人民群众的壮阔实践，在民族复兴征程上勇当先锋、倾情奉献，发挥生力军和突击队作用，使实现民族复兴成为中国青年运动一以贯之的恢弘主流"；一处是鼓励共青团团结带领广大团员青年勇做新时代的弄潮儿，"争做伟大事业的生力军""甘于做一颗永不生锈的螺丝钉"①。

    用这一思路梳理 60 年学雷锋历程中共青团组织带领广大团员青年所起的作用和作为，可以确认这一领域开展的学雷锋活动，是新中国成立以来共青团组织的规模最大、范围最广、持续时间最长的国民教育和道德实践活动。这本身就是百年团史上一个极其重要的精彩篇章！尤其是党的十八大以来，广大团员青年大力弘扬雷锋精神，自觉担当重任，深入基层一线，注重"厚德强国"，让青春在新时代实现中华民族伟大复兴的中国梦中绽放异彩——这正是他们献给党的二十大的一份厚礼！

---

① 习近平：《在庆祝中国共产主义青年团成立 100 周年大会上的讲话》，人民出版社，第 6、9~10、11 页。

自始至终"率先作为"，
把光荣镌刻在"厚德强国"的赛道上

60 多年来，共青团带领广大团员青年牢牢把握雷锋精神的核心和灵魂，围绕不同阶段青年的特点，不断创新形式和内容，始终走在全民学雷锋活动的前列。

打破常规，顶层运作，率先"把一个伟大题词变成一项伟大活动"，让雷锋走出军营、走向全国，成为"以德强国"的时代楷模。雷锋是从部队走出来的青年典型。当时，雷锋的事迹很快被共青团了解，并对其个人给予了关注和培养。1960 年 10 月，雷锋被聘请为抚顺市望花区建设街小学（现雷锋小学）和本溪路小学（现雷锋中学）两所学校的少先队校外辅导员。1961 年 4 月 19 日，《中国青年报》以《苦孩子——好战士》为题率先对雷锋的模范事迹作过报道。1962 年 6 月，雷锋被团抚顺市委授予模范少先队校外辅导员，也作为获奖代表在团市委的命名大会上发了言。1962 年 8 月 15 日，雷锋不幸因公殉职后，共青团抚顺市委号召抚顺市青少年向雷锋学习，并向团辽宁省委和团中央上报了有关情况。团中央高度重视，于 1963 年 2 月 15 日下发了《关于在全国青少年中广泛开展"学习雷锋"的教育活动的通知》，并追认雷锋为全国优秀少先队辅导员，号召全国青少年向雷锋学习。

由团中央主办的《中国青年》杂志编辑部大多是青年人，大家无不被雷锋精神所感动。1963 年 2 月中旬，经过商议，他们决定从顶层运作，尝试直接写信给毛主席，恳请毛主席为雷锋题词。毛主席接信后，经过认真思索，欣然手书"向雷锋同志学习"，亲自派人送到《中国青年》编辑部。1963 年 3 月 2 日，《中国青年》杂志率先刊登毛主席"向雷锋同志学习"题词的手迹，3 月 4 日由新华社向全国发出通稿。3 月 5 日《人民日报》《中国青年报》等报纸发表了毛泽东、刘少奇、周恩来、朱德、邓小平等中央领导同志号召向雷锋学习的题词。

延伸阅读一

共青团恳请毛泽东题词

1963 年 2 月，正当全国青少年广泛开展学习雷锋的关键时刻，团中央机关刊物《中国青年》在总编辑邢方群的支持下，于 2 月 11 日召开编委扩大会议。他们从《人民日报》《辽宁日报》上看到雷锋事迹后认为，雷锋是具有时代鲜明特点的典型人物，应该在《中国青年》上大张旗鼓地宣传。他们决定请周恩来题词的同时大胆地提出请毛泽东题词。

毛泽东一向关心青年的成长和发展，《中国青年》又是毛泽东比较喜爱的一本刊物。早在 1948 年秋创刊时，他就热情地题写刊名并题词。《中国青年》推出一系列的青年样板——牺牲在朝鲜的罗盛教、鞍钢的王崇伦、河北的邢燕子等都得到毛泽东的肯定和赞许，有的还专门作了批语。《中国青年》在给毛泽东的信中写道："现在全国正在掀起一个向雷锋学习的热潮，我们《中国青年》准备出一期学习雷锋专号，向全国人民推荐这个典型、教育青年一代，在社会主义时期更好地锻炼成长，恳请您老人家为雷锋题词。"

毛泽东在阅读《中国青年》的来信前，已从《人民日报》上读到雷锋事迹和"雷锋日记"摘抄。当时，"大跃进"后连续三年困难时期，给国民经济造成很大的影响；国际上中苏论战正酣。经过几天的思考，毛泽东决定为雷锋题词。他叫秘书林克拟几个句子让他参考。林克根据雷锋事迹拟了十多条，每一条都是学习雷锋的一个侧面。2 月 22 日，毛泽东挥笔题写了"向雷锋同志学习"。他没有采用林克的句子，他对林克说："学习雷锋不是学他哪一两件先进事迹，也不是学他的某一方面的优点，而是要学习他的好思想、好作风、好品德；学习他长期一贯地做好事不做坏事；学习他一切从人民利益出发，全心全意为人民服务的精神。"（载自《中国青年研究》1998 年第 3 期，作者：常家树）

《中国青年》"学习雷锋同志专辑"中刊登的《共青团中央关于在全国青少年中广泛开展"学习雷锋"的教育活动的通知》一文，首次总结了"雷锋精神"的主要内涵：一是忠实于党，忠实于社会主义事业的无产阶级立场；二是自觉地服从祖国的需要，以人民利益为重，做一颗"永不生锈的螺丝钉"，全心全意为人民服务的精神；三是关心同志，助人为乐，毫不利己、专门利人的共产主义风格；四是坚韧不拔、勇于克服困难的意志和克勤克俭、艰苦朴素的作风；五是坚持又红又专的方向，下苦功夫，努力学习毛主席著作，刻苦钻研业务技术，模范地完成工作任务。

那时，三年困难时期刚有好转，新中国正面临着成立以来最严重的经济局面。"国家正需要一种精神鼓舞人民，使人民更好地投入到社会主义建设事业中去。"曾参与过《中国青年》"学习雷锋同志专辑"制作工作的赵青老人回忆：雷锋身上所具有的崇高理想追求与全心全意为人民服务的精神，正是应运而生的！

在老一辈革命家的积极倡导下，团组织在全国范围内开展了大规模的宣传和发动工作，一场大规模持久化的群众性学雷锋活动，开始走出军营、走出辽宁，学习雷锋的活动迅速在全国形成高潮，写雷锋、画雷锋、演雷锋、唱雷锋等宣传活动，让雷锋的形象生动地树立在全国人民当中。各个战线的青年男女，人人都在谈雷锋，把雷锋当作自己进步的一面镜子，立志"学雷锋，做毛主席的好学生""像雷锋那样工作、学习和生活""做永不生锈的螺丝钉"……在那个时期，雷锋已然成为全民偶像，涌现出舍身救列车的欧阳海等大批雷锋式的青年模范人物。

在这个阶段（1963 年至 1977 年），共青团主要围绕青少年的社会主义教育、提升青少年的无产阶级觉悟、培养合格的共产主义接班人，以雷锋事迹感召青年，掀起了第一次全国学雷锋的高潮，雷锋精神从此开始教育和影响了一代又一代人。

因势利导，对症下药，率先倡导"学雷锋、树新风"活动，助推学雷锋活动再掀高潮

"文化大革命"期间，团的工作被迫处于停顿状态，也给这个时期成长起来的一代青少年心灵上造成了极大的伤害。粉碎"四人帮"后，党中央十分关怀青少年的健康成长，重新号召向雷锋同志学习。在青年中，一场"人生观大讨论"异常热烈地展开。一封来信《人生的路呵，怎么越走越窄……》，表达着一代人的困惑："什么是人生的目的？""主观为自己，客观为他人的人生信条对不对？""这是一颗真实的、不加任何粉饰的信号弹，赤裸裸地打入生活，引起反响。"刊发来信的《中国青年》杂志，由此创下了发行 400 多万

份的奇迹。正本清源的暖意融动了冰封的河面，沉寂的思想之河开始破冰奔涌。敏感的大学生群体接收到春天的信号，率先走出迷茫，奋起投身四化建设。

随着共青团工作体系的完全恢复，1981 年 2 月 21 日，共青团中央下发了《关于进一步开展学雷锋树新风活动的通知》，在青少年中广泛开展"学雷锋，树新风，做建设社会主义精神文明的先锋"主题活动，在青少年心中重新点燃精神文明之火。广大青少年再次开展了学习雷锋和同时代的先进模范人物的活动，热情洋溢地投入了"五讲四美三热爱"活动。截止到 1982 年共青团十一大召开，全国已有 50 多万个青年服务队、学雷锋小组在全国城乡积极传送"为您服务"、助人为乐的暖流，有力地促进着社会风气的好转，并涌现出雷锋式的干部李俊甲等一大批先进青年典型。

延伸阅读二

"三优一学"活动

"三优一学"活动，即搞好优质服务，建立优良秩序，创造优美环境，学雷锋、学先进活动的简称，是共青团开展的"五讲四美三热爱"活动的重要内容之一。1981 年，"五讲四美"活动刚刚兴起，广大群众就为解决不讲卫生、不讲秩序和商业服务态度差、质量低的问题提出许多意见和建议，并做了一定的工作。1982 年中共中央、国务院确定开展第一个全民文明礼貌月活动时，也提出以治理脏、乱、差为重点，搞好环境卫生、整顿公共秩序、提高服务质量的要求。由此奠定了"三优一学"的基础。1983 年第二个全民文明礼貌月期间，中共中央、国务院又提出继续治理脏、乱、差，搞好优质服务，建立良好秩序，创造优美环境，进一步开展学雷锋活动，正式形成了一套具有完整体系的"三优一学"活动口号。共青团中央遵照中共中央、国务院的指示，在全国城乡青少年中推广这一活动，从此活动在全国得到普遍开展。

在这个时期，共青团先后选树了一大批雷锋式青年典型，并以这些优秀青年典型为带动，把青年学雷锋、学先进的群众性活动，更加广泛、深入、持久地开展下去。1983年3月，共青团中央开展了向张海迪学习的活动，要求将学习张海迪的活动，同"五讲四美三热爱"教育活动结合起来，掀起学雷锋、学先进的热潮。1984年3月4日，为了进一步促进各种学雷锋组织的巩固和发展，推动全国青少年学雷锋活动和"五讲四美三热爱"活动的深入，共青团中央向全国通报表彰206个学雷锋先进组织。

党的十三届四中全会以后，学雷锋、树新风活动又一次广泛兴起。1990年，江泽民、杨尚昆、李鹏、乔石、姚依林、宋平、李瑞环等党和国家领导人，亲笔题词，接见学雷锋先进代表，发表讲话，鼓舞群众掀起了新的学雷锋热潮。共青团组织积极响应党中央的号召，把学雷锋列入《共青团"八五"期间建设、改革、发展的规划要点》，突出"学雷锋精神，做四有青年"和"学赖宁，做党的好孩子"的主题，在全国集中开展了以宣传雷锋、服务群众、造福社会、传播新风等为主要内容的学雷锋活动。同时，与相关部委一起先后召开了"岗位学雷锋、行业树新风"座谈会、"全国中小学学雷锋现场会"等，发动各行各业青年职工，围绕调整结构、提高效益、搞活流通、优质服务、发展生产，开展了"岗位学习、岗位奉献、岗位成才"等活动，取得了明显的经济效益、社会效益和人才效益。各地共青团杂志建立和实施的"共青团学雷锋责任区"、"共青团文明小区"和"温暖工程"，定点、定员、定任务，包人、包户、包服务，方便群众，服务社会，传播新风。为了表彰和鼓励学雷锋的突出典型，一些省区市团组织还设立了"学雷锋青年英雄奖励基金"。1992年，共青团中央、全国青联、全国学联、全国少工委印发了《关于深入开展学雷锋活动的意见》，明确提出学雷锋活动向经常化、制度化发展。

这个阶段（1978年至1993年）的学雷锋活动，内容上从学习雷锋个人事迹，升华到学习雷锋的精神，抵制歪风邪气，努力提升全社会的思想道德水平。

适应变化，引导青年，率先发起实施
青年志愿者行动，开创常态化学雷锋的新形式

1993年12月，共青团十三届二中全会审议并通过《在建立社会主义市场

经济体制进程中我国青年工作战略发展规划》，基于已经广泛开展的青年服务队等各类学雷锋活动，着眼于社会主义市场经济条件下丰富和发展学雷锋活动，促进学雷锋活动经常化，决定实施中国青年志愿者行动。当年的 12 月 19 日，2 万余名铁路青年率先打出了"青年志愿者"的旗帜，在京广铁路沿线开展了为旅客送温暖志愿服务。

1994 年 1 月 2 日，团中央又组织广大青年学生掀起"中国大中学生志愿者 94 新春热心行动"的高潮。全国百万大中学生志愿者走上车站和街道，义务进行铁路春运服务和社区服务。2 月中旬，团中央、全国青联实施"为科学家、教育家、老干部献爱心青年志愿者行动"，中共中央政治局常委胡锦涛参加了这次活动。3 月 5 日是全国实行新工时制后的第一个休息日，团中央、全国青联、全国学联在传统的"学雷锋活动日"发起了"青年志愿者学雷锋奉献日"活动。2000 年，再次将 3 月 5 日确定为"中国青年志愿者服务日"。

针对当时出现的"雷锋叔叔 3 月来，4 月走"的现象，团中央提出青年志愿者行动常态化、可持续要求，把开展活动与建立机制紧密结合起来，在青年志愿者行动的组织建设、项目建设、机制建设、队伍建设、文化建设等方面进行了大胆有效的探索，丰富了雷锋精神的时代内涵，为把我国青年学雷锋的群众性活动，更加广泛、深入、持久地开展下去奠定了时代基础。

从 1993 年到 2013 年的 20 年间，青年志愿者行动大致可以分为四个阶段。

（一）发起实施阶段（1993~1997 年）

这一阶段主要是搞活动，建组织，推理念。动员青年传承雷锋精神，参与各类志愿服务活动。1993 年 12 月 7 日，共青团十三届二中全会决定实施青年志愿者行动。1994 年 2 月，团中央向社会公开发布青年志愿者标志，标志着中国青年志愿者伸出友爱之手，以跨世纪的精神风貌，面向世界，走向未来。同年 12 月，中国青年志愿者协会成立，并发布了"奉献、友爱、互助、进步"的中国青年志愿者精神。1996 年，团中央启动了中国优秀青年志愿者评选表彰活动，选树一大批优秀志愿者典型，激励青年投身志愿服务事业的热情。广大团员青年常态化学雷锋进入新形态。

延伸阅读三

中国志愿服务的第一个标志的由来

1994 年 1 月，共青团中央面向社会公开征集中国青年志愿者标志。经由新闻界、美术界有关专家和团中央有关负责同志组成的评选委员会评审，确定中央工艺美术学院青年教师陈磊的作品为"中国青年志愿者标志"，并于 2 月 24 日正式向全社会发布。

中国青年志愿者标志，又名"心手标"，是经共青团中央批准的中国青年志愿者和青年志愿者组织的象征和标志，整体构图为心的造型，同时也是英文"青年"第一个字母 Y；图案中央既是手，也是鸽子的造型。该标志寓意青年志愿者向需要帮助的人们奉献一份爱心，伸出友爱之手，立足新时代、展现新作为，弘扬奉献、友爱、互助、进步的志愿精神，以实际行动书写新时代的雷锋故事。

2020 年 4 月 23 日，共青团中央、中国青年志愿者协会发布《中国青年志愿者标志基本规范》。

（二）发展建设阶段（1998～2002 年）

这一阶段主要是抓项目，扩队伍，立规范。启动实施中国青年志愿者扶贫接力计划、研究生支教团、海外服务计划、社区"一助一"服务计划和助老助残、环境保护、大型赛会、抢险救灾等领域的志愿服务项目，实现了青年需求和社会需要的有效衔接。推行注册制度，为青年注册和服务提供便利，经过规范注册的青年志愿者突破 1000 万名。团中央及各省（区、市）团委相继设立青年志愿者工作机构，发挥了团组织的优势。将 3 月 5 日确定为"中国青年志愿者服务日"，促进学雷锋活动机制化、常态化。组织实施了"中国 2001 国际志愿者年"系列活动，在社会中营造了参与志愿服务的浓厚氛围，扩大了志愿精神的普及。

延伸阅读四

中国青年志愿者扶贫接力

1996 年 5 月，团中央、中国青年志愿者协会组织力量对山西吕梁、忻州等地的中小学教师队伍进行了调研，了解到这些地区教师缺乏、师资质量偏低的现象较为普遍，也非常缺乏医疗服务、科学技术、农业生产知识等基本的服务。

针对这种情况，团中央和中国青年志愿者协会启动中国青年志愿者扶贫接力计划，采取公开招募和定期轮换的方式，动员和组织青年以志愿服务的方式到贫困地区开展为期 1 年的教育、农业科技推广、医疗卫生、乡镇企业发展等方面的服务工作。服务期满后，由下一批志愿者接替其工作，从而形成接力机制。

1996 年 11 月 4 日，中国青年志愿者扶贫接力计划正式启动，首批 22 名青年志愿者启程赴山西静乐县，在这个革命老区开展为期一年的基础教育、农业技术推广、医疗卫生等扶贫志愿服务。

为进一步提高扶贫接力计划的服务成效、扩大社会影响力、形成稳定的志愿者来源，团中央积极寻求教育部、卫生部、农业部等有关部委的支持，鼓励各类专业技术人员参加扶贫接力计划，并积极引导高校毕业生参与扶贫接力计划。1998 年 11 月底，101 名来自清华大学、北京大学、复旦大学等 22 所全国重点高校的志愿者，成为团中央、教育部组建的中国青年志愿者扶贫接力计划首届研究生支教团成员。2003 年，参照扶贫接力计划的模式，团中央联合教育部、财政部、人事部实施了大学生志愿服务西部计划，按照公开招募、自愿报名、组织选拔、集中派遣的方式，每年招募一定数量的普通高等学校应届毕业生或在读研究生，到西部基层开展为期 1~3 年的教育、卫生、农技、扶贫等志愿服务。

截至 2023 年底，通过中国青年志愿者扶贫接力计划、大学生志愿服务西部计划，已累计招募派遣超过 50 万名城市青年、高校毕业生和在读研究生，深入 2000 多个县（市、区、旗）基层，开展为期 1~3 年的志愿服务。

（三）深化推进阶段（2003~2008 年）

这一阶段主要是承办重大项目，完善体系，扩大参与。以实施大学生志愿服务西部计划为标志，青年志愿者行动实现了跨越式发展，初步形成政府资助、团组织承办、社会化运作、项目化管理的工作格局。动员青年志愿者积极、有序参与抗击"非典"、汶川地震抗震救灾志愿服务工作。以组织实施重大项目为契机，加强各级青年志愿者协会建设，形成了涵盖六大领域的服务项目，志愿服务地方立法积极推进，修订颁布《中国注册志愿者管理办法》，形成了比较完善的青年志愿服务体系。加大志愿服务理念的传播力度，带动社会各界广泛参与志愿服务。胡锦涛同志先后多次对西部计划、海外计划等作出重要批示。2003 年，在纪念学雷锋活动 40 周年系列活动中，在共青团中央的倡议下，率先打出了"学雷锋、志愿服务"的旗帜，表彰了一批学雷锋志愿服务先进集体和个人。

延伸阅读五

纪念学雷锋活动 40 周年系列活动

为纪念毛泽东等老一辈革命家号召"向雷锋同志学习"40 周年，中宣部、中央文明办、解放军总政治部、共青团中央决定在 2003 年 2 月下旬至 3 月上旬集中开展纪念学习雷锋 40 周年活动。共青团中央承担起具体组织实施工作。

2003 年 2 月 27 日，中宣部、中央文明办、解放军总政治部、共青团中央联合召开纪念学雷锋活动 40 周年大会，中共中央政治局常委李长春发表重要讲话，强调学习雷锋的重大意义，指出，学习雷锋，就要牢固树立远大理想、发奋学习科学文化、始终坚持艰苦奋斗、大力弘扬文明新风。并要求动员和组织社会各方面力量特别是广大青少年积极参与学雷锋活动，在全社会广泛开展送温暖、献爱心，志愿服务、扶贫济困、互帮互助活动，形成人人都关心他人、人人都受到他人关心的社会氛围，进一步增强学雷锋活动的群众性。

系列活动还包括表彰一批全国学习雷锋、志愿服务先进集体和先进个人，举办"学习雷锋 40 年"大型图片展，在"雷锋团"举办电视文艺专题晚会，在全国范围内开展"弘扬雷锋精神、参与志愿服务"主题系列活动。

通过纪念学雷锋活动 40 周年系列活动，经共青团中央申请并报中央领导同意，首次在中央文件中将志愿服务确定为群众性"学雷锋"的形式之一。自此，"学雷锋"和"志愿服务"开始一同表述，并逐渐成为一个固定词语。志愿服务开始从青年走向全社会。

（四）优化提升阶段（2008～2012 年）

这一阶段主要是优化结构，深化内涵，推进常态化发展。组织青年志愿者投身 2008 年北京奥运会、残奥会志愿服务活动。中央文明委印发《关于深入开展志愿服务活动的意见》后，团中央根据新的志愿服务格局，提出了"把志愿者的精神、热情、专长、服务时间有机结合，通过团组织的制度化安排转化为长效服务机制"的要求，围绕社会需求，探索形成志愿服务的社会功能。重点实施了"共青团关爱农民工子女志愿服务行动"、大学生志愿服务西部计划、中国青年志愿者海外服务计划和国庆 60 周年、上海世博会、广州亚运会等大型活动的志愿服务工作，参与玉树地震、舟曲泥石流、芦山地震等抢险救灾和灾后重建志愿服务工作。积极运用新媒体推进青年志愿者工作。加强青年志愿者文化产品推广，选树大批优秀青年志愿者典型。部分地方探索建立了志愿服务基金会和具有枢纽功能的志愿者联合会。

延伸阅读六

奥运青年志愿者"鸟巢一代"

2008 年，在万众瞩目之中，第 29 届夏季奥运会、第 13 届夏季残奥会先后在北京成功举办。

北京奥运会志愿者的出色表现，令国际舆论感叹不已。一些擅长外语、擅长交流的青年志愿者，被誉为"鸟巢一代"。他们在 2008 年北京奥运会上的集体亮相，让国际社会看到了充满活力的中国，看到了富有热情、尊重规则、充满人文情怀的新一代中国青年。

全国各地青年志愿者积极参与、共同为奥运成功举办贡献力量。北京奥运会、残奥会赛会志愿者申请人数达到 112 万，城市志愿者申请人达到 207 万，其中青年人占主体。北京奥运会成为奥运会历史上志愿者申请人数最多、志愿服务参与面最广的一届奥运会。从 2008 年 7 月 1 日至 10 月 5 日，170 万奥运会、残奥会志愿者累计服务时间超过 2 亿小时。

团中央推动建立了共青团参与奥运志愿服务的支持协调机制，协调全国 30 个省（区、市）团组织选派赛会志愿者来京直接服务于奥运会、残奥会，动员全国各地广大青年志愿者积极参与奥林匹克青年营、奥运圆梦之旅和奥运火炬传递志愿服务等活动。同时，组织 2000 多万注册志愿者和带动各方面志愿者积极参与"迎奥运、讲文明、树新风"主题活动以及"志愿中国·人文奥运"主题活动，通过多种形式积极参与奥运、支持奥运、奉献奥运。

北京奥运会、残奥会志愿者以热情真诚良好的服务，成功打造了北京奥运会的"微笑名片"，成为中国和奥运的形象大使。9 月 29 日，胡锦涛总书记在北京奥运会残奥会总结表彰大会上发表重要讲话，指出："广大奥运志愿者真心奉献、友爱互助，向世界展现了中国志愿者的时代风采，为祖国和当代中国青年赢得了巨大荣誉。"[①] 在闭幕式上，国际奥委会专门增加了感谢志愿者的程序，新当选的国际奥委会运动员委员会委员向 12 位奥运会志愿者代表献花。新华社、《人民日报》、美国《纽约时报》、法国《费加罗报》等国内外重要媒体对奥运青年志愿者的优质服务给予了充分肯定。

韩国《朝鲜日报》称赞北京奥运青年志愿者为"鸟巢一代"，指出在奥运会之后，这批具有才华和爱国心的年轻人，将快速成长为中国建设与发展的栋梁之材。"鸟巢一代"的精神在今天这个时代得到无限放大，成为时代青年的共同品质、共同财富，期望"鸟巢一代"为中华民族更高更快更强，为

---

① 《胡锦涛文选》（第三卷），人民出版社，2016，第 105 页。

建立一个和谐世界贡献自己的力量。（综合团中央相关文件，见《中国青年报》2008 年 8 月 12 日、23 日、9 月 18 日~10 月 18 日的"鸟巢一代"报道）。

青年志愿者行动的实施，得到中央领导同志的高度关怀。江泽民、胡锦涛、习近平等中央领导同志多次给予亲切关怀和充分肯定。继 1997 年 12 月为"中国青年志愿者"亲笔题名，2000 年 1 月，江泽民同志再次对青年志愿者工作作出重要批示，指出："青年志愿者行动，是当代社会主义中国一项十分高尚的事业，体现了中华民族助人为乐和扶贫济困的传统美德，是大有希望的事业。努力进行好这项事业，有利于在全社会树立奉献、友爱、互助、进步的时代新风。希望你们在新的世纪里继续努力，发扬我国青年的光荣传统，不懈奋斗，不断创造，奋勇前进，为实现中华民族的伟大复兴作出新的更大的贡献。"①

2005 年 7 月，胡锦涛同志在团中央、教育部呈报的《关于大学生志愿服务西部计划实施情况的报告》上作出重要指示，对高校毕业生寄予厚望，对大学生志愿服务西部计划给予充分肯定，要求各级党委、政府和有关部门总结成功经验，完善政策措施，健全工作机制，引导和鼓励更多高校毕业生投身西部基层，为实现全面建设小康社会的宏伟目标贡献智慧和力量。2006 年 11 月 20 日，胡锦涛同志在出访老挝期间，专门接见了在老挝服务的青年志愿者，并亲切鼓励志愿者说："青年志愿者事业是一项崇高的事业，是我们适应形势发展，为增进中国和发展中国家友谊、帮助发展中国家发展的一项重大举措。同志们远离祖国和亲人、不远万里来到老挝做志愿者，很快适应并积极参与当地发展，热心帮助当地人民。你们在实践中开阔了视野、增长了才干、锻炼了自己。一生中有青年志愿者的工作经历是很有益的，这会对同志们今后的成长产生深远影响。相信你们不会辜负祖国和人民的重托，会积极为中老友好合作作出贡献，以自己的行动表明你们无愧于青年志愿者的光荣

① 《江泽民文选》（第二卷），人民出版社，2006，第 508 页。

称号。"①

2008 年 5 月 4 日，习近平同志在北京奥运会、残奥会志愿者誓师大会上指出："中国青年志愿者事业，是我们党领导的共青团在新的历史条件下创新工作领域、服务社会需求的一大创举。"②

中国青年志愿者行动的发起实施、探索创新、持续推进是这个阶段（1994 年至 2012 年）学雷锋活动的主要方式和载体。各级共青团组织坚持着眼发展、着力建设，不断探索、不懈推动、持续创新，志愿服务从无到有，由小变大，从青年开始走向社会。从 1999 年昆明世博会到 2008 年北京奥运会，青年志愿者成为各种大型赛会的亮丽风景线；从抗击"非典"到汶川抗震，青年志愿者成为应急救援不可或缺的力量；从社区建设、环境保护到扶贫开发，青年志愿者成为改善民生、促进经济社会发展的活跃力量；"中国2001 国际志愿者年"系列活动的进行，2002 年首次派遣志愿者到老挝服务，推动中国志愿服务由国内走向世界。中国青年志愿者行动创造了一种新的有效的社会化动员机制和方式，创造了一种新的经济社会变革中精神文明建设的有效载体，创造了一种新的为当代青年人所喜爱和接受的精神时尚，为中国志愿服务事业的发展提供了强大的发展动力，积累了宝贵的原创经验，在促进社会建设和引导广大青年奋力实现中国梦的进程中发挥了重要作用。

以改革创新精神，带领广大团员青年
率先成为常态化学雷锋的排头兵

2008 年北京奥运会后，志愿服务从共青团的一项事业逐步上升为党的一项工作。党的十八大对广泛开展志愿服务活动提出了明确要求。党的十八届三中全会指出，要激发社会组织活力，支持和发展志愿服务组织。志愿服务成为创新社会治理的一支重要力量。2014 年 2 月，中央精神文明建设指导委

---

① 胡锦涛亲切看望中国青年志愿者赴老挝服务队队员，https://www.gov.cn/ldhd/2006-11/21/content_448394.htm，最后访问日期：2024 年 9 月 29 日。

② 许莲丽：《新时代中国志愿服务理论与实践的新探索》，人民出版社，2018，第 248 页。

员会印发《关于推进志愿服务制度化的意见》，要求建立健全志愿服务制度，坚持把开展志愿服务与创新社会治理结合起来，与学雷锋活动结合起来，进一步壮大志愿者队伍，完善社会志愿服务体系，推动志愿服务活动经常化制度化，促进学雷锋活动常态化。

步入新时代，习近平总书记始终将青年和青年工作摆在民族复兴的坐标上来看，关心青年志愿者行动的发展方向和发展质量。2013 年 12 月 5 日，习近平总书记给华中农业大学"本禹志愿服务队"回信，对他们"走进西部，走进社区，走进农村，用知识和爱心热情服务需要帮助的困难群众"感到十分欣慰。2014 年 7 月，习近平总书记给"南京青奥会志愿者"回信，勉励青年志愿者积极传播中华文化、讲好中国故事，用青春的激情打造最美的"中国名片"。2020 年 6 月 27 日，习近平总书记给复旦大学《共产党宣言》展示馆党员志愿服务队全体队员回信，勉励他们继续讲好关于理想信念的故事，期望全国广大党员特别是青年党员"在学思践悟中坚定理想信念，在奋发有为中践行初心使命"。习近平总书记在给第二次全国志愿者代表大会的贺信中明确指出，所有志愿者要"用实际行动书写新时代的雷锋故事"，就是要把学雷锋与志愿服务切实融为一体，坚持中国特色志愿服务的正确方向，在此基础上推进中国志愿服务事业的高质量发展。

延伸阅读七

习近平总书记给华中农业大学"本禹志愿服务队"回信

在中国青年志愿者行动实施 20 周年暨第二十八个国际志愿者日之际，中共中央总书记、国家主席、中央军委主席习近平给华中农业大学"本禹志愿服务队"回信，肯定他们在服务他人、奉献社会中取得的成绩和进步，勉励他们弘扬志愿精神，为实现中华民族伟大复兴的中国梦作出新的更大贡献，并向这支志愿服务队和全国广大青年志愿者致以诚挚问候和崇高敬意。回信全文如下。

"本禹志愿服务队"的同学们：

　　来信收悉。得知你们在徐本禹同志感召下，积极加入青年志愿者队伍，走进西部，走进社区，走进农村，用知识和爱心热情服务需要帮助的困难群众，坚持高扬理想、脚踏实地、甘于奉献，在服务他人、奉献社会中收获了成长和进步，找到了青春方向和人生目标，感到十分欣慰。值此中国青年志愿者行动实施20周年之际，我向你们以及全国广大青年志愿者，致以诚挚的问候和崇高的敬意！

　　当前，全国各族人民正在中国共产党领导下，全面贯彻党的十八大和十八届三中全会精神，满怀信心为实现中华民族伟大复兴的中国梦而奋斗。你们在信中表示，要勇敢肩负起历史赋予的责任，积极投身改革发展伟大事业，奉献社会，服务人民，说得很好。

　　历史和现实都告诉我们，青年一代有理想、有担当，国家就有前途，民族就有希望，实现中华民族伟大复兴就有源源不断的强大力量。希望你们弘扬奉献、友爱、互助、进步的志愿精神，坚持与祖国同行、为人民奉献，以青春梦想、用实际行动为实现中国梦作出新的更大贡献。

习近平
2013 年 12 月 5 日

　　华中农业大学"本禹志愿服务队"是以曾经就读于这所大学的中国十大杰出青年、中国十大杰出志愿者徐本禹名字命名的一支志愿服务团队。他们以持续扎实的行动服务基层群众，取得显著成效，涌现出一大批优秀志愿者，并获得中国青年志愿者优秀集体等称号。近日，志愿服务队的同学们给总书记写信，汇报了1200多名队员深入贫困山区支教、关爱留守儿童、关爱进城农民工子女、关爱老人和残疾人等志愿服务活动成果及他们的认识体会。（新华社北京2013年12月5日电）

　　此后，广大团员青年在推进学雷锋志愿服务方面的主要贡献如下。

（一）着眼全局，面向未来，探索创新青年志愿服务体系建设，推动团员青年学雷锋常态化

在习近平总书记给华中农业大学"本禹志愿服务队"回信后，团中央出台了我国第一个志愿服务的五年规划，并率先提出了志愿服务体系建设的明确目标。在《中国青年志愿者行动发展规划（2014-2018）》中提出了青年志愿服务体系建设的五个方面——组织和队伍建设、项目建设、志愿服务平台建设、文化和理论建设、青年志愿者行动发展机制，后又增加了海外体系建设和创新系统建设的内容，并提出科学化水平全面提升，继续保持在中国志愿服务事业中的"排头兵"地位的定位，以及在服务青年成长、满足社会需求、引领文明风尚等方面发挥更大作用，为创新社会治理体制、加强社会建设作出新贡献的目标。

10 年来，中国青年志愿者行动在组织化动员基础上的社会化动员方式进一步成熟，各项工作体系建设进一步健全。

在组织体系建设方面，按照县域共青团基层组织改革部署，各地扎实推进"县县建协会"工作，进一步健全青年志愿服务组织动员体系，切实发挥青年志愿者协会在实践中培养社会主义事业建设者和接班人的重要组织平台功能。截至 2022 年年底，全国超过 91.5% 的县（市、区、旗）规范成立了青年志愿者协会，为基层共青团形成稳定社会功能提供了重要组织支撑。

在队伍体系建设方面，截至 2021 年底，全国志愿服务信息系统中 14 岁至 35 岁的注册志愿者已超过 9000 万人，他们活跃在社区建设、大型赛事、环境保护、扶贫开发、卫生健康应急救援、文化传承等各个领域，弘扬"奉献、友爱、互助、进步"的志愿精神，在全社会形成团结互助、平等友爱、共同前进的新风尚。

在项目和平台体系建设方面，团中央以志愿服务交流会暨志愿服务项目大赛为牵引，带动线上线下平台建设。志交会以服务基层、带动全局为目标，按照"淡化'赛'的色彩、强化'汇'的功能"的思路，持续改革创新，形成了由传统形态向线上办赛、线下交流、线上线下有机融合的新形态，逐渐成为志愿服务项目展示、组织交流、资源对接、文化引领的综合性平台，激发了广大团员青年以及人民群众参与志愿服务的积极性。自 2014 年创办以来，志交会已举办七届，初步形成了全国、省、市三级的项目展示和交流体系。

在应急救援志愿服务方面，面对新冠疫情，一批又一批的青年志愿者从志交会、从持续 20 多年开展的中国青年志愿者行动所培育的丰厚土壤中所孕育的"奉献、友爱、互助、进步"的志愿文化的浓郁氛围中，破土而出、挺身而出，"听从指挥、志愿先行、专业引领、有序参战、引领成长"，按照《关于青年志愿者组织和志愿者开展疫情防控应急志愿服务的工作指引》，冲锋在防疫的各条战线上。仅在疫情发生后的第一个月，各地团组织就预招募志愿者 170.4 万人，上岗志愿者 137.1 万人。同样，在抗震救灾、防汛抗旱等急难险重关键时刻，广大青年志愿者闻令而动、迎难而上，科学有序开展应急志愿服务，交上了一份份沉甸甸的青春答卷。

在志愿服务文化和理念传播方面，每年 3 月 5 日和 12 月 5 日，准时守候"向雷锋学习""致敬志愿者"专属品牌活动已经成为众多青年志愿者的过节"标配"，这也是青年志愿文化产品越来越有"青年味""时代味""基层味"的一个缩影。坚持让青年唱主角，"志愿文学"、《肆亿青春》系列短视频、"志愿服务大讲堂""志青春"等一批具有鲜明共青团符号和特色、符合青年气质和品位的志愿文化产品百花齐放，更多有温度、有情怀、有力量的青年志愿者好故事传播开来。坚持以新媒体为主渠道和主场景，打造上下联动的宣传机制，中国青年志愿者行动的社会关注度和青年美誉度不断增强。

在制度体系建设方面，不断完善"结对+接力"的基本运行模式，健全各项制度和标准化建设。修订《中国注册志愿者管理办法》，完善青年志愿者的注册、认证、考核和激励等实施细则；制订发布《中国青年志愿者标志基本规范》《县级青年志愿者协会建设工作指引（试行）》《青年志愿者服务社区行动指引》《高校志愿服务指标体系（试行）》等；建立了中国志愿服务培训体系，出版了《中国志愿服务培训大纲》，并以推动团员成为注册志愿者为引领，引导和鼓励青年参与志愿服务；设计推出了我国第一个专门针对志愿者的保障——注册志愿者险。

在海外服务体系建设方面，以"民心相通""讲好中国故事"以及培养具有国际眼光的优秀青年人才为出发点，持续做好中国青年志愿者海外服务计划，在向亚非拉广大发展中国家派遣援外青年志愿者的同时，启动实施"服务联合国机构"专项，至今已累计向联合国驻 27 个国家的联合国有关机构派遣了 75 名中国青年志愿者。志愿者们充分发挥专长，作为数字农业创新助理、青年与可持续研究员、初级经济事务与可持续发展官员等，积极参与到所在国的气候变化、数字化建设、农业发展、志愿能力建设、青年参与可持续发展等诸多领域，其中 4 人于服务结束后留任相关联合国机构。在习近平总书记和普京总统共同签署和发表的《中华人民共和国和俄罗斯联邦在两国建交 75 周年之际关于深化新时代全面战略协作伙伴关系的联合声明》中，再次将志愿服务作为加强青年领域合作的一项内容。

延伸阅读八

全世界首面遨游太空的志愿者旗帜

2016 年 9 月 15 日，航天员景海鹏、陈冬在天宫二号空间实验室，展示了一面中国青年志愿者旗帜。这面由航天科技工作者和青年志愿者共同制作的旗帜，凝聚了"钉子精神"和"全心全意为人民服务的精神"。这个画面也成为亿万志愿者共同的美好记忆，激励着他们学习航天精神，勇做志愿先锋，推动学雷锋志愿服务成为当代青年的一种生活方式和青春时尚。

这是全世界第一面遨游太空的旗帜，于 2016 年 9 月 15 日搭乘天宫二号飞船进入太空轨道，在遨游太空 66 天后，随神舟十一号飞船返回舱顺利着陆，回到旗帜的诞生地，于开舱仪式当天与公众见面。

这是一面科技含量很高的旗帜。"飞天旗帜"凝聚了我国科研人员的智慧。承担我国飞船降落伞研制生产任务的航天科技集团第五研究院五〇八研究所，专门组建了科研团队，先后解决了用料、着色、拼接、刺绣等各种难题。绣制好的这面旗帜完全符合载人航天天空环境标准，重量也只有不到 270 克。

这是一面绣满了志愿精神的旗帜。"飞天旗帜"自 2016 年 5 月 5 日"志愿精神光耀神州"——神舟十一号飞船搭载中国青年志愿者旗帜系列活动启动以来，先后在北京、陕西、天津、湖北、湖南、河南、江苏、河北、甘肃、浙江、贵州、山东等 13 个省区市进行了传递活动，共有 140 名优秀青年志愿者代表参与了绣制，在这面"飞天旗帜"上留下了自己的印记。

这是一面写满了载人航天精神的旗帜。"飞天旗帜"在设计、研发、生产、飞天、展示、返回等各个环节，都凝聚了我国航天人的心血，有的工作人员甚至为此1个月内体重减轻了20斤，充分体现了"特别能吃苦、特别能战斗、特别能攻关、特别能奉献"的载人航天精神。

这是一面充满中国人民和平希冀的旗帜。作为全世界第一面将进入太空翱翔并展示的志愿者旗帜，充分展现中国人民希望与全世界热爱和平与发展的人们，心手相牵，共同建设和平、发展、公平、正义、民主、自由美好世界的愿望和决心。

"志愿精神光耀神州"系列活动是在共青团中央的指导下，由中国青年志愿者协会、中国载人航天工程办公室、中国航天科技集团公司共同主办，旨在通过弘扬志愿精神、载人航天精神，凝聚青年力量，引导广大青少年自觉践行社会主义核心价值观。

（二）注重育人导向，引导广大团员青年率先实现从"青年"到"创业创新青年"的飞跃

2022年4月21日国务院新闻办公室发布的《新时代的中国青年》白皮书披露的一组组数据——北斗卫星团队核心人员平均年龄36岁，量子科学团队平均年龄35岁，中国天眼FAST研发团队平均年龄仅30岁……2014年以来，在新登记注册的市场主体中，大学生创业者超过500万人，一大批由青年领衔的"独角兽企业""瞪羚企业"喷涌而出……[1]

要想在创新创业中走在前列，拥有独特的创造力是核心竞争力。那么，人的创造力从哪里来呢？2013年11月8日，习近平总书记在致2013年全球创业周中国站活动组委会的贺信中指出，青年学生"是创新创业的有生力量"，"希望广大青年学生把自己的人生追求同国家发展进步、人民伟大实践

---

[1] 《新时代的中国青年》白皮书（全文），http：//www.scio.gov.cn/zfbps/ndhf/2022n/202403/t20240312_ 837396_ m.html，最后访问日期：2024年9月29日。

紧密结合起来，刻苦学习，脚踏实地，锐意进取，在创新创业中展示才华、服务社会"。① 习近平总书记在这里提出了 12 字"口诀"——刻苦学习，脚踏实地，锐意进取。党的十八大以来，国家积极实施创新驱动发展战略，持续出台各类创新创业扶持政策，特别是在总书记关怀下制定出台《中长期青年发展规划（2016—2025 年）》，进一步整合和优化了鼓励青年创新创业的政策环境。目前，正在积极推进试点的青年发展型城市，更是将青年创造力与城市活力融为一体、相互促进。

青年的创造力不是与生俱来的，也不可能一蹴而就，需要在社会大课堂的历练中成长、实践中成才。习近平总书记在给华中农业大学"本禹志愿服务队"的回信中，赞扬青年志愿者"在服务他人、奉献社会中收获了成长和进步，找到了青春方向和人生目标"②，并感到十分欣慰。中国青年志愿者行动始终将育人作为根本，培养了一批知国情、讲奉献、高素质的优秀复合型青年人才。

一是将牢固树立远大理想融入志愿服务，引导志愿者坚定理想信念。习近平总书记指出："广大青年一定要坚定理想信念。'功崇惟志，业广惟勤。'理想指引人生方向，信念决定事业成败。没有理想信念，就会导致精神上'缺钙'。"③ 经过在西部、在基层、在社区的志愿服务历练，志愿者坚定了走中国特色社会主义道路的理念，一些志愿者向党组织递交入党申请书，也有些入党积极分子被发展为预备党员。曾在甘肃省古浪县支教的志愿者刘振江，上大学期间虽然学习成绩还说得过去，但政治素质却欠缺不少，自言是一个"无政府主义者"。当辅导员希望他上党课学习时，他不仅拒绝了，还和辅导员展开了辩论。但通过支教生活，他接触了很多基层的群众，思想变化很快。"看到很多学生的家可以说是'家徒四壁'，充分意识到中国还有很多地方非常贫困，祖国迫切需要我们去做一些事情。"刘振江说。正是这次支教活动使刘振江重新看待了党的很多理念，并学习了马列著作，大大提高了思想认识——刘振江就在支教的当地光荣地加入了中国共产党。曾就职于华

---

① 《习近平书信选集》（第一卷），中央文献出版社，2022，第 22 页。
② 《习近平书信选集》第一卷，中央文献出版社，2022，第 26 页。
③ 《习近平谈治国理政》，外文出版社，2014，第 50 页。

为技术有限公司任公司高级副总裁秘书、行政助理的韦慧晓，主动要求参加团中央组织的志愿服务项目，先后参加西藏支教志愿服务、汶川抗震救灾志愿服务、北京奥运会志愿服务，博士毕业后主动要求参军入伍，逐渐成长为我国海军第一位女舰长，实现了从"高级白领"到"军人"的逆行，走出了一条完全不同的人生道路。

　　二是将全心全意为人民服务融入志愿服务，引导志愿者到祖国最需要的地方去。自 2003 年起，按照国务院常务会议精神，团中央联合教育部、财政部、人力资源和社会保障部共同组织实施大学生志愿服务西部计划，按照公开招募、自愿报名、组织选拔、集中派遣的方式，每年招募一定数量的普通高等学校应届毕业生，到西部基层开展为期 1~3 年的教育、卫生、农技、扶贫等志愿服务。该计划的志愿者全部来自普通高等学校应届毕业生或在读研究生。动员大学生到西部去，到祖国和人民最需要的地方去建功立业，促进了西部贫困地区教育、卫生、农技、扶贫等社会事业的发展，拓展大学生就业、创业渠道，培养和造就了一批既有现代科学文化知识又有基层工作经验，既有坚定理想信念又有强烈社会责任感的优秀青年人才。服务期满后，一大批志愿者选择留在服务地就业或创业。其中 4.4 万名到新疆服务的西部计划志愿者中，有 30% 在服务期满后选择扎根新疆就业创业，为新疆经济社会高质量发展贡献青春力量。

　　三是将艰苦奋斗培养融入志愿服务，引导志愿者创新创业。党的二十大报告激励青年"立志做有理想、敢担当、能吃苦、肯奋斗的新时代好青年，让青春在全面建设社会主义现代化国家的火热实践中绽放绚丽之花"。青年志愿者奉献社会、服务他人的过程，同时也是熟悉国情、体察民情的过程，是主动锤炼意志品质、培养创新创业能力的过程。首届研究生支教团志愿者杨海军在近 20 年后说："一年的支教，给自己留下一种品质，那就是再也不怕任何困难。"参加中国青年志愿者海外服务计划的志愿者王剑华，在埃塞俄比亚服务的 1 年中做了 600 多台手术，使他对埃塞俄比亚的医疗体系有了全面认知，也找到了一点商机。服务期满回国后，王剑华重返埃塞俄比亚开始了自己的创业之路。他亲手创建的爱菲医院，已经成为埃塞俄比亚国内顶尖的私立医院。该医院不仅承担着埃塞俄比亚政府高官的日常保健任务，也是非盟和联合国非洲经济委员会的定点医疗机构。埃塞俄比亚卫生部长曾表示，如果没有爱菲医院，埃塞俄比亚会在新冠疫情期间损失上百位重要人物。2022 年 4 月，埃塞俄比亚总理阿比专门为王剑华颁发证书，感谢他在抗击新冠疫情中的贡献和为埃塞及埃塞人民提供的优质医疗服务。他回想说："现在想来我们胆子真大，在埃塞俄比亚什么关系都没有。一切都是从零开始。"

四是搭建公益创业舞台，为团员青年创新创业提供能力支持。进入新时代，共青团按照习近平总书记对青年志愿者的殷切期望，更加注重"实践育人"的功能定位，为青年创新创业能力培养搭建舞台、提供平台。2015 年，共青团中央开始举办青年志愿服务公益创业赛、举办青年志愿服务公益创业训练营，支持在青年志愿服务项目大赛中的获奖团队将公益需求与市场需求相结合，以公共利益作为价值追求，将志愿精神与企业家精神相融合，通过专业化、市场化的运营方式，实现志愿服务项目可持续发展的同时，拓展青年创业内容和方式。迄今已举办 6 届，尝试公益创业的青年越来越多，也有不少志愿服务项目转化为公益创业项目。

奋进新征程，以实际行动、用青春奋斗，在中国式现代化建设新征程上挺膺担当

在毛泽东等老一辈革命家为雷锋同志题词 60 周年之际，习近平总书记对深入开展学雷锋活动作出重要指示强调："新征程上，要深刻把握雷锋精神的时代内涵，更好发挥党员、干部模范带头作用，加强志愿服务保障和支持，不断发展壮大学雷锋志愿服务队伍，让学雷锋在人民群众特别是青少年中蔚然成风，让学雷锋活动融入日常、化作经常，让雷锋精神在新时代绽放更加璀璨的光芒，为全面建设社会主义现代化国家、全面推进中华民族伟大复兴凝聚强大力量。"① 党的二十大报告提出要"完善志愿服务制度和工作体

---

① 《习近平对深入开展学雷锋活动作出重要指示强调：深刻把握雷锋精神的时代内涵　让雷锋精神在新时代绽放更加璀璨的光芒》《人民日报》2023 年 2 月 24 日。

系"①。2024 年 4 月，中共中央办公厅、国务院办公厅印发《关于健全新时代志愿服务体系的意见》，对于完善志愿服务制度和工作体系、促进志愿服务事业长远发展具有重要意义。

60 年来，随着"学雷锋、树新风"活动、学雷锋精神做"四有"青年活动、青年志愿者行动等深入开展，雷锋精神的种子播撒在一代代青少年心中。时代在变，但雷锋精神永不过时，广大团员青年学习雷锋好榜样的永恒旋律不会变，青年志愿者以实际行动弘扬雷锋精神的信念不会变。

团中央书记处第一书记阿东在第七届中国青年志愿服务项目大赛暨志愿服务交流会上的讲话中指出，习近平总书记对青年志愿者工作多次作出重要指示批示，为新时代青年志愿者事业发展指明了前进方向、提供了根本遵循。各级共青团和青年志愿服务组织要深入学习贯彻习近平总书记关于青年工作的重要思想和对青年志愿者工作的重要指示批示精神，持续深化中国青年志愿者行动，以实际行动、用青春奋斗，在中国式现代化建设新征程上挺膺担当。奋进新征程，必须加强思想政治引领，引导青年志愿者坚定理想信念，把牢青春航向，坚定拥护"两个确立"、坚决做到"两个维护"；必须主动融入大局服务大局，引导青年志愿者在乡村振兴大舞台、服务社会第一线、卫国戍边主战场、绿色发展新领域、科技创新大浪潮中，勇担时代重任、展现青春作为；必须发扬斗争精神，引导青年志愿者锤炼斗争意志、增强斗争本领，提升应急志愿服务能力，在应对重大风险挑战中迎难而上；必须激发奋斗力量，发掘青年志愿服务的奋斗特质、时代内涵，提升实践育人成效，引领青年志愿者向着党指引的方向努力成长为堪当大任的时代新人；必须深化改革创新，紧跟社会和人民需求创新完善组织建设、动员方式、工作手段，不断健全志愿服务制度和工作体系，在我国志愿者事业总体格局中有更大作为。广大青年志愿者要弘扬"奉献、友爱、互助、进步"的志愿精神，高扬理想主义，胸怀"国之大者"，情系万家冷暖，更好发挥排头兵、生力军作用。

---

① 习近平：《高举中国特色社会主义伟大旗帜　为全面建设社会主义现代化国家而团结奋斗——在中国共产党第二十次全国代表大会上的报告》，人民出版社，2022，第 45 页。

用雷锋精神铸魂强体，永葆在民族复兴的
征程上奋勇争先的"青春特质"

"历史和现实都告诉我们，青年一代有理想、有担当，国家就有前途，民族就有希望，实现我们的发展目标就有源源不断的强大力量。"① 在全面建设社会主义现代化国家、实现中国梦的伟大新征程上，青年施展才干的舞台无比广阔，实现梦想的前景无比光明。广大青年要怀抱梦想又脚踏实地，敢想敢为又善作善成，立志做像雷锋一样的爱祖国、有理想、肯奋斗、能奉献的新时代好青年，让青春在全面建设社会主义现代化国家、实现中华民族伟大复兴中国梦的火热实践中绽放绚丽之花。共青团主导的广大团员青年作为学雷锋活动的生力军，始终听党话，跟党走，60 年来在不断弘扬传承雷锋精神的道路上取得了一系列基本经验。

一是始终将"为党育人、实践育人"的根本融入学雷锋志愿服务活动。为党育人，培养合格接班人，是共青团的生命所在。共青团只有始终紧紧抓住思想教育这一个根本环节，用学雷锋志愿服务实践加强和改进青年思想政治工作，用建设有中国特色社会主义的理论教育青年，用社会主义核心价值观引领青年，帮助青年树立正确的理想、信念、人生观和价值观，才能为社会主义现代化建设培养合格建设者和接班人。

二是始终注意全面科学理解和弘扬雷锋精神。毛主席在题写"向雷锋同志学习"时，指出："学雷锋不是学他哪一两件先进事迹……而是要学他的好思想、好作风、好品德；学习他长期一贯地做好事，而不做坏事；学习他一切从人民的利益出发，全心全意为人民服务的精神。"不能把学雷锋单纯理解为做好事，而忽视了对雷锋基本精神的学习。团员青年要始终把握雷锋精神中所蕴含的奉献精神、钉子精神、螺丝钉精神、艰苦奋斗精神。在推进新时代学雷锋志愿服务中，共青团组织要推动岗位、能力、管理等方面的专业化

---

① 《在同各界优秀青年代表座谈时的讲话》，中共中央文献研究室编《十八大以来重要文献选编》（上），中央文献出版社，2014，第 277 页。

发展，要将雷锋精神融入学习、工作、社会的各个方面，并将培养青年公益人才写入了 2022 年 6 月印发的《共青团做好新时代青年人才培养工作的行动计划》中。

三是始终与时俱进地创新学雷锋方式和内容。习近平总书记在庆祝中国共青团成立 100 周年大会上的讲话中赞扬共青团在新时代"团结带领广大团员青年在脱贫攻坚战场摸爬滚打，在科技攻关岗位奋力攀登，在抢险救灾前线冲锋陷阵，在疫情防控一线披甲出征，在奥运竞技赛场奋勇争先，在保卫祖国哨位威武守护，在党和人民最需要的时刻冲得出来、顶得上去，展现出自信自强、刚健有为的精神风貌"①。60 年来，特别是近 10 年来，各级共青团组织始终坚持以学习、弘扬雷锋精神为核心，紧贴党政关注，紧贴社会所需，紧贴青年能为，根据不同时代、不同阶段青年的特点，不断创新学习雷锋的方式和内容。在志愿服务的机制建设、项目建设、平台建设、队伍建设、文化建设中，做了大量探索和创新，其成功经验已被社会广泛采纳和运用。

四是始终以干事业的态度推进学雷锋志愿服务的高质量发展。在持续的学雷锋活动中，共青团能够不断引领时代最强音，得益于将其融入了共青团的各项工作中，利用其健全的组织体系、团干部的激情和魅力，以身作则、以身示范，带头学、亲自学，感召和带领广大青少年将学雷锋进行到底。特别是发起实施青年志愿者行动以来，共青团组织进一步明确了以干事业的方式、创事业的心态来推进青年志愿者行动，继承和弘扬雷锋精神。

无论过去、现在还是未来，青年始终是社会主义现代化建设的先锋力量，也是学习雷锋的生力军。在新时代的伟大征程中，广大团员青年必将继续围绕为中国人民谋幸福、为中华民族谋复兴，将雷锋精神内化于心、外化于行，脚踏实地、勇于创新，始终发挥排头兵、生力军作用，在以中国式现代化全面推进中华民族伟大复兴的历史伟业中，以青春和奉献书写出雷锋精神的时代新篇章。

（本文执笔：张俊虎，系中国老龄事业发展基金会秘书长、中国红十字会总会组宣部副部长（兼），中国青年志愿者协会原副秘书长）

---

① 习近平：《在庆祝中国共产主义青年团成立 100 周年大会上的讲话》人民出版社，2022，第 4~5 页。

苦难兴邦的初心彰显和使命传承

董　强

　　在雷锋日记中，我们发现了一个令人久久感动的细节：1960 年 8 月，辽阳市遭遇特大洪水灾害，他把省吃俭用的 100 元钱和一封慰问信一起寄给了中共辽阳市委。

　　这，绝非偶然。

　　灾难面前，有雷锋和雷锋传人。

　　雷锋和雷锋传人面前，再大的灾难也不会怕，不会让他们屈服，不会让他们低下高贵的头颅。

　　有史以来，战争、瘟疫和灾害成为威胁人类生命的三大杀手，被公认为"生命收割机"。

　　就自然灾害而言，联合国减灾科技委员会在一份报告中这样描述中国："这是世界上自然灾害最严重的少数国家之一"，"从有人类记录以来，旱涝灾害、山地灾害、海岸带灾害每年都在中国发生"。

　　多难兴邦。这个"兴"字原本含有物质和精神双重意义，而每当灾难来临之际，更多的则是指精神层面的万众一心、众志成城。

　　2021 年 9 月 29 日，党中央批准了中央宣传部梳理的第一批纳入中国共产党人精神谱系的伟大精神，在中华人民共和国成立 72 周年之际予以发布。

　　令人备感振奋的是，雷锋精神与抗洪精神、抗击"非典"精神、抗洪救灾精神、抗疫精神一起，并列成为中国共产党人精神谱系中的伟大精神。

　　令人备感欣慰的是，雷锋精神就是其中为数不多以个人名字命名的伟大精神之一。

　　从苦难兴邦、抢险救灾这个特定视角梳理 60 年学雷锋活动，我们不难发现：在生命至上、举国同心、舍生忘死、尊重科学、命运与共抵御灾害的伟大实践中，雷锋精神作为一种不可忽视的精神力量，既是万众一心的"心"力所在，也是休戚与共的"共"情力量。

灾难面前，像雷锋那样更相信党和政府，因为党和政府是永远的主心骨

（一）比雷锋大 6 岁的老兵，冒着生命危险，赶赴中南海报告灾情

那一刻，首都北京摇晃不已，天安门城楼高大的梁柱痉挛般地"嘎嘎"作响。

相当于 400 枚广岛原子弹的爆炸当量，在距离地面 16 公里处的底壳爆炸！

不堪回首。1976 年 7 月 28 日，令人刻骨铭心的唐山大地震给中国人留下无尽的伤痛和记忆：作为 20 世纪全世界最严重的天灾之一，唐山大地震造成重大人员伤亡和巨大经济损失。

假如雷锋活着，那一年他刚好 36 岁。

李玉林比雷锋大 6 岁，那一年 42 岁的他担任唐山矿工会副主席。地震发生的时候，他家的房子也倒了，李玉林头部和肩膀受了轻伤。从断壁残垣里爬出来，他听到来自四面八方的哭喊和求救声，第一反应是赶快报告煤矿上级，设法展开紧急救援。

当地全部通信线路中断，无法向上级报告，矿山不断有人问他咋办，满脸是血的李玉林焦急地喊道："还能怎么办，赶快找党中央，找毛主席！"随即，他和 3 位同事驾驶一辆红色的矿山救护车直奔北京，当时距地震发生不到半小时。

这是整个唐山震后第一辆开动的汽车。

一个细节鲜为人知：李玉林是一名退役军人，当过 9 年兵的他，参加过抗美援朝战争。李玉林退役第 4 年，毛主席为雷锋同志题词。人民军队是个大熔炉，退役军人退伍不褪色。那时候，他经常与煤矿同事们一起组织形式

多样的学雷锋活动

在中南海，李玉林走进会议室，第一次见到只有在报纸上、电视里才能看见的那些熟悉面孔。所有在场的领导人都与他拥抱，那一刻李玉林泪流满面："唐山有救了！唐山有救了！"

革命战争年代，一个个儿童团长"海娃"给八路军送"鸡毛信"。抢险救灾的关键时刻，通信中断，当过兵的人站出来，给决策者送来了"鸡毛信"——历史不会忘记，退役军人李玉林和 3 名工友冒着生命危险，赶赴北京中南海报告灾情，他四个人送到中南海的"鸡毛信"将被历史铭记。

人民生命高于一切！每一次灾难发生，党中央、国务院总是在第一时间果断决策，紧急号令。

（二）剪掉秀发的女孩与突击理发的女兵，都是为了抢险救灾的方便

44 年后的一幕，再次证实了烙印在全体中国人心里的这一价值理念、这一情感判断。

武汉地处华中，衔山拥江，九省通衢，商贾云集。2020 年 1 月，新中国成立以来发生的传播速度最快、感染范围最广、防控难度最大的一次突发公共卫生事件，将这座城市推向了风口浪尖，把全国军民的目光凝聚在了这座城市。

面对百年以来全球发生的最严重的传染病大流行，党中央统揽全局、果断决策，以非常之举应对非常之事。党中央坚持把人民生命安全和身体健康放在第一位，第一时间实施集中统一领导，中央政治局常委会、中央政治局召开 21 次会议研究决策，领导组织党政军民学、东西南北中大会战。

武汉保卫战、湖北保卫战相继打响，荆楚大地成为展示"中国力量"的第一个战场。举国体制，为我们国家取得抗击新冠疫情斗争重大战略成果，创造人类同疾病斗争史上又一个英勇壮举提供了重要保证。

就在那时，一个率真的举动，让驰援武汉的 26 岁河北护士肖思孟一下子"红"了！

当剃头的推子划过头皮，看着缕缕秀发散落一地，泪水从她的眼角悄然

滑落。肖思孟剪掉了一头秀发。

历史总有相似的一幕。2008 年四川汶川抗震救灾，海军陆战队接到开赴灾区的命令后，37 名女兵突击理发，头发剪得与男兵差不多短。指导员周爱民说，就为两个字：方便！

当年，灾情十万火急。

而今，抗疫时不我待。

不用再问，从周爱民到肖思孟，究竟为了谁？爱美的她们，为何如此毅然决然？

2020 年除夕之夜紧急调兵，解放军三军医疗队驰援武汉，就是答案。

很多人并不知道，3 支医疗队在出发之际按党章规定，成立了 3 个临时党委和 18 个临时党支部。

支援地方抗疫防疫，军队各项工作紧张有序展开。

第一时间召开疫情防控电视电话会议，对全军防控疫情工作进行全面部署。第一时间建立由军委机关、联勤保障部队、武警部队、军事科学院组成的军队应对突发公共卫生事件联防联控工作机制，多次召开会议研判形势、提出对策。军委后勤保障部第一时间建立联需、联采、联运的"三联"工作机制，减少审批环节，压缩采购周期，全力支援抗疫。军委机关有关部门 24 小时加强战备值班。

作为雷锋战友和雷锋传人，抗疫部队的官兵们深知信仰二字沉甸甸的分量，"信"字里有承诺，"仰"字里有敬畏。

一线官兵像雷锋那样，向人民庄严承诺，敬畏每一个生命：生死一线间的医疗"红区"里，悬挂的党旗是信仰；医务人员火线入党，举起的右拳是信仰。

人民至上的生动体现，就是在习近平总书记和党中央坚强领导下，不断刷新的"最多"。

2020 年 2 月 2 日凌晨，人民空军 8 架大型运输机降落武汉天河机场，大批医用物资和 795 名军队医护人员紧急驰援。空军发布消息称，这是继汶川、玉树抗震救灾之后，空军参与非战争军事行动同时出动大型运输机数量最多的一次。

生命至上的生动体现，就是在习近平总书记和党中央坚强领导下，对成功经验的果断"复制"。

2月13日的第二次增兵，意图之一就是参照武汉火神山医院运行模式，承担武汉市泰康同济医院、湖北省妇幼保健院光谷院区确诊患者医疗救治任务。

"封城"中的武汉人知道：军队医疗队进驻金银潭医院的当天，就创造了一项纪录，一次性接收 30 余名确诊患者。此时，距离队员走下飞机仅仅 12 个小时。

当武汉市政府与解放军联勤保障部队在武汉火神山新冠专科医院签署互换交接文件之时，这所医院整体移交给军队支援湖北医疗队管理使用。

火神山医院收治第一批患者的当天上午，施工仍在紧张进行，医护人员争分夺秒准备器械、药品和相关设备，收拾病房。火神山医院院长张思兵介绍，从那一刻起，医院进入"边接诊边建设"阶段。外电评价，军队支援湖北医疗队管理使用火神山医院，标志着武汉战"疫"进入一个新阶段。

这是一次危机四伏的临危受命。

这是一个难度空前的特殊战场。

知道病毒名称，却不知道疾病源头在哪里；知道患者病情，却找不到专用特效药。知道每天疫情数据更新，却难以掌控数据变化。这，堪称一次看不见对手的较量。

在武汉保卫战这场困难重重的阻击战中，军队支援湖北医疗队作为突击力量，主要任务就是攻山头。

钢刀利刃，哪里危险哪里上。

军队支援湖北医疗队进入武汉的第二天，正式进驻武汉金银潭医院、汉口医院、武昌医院 3 家定点医院，全面展开对新冠重症病患的救治工作。

作战力量分头突击，医护人员合力围剿。

在金银潭医院，陆军军医大学医疗队进驻综合病房楼，迅即开始接诊病患，诊疗护理工作全面展开。

在汉口医院，海军军医大学医疗队全面接管重症监护室，新开设一个呼吸科病区，有序接诊病人。

　　在武昌医院，空军军医大学医疗队针对重症病区每名危重症患者研究治疗方案；疫情防控专家全面考察、综合评估，并进一步优化感染控制环境。

　　军队前方指挥协调组按照军委领导要求的"打胜仗、零感染"目标，指导医疗队认真分析评估3所医院的医疗设施、救治现状、患者情况，攻坚克难，科学施救，快速施救。

　　一线采访的军地记者不经意有了两个"意外"发现：危机四伏的临危受命，总是领导干部"站排头"；困难重重的特殊战场，总是共产党员"我先上"——他们无愧雷锋战友和雷锋传人的称号。

　　在武汉，在湖北，许多人说，看不见面庞，听得见声音，军人身份亮出来，就是一种安抚；党员身份亮出来，就是一种镇定。

　　看不见对手，看得见国家力量。

　　看不见对手，看得见军人忠诚。

　　看不见对手，看得见胜利曙光。

　　"党和政府是永远的主心骨！"回望每一次灾难发生，人们都会油然而生同样的感慨。

　　"党和政府是永远的主心骨！"60年学雷锋活动证明，学雷锋活动越深入，这一体会越刻骨铭心。

（三）重读雷锋日记，看到了"相信"的源头和力量

　　翻阅雷锋日记，经常可以看到"共产党""党员""党和政府"等字样。家国情怀，是雷锋精神一抹最厚重的底色，也是凝聚军心民心的道义基石。

　　雷锋之所以成为中华民族的道德楷模，在于他与普通民众的生活命运息息相关，欢乐着一个社会的欢乐，喜悦着一种制度的喜悦，用牺牲奉献的涓涓细流，温暖着共和国旗帜下的人民大众。

　　灾难并不是天天发生，学雷锋却可以天长地久。日久天长的学雷锋活动，让灾难面前的中国人拥有了一种镇定自若的从容不迫，拥有了一种越挫越勇的精神力量。

　　雷锋和雷锋传人们用行动证明，相信党、相信政府就是相信我们的社会制度——这是发自肺腑的道路自信、理论自信、制度自信和文化自信。

今天的我们，当尝试用常人常情看待雷锋这个平凡英雄的时候，蓦然发现：雷锋并不是一个只活在过去时代，让人唏嘘慨叹的怀旧形象；雷锋精神从来不是一种凝固僵化的道德教条，也并非刻板地定格在那些曾经的标语和口号中，让人觉得高不可攀。

在雷锋日记中，我们发现了一个个感人细节，也找到了一个个生动答案：

1958 年 11 月×日，雷锋日记中写道："只要我们有叫高山低头、河水让路的气概，是没有战胜不了的困难的。"①

——雷锋所在的运输连，有一辆苏式老嘎斯卡车，机件老化，耗油量大，大家谁都不愿开。雷锋主动申请开这辆车。为降低油耗，他用心钻研，摸索出许多节油小窍门，后来，这辆车成了连里的节油车。雷锋当年参加地方焦化厂宿舍施工，天气寒冷，泥的黏性降低，砖砌不牢，便提出往泥里掺进沙子、蒿草试一试，果然奏效。砖墙砌高了，他又发明"横杆吊斗运泥法"运泥，还可以吊砖、吊瓦。对今天的我们而言，那个年代雷锋对科学、科技的尊重和重视，是出人意料的，但更符合雷锋的工作态度。学雷锋，做雷锋，学习他这种工作讲方法、做事讲效率的智慧也是应有之义。

1961 年 10 月 12 日，雷锋日记中写道："我要牢记这样的话：永远愉快地多给别人，少从别人那里拿取。"②

——一次把事做到人心坎上，不难；对每个人、每个时候都如此，可能就是一种考验。雷锋经得起这种考验。有人说，在雷锋身上，"浸透着黑白照片的气质，干净、灿烂，令人回味"。雷锋和雷锋精神给人以永远的启示："给"永远比"拿"愉快，把帮别人当作自己的福，快乐就会相伴到永远。

1962 年 1 月 14 日，雷锋在日记中写道："当个人利益与国家、党和人民的利益发生矛盾的时候，我想起了过去家破人亡、受苦受难的苦日子，就感到党的恩情永远报答不完。"③

——把人民利益高高举过头顶，关键时刻冲得上、危急时刻豁得出，关

---

① 总政治部编《雷锋日记》，解放军文艺出版社，2012，第 88 页。

② 总政治部编《雷锋日记》，解放军文艺出版社，2012，第 75 页。

③ 总政治部编《雷锋日记》，解放军文艺出版社，2012，第 102 页。

键在于平常日子看得出的日积月累。

数十年弹指一挥间，雷锋有了新传人。

"涿州市码头镇告急！大批群众急需救援转移！" 2023 年 8 月 1 日清晨，风雨交加，河北省军区保定军分区接到上级命令，前往开展救援行动。14 台运输车、37 条冲锋舟、185 名官兵和民兵立即出动。随队行动的保定军分区干事孙传宗见证了这一切。

他们到达受困人员集中的一个社区时，水流仍在急速涌入社区。水下到处是被淹没的车辆和树木，螺旋桨一旦撞到水下的障碍物，冲锋舟随时可能失控。

看到部队救援队伍赶到，许多党员群众立刻主动要求担任向导。在孙传宗这艘冲锋舟上担任向导的，是 2002 年出生的码头镇政府工作人员张众。得知部队展开救援，他急匆匆赶到现场："我就在这里工作，熟悉路况，跟我走！"

"前面水下是栅栏门，注意减速慢行！" 前进过程中，张众不时提醒操作手，避让已经被水淹没的障碍物。

在他引导下，救援人员安全抵达房屋集中区。洪水淹没了房屋的一楼，一位老人、一对夫妻和他们襁褓中的婴儿被困在二楼。待冲锋舟停稳，救援人员将牵引绳绑在二楼窗台的栏杆上，接过递下来的行李，引导他们登船。"翻出来，手抓紧栏杆和绳子，脚踩在我肩膀上！" 在大家合力搀扶下，4 名群众顺利登船。

连续奋战到 2 日凌晨 5 时，大家稍作休整。脱下被水浸泡一天一夜的鞋袜，大多数人双脚早已泡得浮肿泛白。

"还坚持得住吗？" 孙传宗问张众。

"你们军人没一个说不行的，我年纪轻轻，没问题！" 他的回答十分坚定。

天刚放亮，他们准备再次进入灾区救援时，遇上一对中年夫妇推着三轮车，带着煮好的面条、肉丸和蔬菜，在马路边为救援人员和群众发放餐食。三轮车上挂着一个简易的纸板，上面写着 "免费"。

"小伙子，你辛苦了，多吃点儿！" 端着热腾腾的面条，孙传宗瞬间眼眶湿润了。后来他才知道，这对夫妇在附近村里经营餐馆。听说这里是转移安置点，夫妇二人专门做好饭送来，只为让救援人员和群众吃上一餐热饭。

在码头镇的救援持续到 8 月 4 日，军分区救援队一共成功转移群众 3200 余人。回撤那天，群众自发站在道路两边送别。

一起并肩作战的张众、给部队送来热食的夫妇，眼前以最质朴的方式表达感谢的群众，都让孙传宗心中满是感动。这次救援是一场军民之间的双向奔赴。他说："为了这样可爱的群众，再辛苦也值得；有这样坚如磐石的军民团结，再大的困难，我们也一定能够战胜。"

风和日丽的平常日子，千万个雷锋看得出来；抢险救灾的关键时刻，千万个雷锋冲得上来；挽救生命的危难关头，千万个雷锋豁得出来。

2024 年夏季，我国南方多地遭遇洪涝灾害。在防汛抗洪一线，有大量救援人员奋战的身影，也有许多"硬核"科技装备在发挥作用。在这些防汛"利器"加持下，预报预测、巡险查险、抢险救灾的质效均大大提升，为人民群众生命财产安全提供了更好保障。

地处湘西山区的浦市水文站，是一个河道跨度 476 米的大河站。如此大跨度的河段，以往只能采用测流缆道悬挂转子流速仪测量洪水流量，至少需要 3 个人操作，一个多小时才能完成一次流量测验。洪水汹涌时，测流设备还容易受到河面漂浮物冲击，操作难度非常大。"今年汛期，我们采用无人机搭载雷达波流速仪进行流量测验，一个人不到半个小时就能完成。"浦市水文站工作人员向恒介绍，通过全自动航行模式，无人机悬停在水面上方 10 米即可实现"一键稳定测流"，精度高、效率高。

2024 年 6 月 30 日，在江西省广昌县甘竹镇的堤坝上，一场针对堤坝的"CT"检测正在进行中。东华理工大学地球物理与测控技术学院的技术团队利用探地雷达、双分布式三维电阻率成像系统，通过电缆将钉入堤坡土体内的钢钎（电极）连接起来。"这些是金属电极，我们根据需要布设好电极后，就能给堤坝做'CT'了。"团队负责人王烁说。此前，巡查人员主要靠经验判断堤坝是否稳固，如今科技手段让这项工作更为高效可靠。

2024 年 7 月 3 日，在平江县安定镇大桥村 10 千伏思秋线杨树桥支线抢修现场，国网岳阳供电公司的抢修突击队队员彭讲书操作无人机牵引绳，开展跨河放线工作。"过去需要人工涉河作业，至少要 1 小时才能完成放线作业，现在通过无人机，5 分钟就能搞定。"彭讲书自豪地说。

发挥科技力量抢险救灾、抗击疾病灾害，军队科技工作者同样不辱使命，以创造性贡献为党旗增辉，为军旗添彩。

21 年前抗击"非典"，原 302 医院 74 岁老专家姜素椿"我以我身抗'非典'"，亲试"血清疗法"，最终取得实质性突破。

一个独特现象值得关注：抢险救灾的军地科技工作者中，全国学雷锋先进个人、全军学雷锋先进个人占相当大的比例。

"科技雷锋"的出现，不是巧合，而是一种必然的逻辑。

如今重读雷锋日记的同时，再度回味抢险救灾、抗击疾病灾害中的一个个感人细节，更加令人深思、催人奋进，雷锋对国家富强、人民幸福所抱有的丰满理想与热切期盼，作为一种新型人格和宝贵精神财富，永远值得发扬光大。

雷锋战友和雷锋传人把这种新型人格发扬光大，成为全体中国人抵御一切灾难的精神力量：乱云飞渡仍从容，相信我们的党和政府。

灾难面前，像雷锋那样更相信解放军，因为壮胆、压邪、救人全靠他们

（一）写满电话号码的迷彩服，寄托着灾区群众对解放军的信任

空降兵的军史馆里，至今珍藏着一件写满了电话号码的迷彩服。它记录着汶川抗震救灾的一段特殊经历。

发生在 2008 年 5 月 12 日的汶川大地震，严重破坏地域约 50 万平方公里，其中极重灾区共 10 个县（市），较重灾区共 41 个县（市），一般灾区共 186 个县（市）。

地震第三天，一支由黄继光生前所在部队 15 人组成的空降突击队，从海拔 5000 米高空空降到震中重灾区，建立起一条生命通道。

无巧不成书。黄继光正是雷锋入伍后崇拜的英雄之一。当年，雷锋在《解放军画报》上发现了黄继光的照片，便剪下来贴在日记本上，把他作为学

习的榜样。雷锋生前曾参加当地抗洪抢险，生病之后"轻伤不下火线"，也是受了黄继光精神的鼓舞。

汶川抗震救灾，对"空降十五勇士"来说，是一场惊心动魄的"三无"空降：无气象资料，无指挥引导，无地面标识。

当时，不论降落地点多偏僻，一落地，总有人群呼啦啦围上来。"空降十五勇士"之一的李玉山至今清晰地记得，一位 40 多岁的男子抓住他的手，颤抖着，用尽浑身力气喊了一声："解放军来啦！"

在中国，谁都知道，解放军来了，灾区就有希望了！

有人说，诞生过黄继光、雷锋等众多英模人物的这支军队，人人都是黄继光，人人都是雷锋，信得过，靠得住，时刻把人民群众的利益高高举过头顶，值得把生命托付给他们。

此言不虚。挺进汶川途中，勇士们不时遇到有人从震中往外走。那时候，与外界的一切联系全部中断。看到带着通信设备的解放军，人们纷纷递来写有亲人电话号码的纸条，希望能代报平安。

后来，没纸了，他们就把电话号码直接写到迷彩服上。

走出汶川之后，突击队履行诺言，对照着记录在纸条上和迷彩服上的电话号码逐一拨打。您能想象那一刻吗？数百个家庭正在焦灼不安，接到空降兵官兵打来报平安的电话时，忍不住喜极而泣。

"阿坝州茂县生态茶苑一行 365 人平安""川 A50400 旅游车一行 38 人平安"……如今，走进空降兵军史馆，凝望迷彩服上那些潦草、涂抹过的字迹，人们泪眼模糊，仿佛又回到当年情况紧急、群众焦急的场景。写在迷彩服上的一行行字，寄托着灾区群众对解放军的多少信任啊！

水有源树有根。60 年学雷锋活动告诉世人：这种信任一脉相承。

（二）壮胆、压邪、救人，解放军来了人心定

1988 年 11 月，云南西南部发生强烈地震，当时的成都军区 5000 多名官兵投入抢险救灾。《解放军报》记者郑蜀炎、徐文良前往采访，历经千难万险，采写刊发出《解放军来了人心定》等一批优秀新闻作品。

从那时起，"解放军来了人心定"作为新闻标题，就成了一个经典。每每

抢险救灾，写到军队出动，常常有新闻媒体采用这个标题。

多年前，一位将军对子弟兵抢险救灾的特殊作用作了经典概括：壮胆、压邪、救人。

为什么能壮胆？因为解放军身系两头，一头是党和政府，一头是人民群众。

为什么能压邪？因为解放军无所畏惧、赤胆忠心、正义凛然、一往无前。

为什么能救人？因为解放军足智多谋、英勇善战、敢于牺牲、不讲代价。

60年学雷锋活动，同样验证了这样一个朴素的道理。融入这支队伍，就意味着一份责任、一种义务、一种博大胸怀和深厚情感：与人民群众相濡以沫、水乳交融。

当年，雷锋光荣入伍，他动情地在日记中写道："我渴望已久的参加中国人民解放军的理想实现了，怎么叫我不高兴呢！"雷锋坚信："我们是伟大的中国人民解放军战士，是祖国的保卫者，是人民最可爱的人。"

人民军队爱人民，人民军队人民爱。

2008年初，我国南方发生特大雨雪冰冻灾害。大年三十的年夜饭，参加抢修电网的官兵是在湖南郴州秦深山半山腰的冰雪中吃完的。午夜时分，重灾区郴州市电路接通的那一刻，许多官兵含着热泪，奔走相告：郴州亮了！

《解放军报》高级记者乔天富现场采写报道，第二天《解放军报》如期刊发，鼓舞了救灾部队官兵，也让全国军民在大年初一放下了一颗颗牵挂的心。

"已识乾坤大，犹怜草木青。"2017年1月20日，农历小年夜，云南省丽江市玉龙乡发生森林火灾，某部紧急出动。正在实习的军校学员郑健鑫随队迅疾赶赴火场一线。五天六夜，他经历了人生许多"第一次"：第一次夜守火线，第一次在接近零下10℃的山里，拖着疲惫的身体席地而卧……救灾结束后，他郑重写下思想汇报，题目就是《你在回家过年的路上，我在灭火救援的战场！》。

郑健鑫就像雷锋当年刚入伍时的样子，阳光、帅气、自信，充满幻想和朝气，相信人民解放军的力量，愿意为人民牺牲自己的一切。

莎士比亚说过："速度造就了成功，没有速度就没有成功。"从战争年代到社会主义革命和建设时期，再到改革开放和社会主义现代化建设新时期，直至中国特色社会主义新时代，我们这支人民军队不断以速度造就成功。

战争年代，我军创造了双腿跑过汽车轮子的奇迹；改革年代，基建工程兵某部集体转业后创造了"三天盖一层楼"的深圳速度。

抢险救灾，我们这支军队创造的速度同样令全世界为之惊叹！

请看，这个速度让全世界为之惊叹：汶川震后 8 分钟，成都军区总医院收治第一个伤员；震后 10 分钟，成都军区抗震救灾指挥部开始运转。

请看，这个速度让全世界为之惊叹：玉树震后 8 分钟，武警玉树州支队支队长石华杰将 400 余名官兵分成 40 个救援小组，分赴邻近重点目标抢救生命。震后 11 分钟，玉树军分区司令员吴勇集合全体官兵作战前动员："救人要紧！"

两次地震，总参作战部应急办接到国家地震局灾情通报，都在震后 12 分钟。部队两次第一行动时间，都比应急办得到灾情通报提前 4 分钟。

"兵无定势，谋贵从时。"这是令人惊叹的两次提前 4 分钟！这更是指挥方式打破常规的提前 4 分钟！

紧急情况下，按部就班、逐级请示已无可能，"边行动边报告"的先期处置，为部队抢险救灾赢得了先机。反观平时，许多指挥员认为，这对他们的指挥素养提出了新的要求。

紧急情况下的"惊人速度"，源于这支人民军队的每名战斗员都是黄继光、雷锋的传人：人民至上，舍身忘我，抢险救灾，英雄无畏。

站在当年汶川战场的作战地图前，回望汶川风雨飘摇的震后之夜，人们不难发现，时任成都军区某集团军军长许勇和武警某师师长王毅率领的两支突击队，就像两簇燃烧的火把，从南北两线向着震中顽强挺进，挺进，挺进！

两位军师职指挥员雷厉风行，果断决策，以超乎寻常的指挥方式，最先到达震中映秀镇，突进汶川县城，迅速展开救援，并将灾情报至最高统帅部。

一位身经百战的老将军说，打仗，第一是到位，部队及时到位，是一切行动的前提。许勇和王毅，不仅创造了非战争军事行动的典范战例，为玉树、舟曲及后来的抢险战役提供了指挥借鉴，更为今后一系列重大军事行动提供了指挥参照。

雷锋精神在勠力同心中传承，雷锋传人在军民携手中成长。

（三）抢救幸存者的历史记录，诠释"相信"的内涵与分量

这是 3 份子弟兵与人民群众并肩作战，抢救幸存者的历史记录：汶川，84017 名受困群众被抢救出来；玉树，1584 名被压埋人员得以生还；舟曲，1200 余名幸存者再获新生。

从汶川到舟曲，军地一体的救援模式，给世人留下深刻印象：民航、铁路、公路、通信等部门紧急动员，陆路、水路、空中按预案立体投送兵力。医疗队、防疫队、野战医院强行开进，第一时间展开生命救援；物资筹措及时到位，食品、帐篷、药材源源不断……

汶川战场，地方投入近 2000 部海事卫星电话，军队紧急配发一大批卫星导航定位装备，内外联络发挥了重要作用；

玉树战场，总装某卫星测控中心调用"风云二号""风云三号""北斗一号"等 9 颗卫星，及时为军地提供气象、通信及导航等保障服务；

舟曲战场，总参当天急令空军出动专用航测飞机，对灾区 150 平方公里的地面情况进行航拍，为军地科学决策提供了重要依据……

军队打胜仗，人民是靠山。

从汶川到舟曲，军民携手共克时艰，探索形成灾害信息共享、行动预案完善、应急力量融合的军地协同大格局。

汶川地震后，总参作战部应急办进一步强化与公安、民政、国土资源、水利、农业、林业、地震、海洋、气象等 20 多个主要涉灾部门的联系，在总部层面上完成了军地灾害信息共享平台的打造。玉树和舟曲救灾行动已经从中受益，目前这一平台的辐射效应正日益凸显。

风雨来了！2023 年适逢"七下八上"的汛期，受台风"杜苏芮"影响，华北、黄淮、东北等地出现极端降雨过程，引发洪涝和地质灾害。

子弟兵来了！在被洪水冲击的城市与村庄、山路与河道，逆行救灾的迷彩身影，成为人民群众眼中希望的颜色、温暖的颜色。

"我不知道你是谁，我却知道你为了谁。"总有一些瞬间让人动容。风雨中，军爱民、民拥军的深情画面，定格在一个个镜头里，也刻印在军民的脑海里。

2023 年 8 月 4 日下午，北京卫戍区某部接到命令，门头沟区沿河口村有多名村民被困，亟须救援。某部迅疾出动 100 余名官兵，奔赴任务地域展开救援转移工作。因救援难度较大，至 8 月 6 日，仍有 70 余名群众需转移。

"看到你们就看到了希望，谢谢子弟兵！"当地 82 岁老人张国栋看到救援官兵，紧紧地握住他们的手。

护送群众行进 3 公里左右时，官兵们发现原本进村的桥梁已被洪水冲塌。要跨过近 10 米宽的河出村，这座桥是唯一通道。

"把救援绳拿来，党员突击队跟我来！"危急时刻，带队指导员王晓波大喊一声。官兵们拉着救援绳、手挽着手，跳进河水中。

"没有谁会顾得上危险，只想把握救援的每一分每一秒。"刚入党 3 个月的下士方旭，任务结束时才发现自己的左手被救援绳磨出了深深的血痕。

打开手中的应急灯，王洒与河对岸的战友一起将灯光照在河面上，照亮了一条"生命通道"。

经过近 50 分钟的艰难涉水，官兵们护送 70 余名群众成功抵达对岸。

2023 年 8 月 12 日，天津市东淀蓄滞洪区大堤出现管涌险情，中部战区陆军某旅 500 余名官兵连续奋战近 20 个小时，争分夺秒将砂石、土工布等物料运送到作业区域，最终排除险情。某营营长邢乐乐腰部有伤，但他坚持绑着护腰奋战在封堵管涌一线，哪里任务最险最重，哪里就有他的身影。

"战友们，我们爷儿俩过来搭把手！"黑龙江省牡丹江市部分河道超出警戒水位并发生漫溢。江堤前，第 78 集团军某旅官兵正在岸边垒筑防洪堤坝，退役军人李宏军带着儿子拿起铁锨加入抗洪队伍。

上阵的不仅有李宏军这样的"父子兵"，还有"夫妻岗"。堤坝另一侧，一对中年夫妇自带工具加入抗洪队伍，丈夫铲土方，妻子撑袋子，二人默契配合装填沙袋。随后，自发加入的群众越来越多，附近居民把自家小推车送来运沙袋；铲车司机驾驶铲车将沙堆向防洪堤方向推进十几米；路过的瓜农将西瓜切好送到官兵休息区；修路工人拿起工具就近加入抗洪队伍……

"看到解放军来了，我就什么都不怕了！"望着官兵忙碌的身影，一名前来帮忙的群众说："汛情发生后，我们都在收拾东西准备离开，他们却为了保护我们逆行出征，感谢子弟兵！"

连续数个小时冒雨作战，部分官兵体力透支，有的官兵双手和肩膀磨出了血泡。"只要能保护人民群众，再累都值得！"该旅党员干部邢鸿剑话语铿锵。

8月6日，历经17个小时的持续奋战，在人民群众的支持下，官兵们使用10万余个沙袋，在近2500米长的危险区域筑起了一道防洪堤坝，顺利完成漫堤封堵任务。

洪水过后，吉林省舒兰市金马镇中心学校受灾严重。接到命令，刚刚完成救援任务的吉林省军区官兵和民兵来不及休整，拿起扫把就出发，扛起铁锹就战斗，将教学楼清扫得整洁干净。临走前，官兵在黑板上写道："最干净的教室还给你们。好好学习，加油！"

洪水退去，群众归乡。2023年夏季汛期刚刚过去，第82集团军某旅发扬"逢山开路、遇水搭桥"的工兵精神，多点展开、全力推进，参与抢通北京市昌平区、门头沟区、房山区部分受损国道、省道，打通灾区群众回家之路。

这是耐人寻味的两个细节：

细节之一，汶川抗震救灾，外电评论，中国军队战斗队、工作队、生产队的作用发挥到了极致，堪称一支"无法复制的军队"。

细节之二，40多年前，南京军区离休干部曹铨与老伴肖慧莹游览峨眉山，山顶上，一名男子头部摔伤。恰逢春节期间，山上医务室值班医生已经下山。情况危急，肖慧莹立即挽起袖子，止血、消毒、清创、缝合、包扎，一气呵成。第二天，伤员就能走路了，下山前特意请二老留下尊姓大名。曹铨笑着说："个人的小名难记易忘，解放军的大名易记难忘啊！"

日月盈仄，使命如山。60年学雷锋活动，让我们这支军队在苦难兴邦中更加彰显初心，自觉传承使命。

2023年8月4日凌晨4时30分，第78集团军某旅接到抗洪抢险预令。

舟桥四连中士韩旭默默念叨："这一天，终于来了。"橘红的救生衣、红色的条幅、军绿色的运输车……眼前的一切，瞬间让他想起2010年的那个夏天。

2010年8月，韩旭的家乡吉林省敦化市黄泥河镇因持续强降雨引发洪灾。那年，他12岁。韩旭至今清晰记得，洪水冲进镇子的那一刻，奶奶抱紧他时绝望的眼神。

年迈的奶奶带着他躲进家里位置最高的仓房。在暴雨倾盆的深夜，远处手电筒的微光给祖孙俩带来了希望——两名抗洪官兵搜索救援，他们爬上仓房，背起他和奶奶，将两人送到安置点。从那天起，橘红的救生衣和绿色的迷彩服，成为韩旭眼中最美的色彩。

装载物资、人员登车、编队出发……13 年后，韩旭坐在前往灾区的车厢里。曾经向往的救生衣和迷彩服，如今穿在了他的身上。

越接近任务地域黑龙江省五常市沙河子镇，雨下得越大。部队的车队好似一条长龙，在一片汪洋上向险而行。

因路基冲毁，在距离沙河子镇一公里处，车辆无法前行。"徒步进村救人！"8 月 5 日凌晨 4 时，副连长岳清龙带着韩旭和战友们绕路 5 公里，徒步挺进沙河子镇。

"那边养老院里有老人还没出来！"听见消息，韩旭和战友立即向养老院飞奔。那里的老人大多年龄在 75 岁以上，超过半数或卧床不起，或行动不便。官兵们将老人们小心地背出，悉心安抚。

经过近 5 个小时奋战，他们成功将养老院的 47 名老人全部转移至安全区域。

洪水还在肆虐。上游有个村子仍是"孤岛"，断水断电，食物紧缺，80 多户、180 多名村民被困 4 天。继续冲锋！8 月 6 日下午 4 时左右，韩旭和战友们坐上运输车前往下一个任务地域。

"人员下车，快速行动！"道路泥泞，运输车无法前行，他们只能徒手将操舟机、冲锋舟抬到可以行舟的水库里。机体重上百斤，蹚着没膝的泥浆，官兵们每走一步都异常艰难。

组装冲锋舟、搜索救援、应急转移……看到穿着救生衣的解放军赶来救援，群众激动不已。韩旭看到他们期盼的神情，就像看到了当年的自己。只是现在，他成了那个伸出援手、背起大娘、抱起孩子的子弟兵。在战友们的不懈努力下，越来越多的群众安全转移到安置点。

忙碌了一天，大雨终于停了。韩旭看着安置点里群众安然入睡，一种幸福感油然而生。他默念："今天，我终于'成了你'。"

美国史学家胡克认为，判断一个社会能否解决它所面临的问题，依据是"领导层的质量和人民的品质"。实践证明，抗击灾害、战胜灾难、重建家园所催生的一切正能量，正在成为珍贵的国民记忆，写进共和国文明进步的历史。

党和国家倡导学雷锋，雷锋精神代代相传，雷锋传人不断涌现，广大军民像雷锋那样更相信解放军。

正因为有了这种相信，"三个样子"给全世界留下了深刻印象——

这就是人民军队的样子。

这就是人民需要的样子。

这就是人民战争的样子。

灾难面前，像雷锋那样更相信人民群众，最美逆行人有你、有我、有他

（一）"最美逆行者"，像寒夜里的一束光

地震、山体滑坡、台风……每当灾难发生时，无论在哪里，总会有一些人逆行而至，施以援手……他们中有生命至上、一声令下紧急出动的人民子弟兵，有职业使然、随时闻令而动的专业救援力量，也有急人所急、不顾个人安危、挺身而出的普通群众。

——他们像寒夜里的一束光，被誉为"最美逆行者"。

2013年4月20日，芦山发生7.0级地震。抗震救灾行动中，两个逆行而来的面孔和身影尤其引人关注。

一个在救灾现场，名叫廖智，舞蹈女教师。她在"5·12"汶川大地震中失去双腿，灾难没有击垮她，她戴着假肢依旧舞蹈。如今，她奔赴救灾一线，当了一名志愿者，戴着假肢送粮、送衣、送发电机、搭帐篷。

一个在遥远的新疆乌鲁木齐，姓名不为人知，以乞讨为生的男子。在红山体育馆设立的捐款点，他一次捐出乞讨两个月所得1003元。他把手中的布袋子放在桌上，从里面拿出一沓一毛、五毛、一块的零钱。

——在人们眼里，她和他，这广袤地域中的一南一北，这芸芸众生中的一男一女，都是好人。

如果定位于不分地域的偌大中国，如果定位于普普通通的芸芸众生，我们完全可以说，学雷锋活动 60 年以来，"中国好人"绵延不绝。

雷锋当兵后，有一次曾专门请假，赶到辽阳市人武部，看望"像父亲一样"的余新元副政委。当初，雷锋报名参军，身高、体重不合格，正是这位老红军出身的余副政委，见他根正苗红，出面协调，帮了大忙。

懂得感恩的人是雷锋。舞蹈女教师廖智，用当志愿者的行动感恩和回报人们 5 年前对她的救助。

心中有他人的人是雷锋。那位姓名不为人知的中年男子，用捐助表达爱心，足以证明：在爱心词典里，没有"乞丐"一词。

市场经济条件下，看重物质利益并不可耻，但重视精神追求、彰显精神价值的"中国好人"显得弥足珍贵。

令人欣慰的是，学雷锋活动 60 年来，"中国好人"犹如一粒粒种子——在宽阔的地方或狭窄的地方都能发芽。草出生的时候，抱紧身体，宛如一根针，像在对土地恳求：我不会占太多地方。而当它长成一片片草地时，人们蓦然发觉，受惠于它的已经很多很多。

（二）学雷锋先进典型荣登中国"好人榜"

近年来各地公布的"好人榜"，学雷锋先进人物持续入选。

学雷锋先进典型荣登"好人榜"，说明了什么？

有人说，凸显了学雷锋活动与民心民意的高度契合。这些年，除了"中国好人榜"，许多地市也搞起了颇具地方特色的"好人榜"，其中有各级学雷锋先进人物入选。好人来自民间，在各地"好人榜"推荐与评选过程中，学雷锋先进人物与民心民意实现了高度契合。还有一种契合，更加耐人寻味：好人未必是学雷锋先进人物，但学雷锋先进人物一定是好人。一位长期致力于雷锋精神研究与传播的退休老干部由衷赞叹：学雷锋先进人物就是"好人中的好人"。

有人说，见证了社会风尚与舆论宣传的亮点趋同。党的十八大以来，党风政风明显好转，有力地带动了民风进一步向好。"好人"出现在了各行各业，也出现在了许多场合。人们欣喜地发现，"好人"就是"好农民""好工人""好警察""好教师"等众多职场好人与"好军人"的共同标签。名列好人榜的学雷锋先进人物，既有好员工又有好公民，有的还是好军人，他们以自身感人经历刻画着当代中国的道德年轮。社会风尚与舆论宣传的亮点趋同，见证了世道人心：这个社会需要好人，这个时代需要好人，学雷锋先进人物就是值得敬佩的好员工、好公民、好军人。

有人说，体现了群众工作与时政热点的彼此融合。学雷锋先进人物荣登各地"好人榜"榜单，正是群众工作与时政热点彼此融合的一个生动体现：既说明了国家对学雷锋活动一如既往高度重视，也能够立起"人人学雷锋、人人当雷锋"的价值导向，同时又能够持续激发全社会对学雷锋活动的持久热情。

当年，雷锋相信自己，更相信广大的人民群众：在人民中生根、长大、结果。

而今，在抢险救灾、抵御灾难的伟大实践中，更多雷锋传人涌现出来。就像诗人贺敬之在《雷锋之歌》中所吟咏的那样："这就是/我们的大地/我们的母亲/以雷锋的名义/给历史的/回应——。"

是的，好人就是把自己看得小小的，而把他人看得大大的。1998年南方那场特大洪灾中，在湖北嘉鱼，铺天盖地的洪水袭来，一对年轻夫妇在激流中同时抓住了一棵小树。夫妇俩都不会游泳，求生的本能让两人死死地抱住了那棵救命的小树。洪水持续暴涨，他俩拼死往上爬。终于，幼嫩的树干再也无力承受两个人的重量，妻子平静地看了丈夫一眼，说："还有那么多孩子等着你呢，多保重！"没等丈夫回过神儿来，妻子已经从容地松开了紧握树干的双手，消失在湍急的洪流之中。

这凄美的放手，有对丈夫的爱，更有对孩子们的爱——丈夫是一所小学的校长，他的生命属于妻子，更属于千百个天使般的孩子。

是的，好人把自己的牺牲看得稀松平常，而把别人的灾难高高举过头顶。2008年年初，正是农历丁亥年关的时候，老天爷昏了头，把一场罕见的大雪错降到防冻措施脆弱的南方。在年味渐浓的北方农家小院，一位名叫宋志永的 35 岁农民坐不住了，他和另外 12 位农民一起，租来一辆面包车，带上自备的锹、镐等工具，宋志永随身带上 4 万元钱，在年三十下午朝着湖南长沙出发了。

是什么力量驱使他们自发到千里之外救灾？面对新闻媒体，朴实的农民回答："我们是替家乡人民来还债的——32 年前，我们的家乡遭了灾，全国人民给予了我们无私的援助；现在，南方出现了这么严重的灾情，我们怎么能坐得住啊！"他们来自唐山，那个因大地震而闻名的地方。

说到底，好人都是"最美逆行人"，付出一片真爱，把不可能变成可能。1976 年唐山大地震前，两岁的女孩秦玲玲发烧住进市儿童医院。大地震袭来，陪床的妈妈顿时被坍塌的楼板夺去了生命。小女孩儿和两位阿姨被压埋在废墟下。一开始，她不停哭闹着要妈妈、要妈妈，很快就哭不动了——口渴呀！两位阿姨轮流抱着她，见孩子实在渴得要命，便试着往她嘴里滴了些尿液。可小玲玲怎么也不肯咽下去，全吐出来了。一位阿姨伤心地说，这孩子怕是保不住命了，哪怕有一滴水润润孩子可怜的嘴唇也好啊！突然间，这位阿姨被自己的话提醒了：她当即俯下身子，给小玲玲喂了一点唾沫，另一位阿姨也在冒烟的口腔中艰难积存了一点唾沫喂给了孩子……60 多个小时过去了，3 人全部得救。

从那以后，吃过两个人唾沫的秦玲玲改名为秦沫沫，为的是记住那种比乳汁更伟大的喂哺和恩情。

（三）人桥·成人礼·下跪的老人：危难关头的凡人善举，见证"相信"的累积与传承

江山有代谢，往来成古今。凡人何所能，善举永不断。

那是一条为使命而往的路。

2023 年 7 月 31 日晚，大雨如注。22 点，联勤保障部队第 984 医院门诊部护士长周武红接到医院的电话："速来医院待命，随时准备出发。"

受台风"杜苏芮"带来的强降雨影响，北京市门头沟区不少群众受困，还有人受伤急需就医。为了人民群众的生命健康，医院发出紧急通知，要求随时做好出征准备。挂了电话，周武红赶忙冒雨往医院集结。

　　一路上，雨不停地拍打着车窗，低洼地带积水已漫过半个车轮。看着模糊的前路，她深深担忧——不是担心路况危险，而是担心山区群众受灾严重。作为一名共产党员、军队文职人员、护士长，她深知，这是一条为使命而往的路。

　　8月3日上午，周武红所在的第二批医疗队正式接到出征通知，开赴受灾严重的北京市门头沟区王平镇。

　　强降雨引发的山洪把这里冲得七零八落，被吹倒的树木横在路上，到处是山体滑坡。道路被冲毁，救护车和物资车根本无法通行，他们只能下车，背着物资在水中徒步。雨还没停，大家的衣服湿透了，脚上裹着泥巴，但都步履匆匆。

　　8月3日18点，医疗队抵达王平镇卫生院。听说解放军来了，受灾群众早早来到义诊现场，排起长长的队伍。

　　70多岁的王大爷，在洪水中不慎被铁丝划伤了腿，一瘸一拐赶来。周武红赶紧将大爷扶到椅子上，为他检查伤口，发现伤口感染严重，整条腿红肿得厉害。她立即为大爷清理伤口，上药包扎，并把消炎药等药物的服用注意事项向他逐一交代清楚。

　　"解放军来了，我们就不怕了！"处理完毕，大爷感激地握着周武红的手，反复向医疗队员们道谢。

　　周武红和战友们知道，还有许多像王大爷这样的群众在等着救援。子弟兵来这里，就是要送医到最远的地方去，到受灾最重的村子去。

　　在随后几天里，周武红和医疗队员们翻山越岭，攀登近乎垂直的崖壁、越过水流湍急的深沟，徒步走进十几个村子。通往这些失联村庄的许多道路出现严重塌方，有些断裂的道路下方就是湍急的、正在行洪的河水。他们翻越一座座山，每到一处村落，就把医疗服务带到那里。

　　在雁翅镇巡诊时，医疗队员孙冠勇为一位阿姨诊疗结束，开好了药方，阿姨却迟迟不肯拿药，小心地问："这药贵吗？"孙医生连忙说："您不用担心，这药是免费的，解放军救治受伤群众不收费。"听完孙医生的解释，阿姨脸上的神情一下子轻松了。周武红赶紧将药递到阿姨的手里。

　　阿姨接过药，周武红听到她喃喃地说："感谢党、感谢亲人解放军……"

那是一道肩膀搭成的"人桥"。

"你们放我下来吧，我自己能过去！"背着一位老人来到河边，北京卫戍区某团战士谢有安听到老人在他耳边说。

"脚下有水，您拄着拐杖怎么过呀？"下游道路已被洪水冲毁，河流水位反而有所下降。在谢有安坚持下，他背着老人蹚过河床。

2023 年 8 月 3 日傍晚，北京卫戍区某团接到地方政府支援请求，昌平区流村镇有群众亟待转移。该团紧急出动数十辆运输车和工程机械，组织 150 余名官兵携带多种救援设备火速赶赴流村镇。

"解放军来了！"被洪水冲击后的流村镇北照台村，响起群众的呼喊。村支书贺德浩正奔波于受损的房屋间，组织村民尽快转移。

"我们村还有三四十名 60 岁以上的老人没来得及转移，村口道路被冲垮后，老人们实在过不去。"贺德浩告诉该部指挥员熊皆林。

熊皆林一边组织官兵排查有无尚未转移的零散群众，一边划分小组进行任务分工。

出村道路已被冲毁，官兵们背起行动不便的老人蹚过村外的河流。在另一段被洪水冲击形成的沟壑处，几名战士跳进约 1 人深的沟中，用肩膀顶住木板两侧，搭起"人桥"。

"感谢你们！"看着最后一名群众通过"人桥"，贺德浩紧紧握住官兵们的手，"有你们在，我们就有了依靠！"

革命战争年代，沂蒙红嫂搭成"人桥"，帮子弟兵紧急过河投入战斗；抢险救灾，子弟兵搭成"人桥"，帮受灾的群众紧急转移……

此情此景，让人禁不住感慨，穿越岁月之河的两道"人桥"，见证了鱼水情深的军民情谊，见证了雷锋精神塑造下人民军队拥政爱民的传统继承。

那是一场雨中的"成人礼"。

下了几天的暴雨，终于停了。

2023 年 8 月 2 日凌晨 4 点，武警第一机动总队某支队接到任务，组建先遣侦察队前往勘测 109 国道 65 公里路段受灾情况，为后续救援部队提供最佳抢通路线和用兵建议。上等兵程帅与 13 名战友带了一天的干粮，立即动身出发。这是他自上一年 3 月入伍以来第一次执行重大任务。

行进途中，道路两侧泥石流、滑坡严重，脚下积水深浅不一，有的地方淤泥深度没过膝盖，程帅和战友们一路艰难摸索着向前。

早上6点，途经北京市门头沟区斋堂镇附近，大家隐约听到山上的村庄有群众的呼救声。

群众的呼唤，就是战士们冲锋的号音！先遣侦察队队长下达命令，先将求援群众转移到安全地点。

山体湿滑，他们一边用手电筒照着脚下的路，一边相互扶助，向上攀爬。来到村庄，他们挨家挨户在村子里搜寻被困群众，很快确认有9名群众滞留在此，其中包括3名老人和1名10岁的女孩。

考虑到上山的路陡峭湿滑，还不时有石块滑落，先遣侦察队决定选择另一条路，多走2公里送群众下山。

程帅护送着那名10岁的女孩转移。途经一段因路基冲走而近乎悬空的铁轨，他搀扶着女孩，提醒她一定要注意脚下。这时，女孩突然说："叔叔，我有点害怕。"程帅一下子愣住了。他今年20岁，还是第一次有人叫他叔叔。那一刻，一种自豪油然而生——如今，自己是一名军人，必须成为一名群众可以依靠的"解放军叔叔"。

通过铁轨后，女孩笑着问他："叔叔，你当兵几年了？"

程帅说，就一年多。他以为是自己不够老练，让她看出了自己是队伍中兵龄最短、年龄最小的一个。没想到，女孩说："叔叔这么勇敢，当兵才一年，真看不出来！"

将群众暂时安置到先遣侦察队的临时营地，程帅和战友们准备返回继续执行勘测路况任务。考虑到几名群众被困时间已经很长，他们将携带的部分干粮和水留给大家。女孩和被转移的群众个个眼里含着泪花，不停地向官兵们道谢。

"你们是人民的好兵娃娃！"目送着他们离开，群众喊出了一直憋在心里的一句话。程帅和战友们听见了，一起转过身来同老乡们挥手告别。

经过十几个小时的往返跋涉，他们顺利完成109国道路况勘测任务回到营地。没想到，9名获救的群众一下子认出了他们，立即围了过来。大家抑制不住又见面的喜悦，激动地紧握着官兵们的手。

那一刻，程帅的眼睛湿润了。在他看来，群众发自内心的话语，最真实、最感人，一声"叔叔"、一声"子弟兵"就是一种最深的感情、最大的信任。

2023 年 12 月 18 日，甘肃积石山地震牵动人心。

一方有难，八方支援，地震之初就有不少奉贤力量紧急驰援，除了御寒物资，参与过 8 月河北涿州抗洪救灾的民间应急救援队员冷志明，也随山锋应急救援队奔赴灾区一线。

山锋应急救援队于 19 日凌晨 2 点开始动员集结，5 点钟就集结了 18 名队友在上海总部待命。队员们从天南海北集结，据冷志明介绍，其中有队友正在新疆滑雪，得知消息后立马乘飞机赶往灾区。当天下午一点，第一批西安支队的队员就已经抵达了甘肃灾区。

冷志明和上海总队队员从上海乘飞机到甘肃兰州，再驱车抵达灾区。从上海到甘肃，2200 公里，一路上，队员们在八方支援的洪流中一次次被感动。这样的感动在筹备物资过程中、在航班乘务人员的一句暖心提醒中、在高速上打着红色横幅的从全国各地驰援而来的车队洪流中……

在甘肃积石山的几天，冷志明和山峰救援队队员们主要配合当地县政府、乡政府完成物资的运输和分发工作。天寒地冻，为了让防震与御寒物资尽快发到受灾群众手中，队员们争分夺秒是常态。

得知他们是一支来自上海的民间应急救援队伍，当地应急管理部门的相关负责人联系到冷志明，想到一线慰问一下。当时救援队员们正在分发物资，"我们一车物资，队员们一起上，十分钟就卸完了，等发完就马不停蹄去下一个点"。

冷志明和队员们每到一个新地点，就发一个定位。"等到碰面的时候，我们已经换到第四个地方了。"

22 日晚，队员们在积石山县徐扈家乡分发物资期间，还遇到一户村民家突发火灾。"事发突然，救援队员们拿了几个车载灭火器就往居民家冲，赶到的时候已经是浓烟滚滚。"现场，救援队员们反应迅速，有的用树杈拍打明火，有的用脸盆装满积雪往明火里面倒，在队员的合力协作下，明火最终被扑灭。

刚刚遭遇地震，又遇火灾，"及时帮助扑灭火情，也希望能增强这户人家灾后重建的信心"。对于突发的火情，应急救援队员在撤离时，也牢记队规清点人数，不忘记一名队友，"应该来讲体现了应急救援队员的基本素质和风范，也给当地警方及人民群众留下了良好印象"。冷志明介绍。

一位甘肃积石山地震受灾村民感慨地说："志愿者们就是一个个活雷锋！"

"志愿者雷锋"的出现，是我们这个时代的必然。

人们欣喜地看到，学雷锋活动与志愿服务相得益彰，互为载体。学雷锋活动包含着深刻的互助精神，志愿服务倡导"互相帮助、助人自助"，两者融合发展既是社会文明进步的重要标志，也是广大军民奉献爱心的重要渠道。学雷锋活动与志愿服务牵手并进，顺应时代要求，焕发新的生机。实践证明，学雷锋活动与志愿服务相结合，更接地气，更受欢迎，更能促进实现"学雷锋精神、做雷锋传人"。

各行各业的人感同身受，学雷锋活动与志愿服务各添魅力，同增活力。学雷锋活动关爱弱势群体、积极奉献爱心，与志愿服务不计报酬、不求名利的内在精神高度一致。放眼全国，一桩桩与两者密切相关的好事喜事，符合社会主义核心价值观，温暖世道人心。盘点那些正在进行的学雷锋活动、志愿服务新闻，人们欣喜地发现，学雷锋活动与志愿服务高度契合，凸显了学雷锋活动与民心民意的同频共振，体现了志愿服务与社会风尚的相互促进。

置身抢险救灾的伟大实践，人们更有了活生生的直接体验，不断丰富学雷锋活动与志愿服务内容。风雨同舟，生死与共，特定情境之下，生死时刻的生死情缘，唤醒了每一名军民内心深处的责任感、使命感。

2024年"五一"假期，广东梅大高速茶阳路段路面塌陷事故牵动了全国人民的心。5月3日，一则题为《"我跪下去才有人停车！"》的文章在朋友圈刷屏，这也是网友在为一家人的暖心行为点赞。

从新闻报道中可知，当晚浓浓夜色中，当饶先生一家幸免于塌方灾难后，他们竭尽所能向后方车辆挥手、呼喊、示意，急驶的车辆似乎并没注意到。情急之下，饶先生的岳父黄建度跪在路中，拦停后方车辆。他在当时情境下的本能一跪，大大降低了这场灾难的伤亡人数。

在不断增加的死亡人数面前，这家人，尤其是这位老先生的善举，闪现出人性的光辉，成为灾难中一股难得的暖流。

凡人善举，最动人心。很多人对这家人在突发情况下迸发出的勇敢、善意由衷钦佩。

不可否认，人类有趋利避害的本能。在突发灾难面前，作为先行者的饶先生一家能够选择站出来警示后来者，这样的做法哪怕事后看起来不够科学、不够安全，他们照样担得起全网的称赞。

无独有偶。

一名被拦下的"00后"退役军人蔡炫达，幸运得救后，不顾危险翻越栏杆来到塌方深处连救 4 人，待救援队赶到后，选择默默离去。事后，他坦然发了一条朋友圈："这波没给老连队丢脸！"

"我途经塌方路段，远远地就看到一个老伯伯在前面，感觉像在拦车，当时我前面还有一辆车，我们两辆车离得是稍微有点近的，然后我们同时都刹下来，我就直接走到事故现场。因为当时火势已经开始起来了，一片废墟，然后很多车辆都撞毁在里面，还有一些幸存者在那边呼救哭喊。"回忆惊险一幕，蔡炫达对采访他的记者说："首先我也是被救者，然后也是一个退役军人，其实我觉得换作任何一个战友，都会义无反顾地去救人。"

后续两句话，感动了更多网友。

一句话是，蔡炫达服役时所在部队战友看到相关新闻时，班长说"没看错蔡炫达"。

一句话是，蔡炫达准备把政府奖励的见义勇为慰问金捐给慈善机构时，有记者提问为什么，他回答说："这笔钱更应该捐给需要的人。"

英国科学家波力奥在《理解灾害》一书中写道："地球主要以地震和飓风等自然形式来表现它的力量。"人类还远未具有杜绝自然灾害的能力，但是，中国人民用患难与共、守望相助的精神，唱响生命的赞歌，创造重建的奇迹。再小的爱心乘以 14 亿，就是爱的海洋；再大的灾难除以 14 亿，就是众志成城。

邢台、唐山、汶川、玉树、芦山、武汉、涿州……在中国人眼中，它们不仅是灾难发生的地理坐标，更是中华儿女不屈不挠、众志成城的精神坐标。

一次次地动山摇，曾让大地满目疮痍，却不能动摇中华民族的万众一心。

灾难来临时，我们蓦然发现：学雷锋活动 60 年来，中国好人从不断线。

感恩的志愿者、捐款的乞讨者、放手的妻子、救灾的农民、给孩子喂唾沫的阿姨、军队文职人员、入伍不久的新兵、下跪拦车的老人、勇救幸存者的退役军人……他们一个个都是雷锋，是值得讴歌的好人。

这个世界，不能没有"雷锋"。

这个时代，"雷锋"永不过时。

灾难面前，"雷锋"是最温暖的依靠。

（本文执笔：董强，系解放军报社原高级编辑，中国作家协会会员）

捍卫雷锋的历程和《英雄烈士保护法》的诞生

王新建

2018 年 4 月 27 日，第十三届全国人大常委会第二次会议审议通过《中华人民共和国英雄烈士保护法》（以下简称《英烈保护法》），自 2018 年 5 月 1 日起施行。这是国家采取的保护英雄烈士的重大法律举措。《英烈保护法》从立法建议到法律出台的立法全过程表明，国家最高立法机关立法为民，积极回应社会强烈呼吁，充分采纳公众意见建议，顺应民心民意，崇尚捍卫英雄烈士已经从民间行为上升为国家意志，从道德评判强化为法律规范，任何歪曲、丑化、亵渎、否定英雄烈士事迹和精神的行为都将受到法律追究。持续多年的捍卫以雷锋为代表的英雄烈士群体的保卫战，终于以国家法律的出台为标志，取得了决定性胜利。可以说，捍卫雷锋和其他英雄烈士的历程，共同促进了《英雄烈士保护法》的诞生。

国家永远尊崇褒扬英雄烈士

中华民族从来不缺少英雄。近代以来，为了争取民族独立和人民解放，实现国家富强和人民幸福，促进世界和平和人类进步而奋斗牺牲的英雄烈士灿若星河，他们的事迹和精神已经成为中华民族共同的历史记忆和宝贵的精神财富，为中国人民世代传颂和敬仰。国家一向重视保护英雄烈士，对英雄烈士予以褒扬、纪念，维护英雄烈士尊严和合法权益，中华人民共和国成立后建立了一系列英雄烈士保护法规制度。

一是初步建立了烈士褒扬抚恤制度。1949 年 9 月 30 日，开国大典前夕召开的中国人民政治协商会议第一届全体会议，通过了在首都北京建立人民英雄纪念碑的决议。人民英雄纪念碑正面毛泽东主席亲笔题词，背面碑文由毛泽东主席撰文、周恩来总理题写。当天下午 6 时，毛泽东主席即率领全体政协委员在天安门广场举行了奠基仪式，并为人民英雄纪念碑奠基。1958 年 4 月，人民英雄纪念碑竣工。

新中国成立初期，中央人民政府即先后制定了《烈军属优待暂行条例》《革命军人牺牲、病故褒恤暂行条例》《革命工作人员伤亡褒恤暂行条例》《民兵民工伤亡抚恤暂行条例》等，英雄烈士褒扬法规制度初步形成。1952 年 8 月 3 日，毛泽东亲自为段德昌烈士亲属签发了编号为第 0001 号的烈士证书，之后每张烈士证书都以中央人民政府名义签发，在新生共和国和人民群众中树立起了尊崇英雄烈士的风气。

改革开放后，烈士褒扬抚恤法规得到进一步加强。1980 年国务院公布《革命烈士褒扬条例》，进一步明确了烈士的评定条件、评定情形和评定机关等，从此，烈士评定工作有了全国统一标准，审批和褒扬烈士工作实现了制度化。2011 年国务院修订了《革命烈士褒扬条例》，使烈士褒扬工作进一步优化细化。2004 年国务院、中央军委公布《军人抚恤优待条例》，有关烈士褒扬和烈属抚恤优待制度的规定得到进一步完善。

二是纪念烈士活动制度化、规范化。早在 1949 年 3 月 7 日，中国共产党领导下的华北人民政府就曾率先发出通令，把清明节定为烈士节，以举行隆重的纪念革命烈士活动。2013 年 4 月 4 日，经中共中央同意，中共中央办公厅、国务院办公厅、中央军委办公厅联合下发《关于进一步加强烈士纪念工作的意见》，明确要求"研究设立烈士纪念日"。延至 2004 年，全国政协委员在两会上提出设立"革命烈士节"的建议。2014 年 8 月 31 日，十二届全国人大常委会第十次会议审议通过了《全国人民代表大会常务委员会关于设立烈士纪念日的决定》，将 9 月 30 日设立为"烈士纪念日"，每年 9 月 30 日国家举行纪念活动。烈士纪念日的设立，对于弘扬烈士精神，缅怀烈士功绩，培养公民的爱国主义、集体主义精神和社会主义道德风尚，培育和践行社会主义核心价值观，增强中华民族的凝聚力，激发实现中华民族伟大复兴中国梦的强大精神力量，具有重要意义。通过设立烈士纪念日的方式，不仅能够更好地进行爱国主义教育，更能帮助人们找到感恩大爱的精神寄托和载体。同日，中共中央办公厅、国务院办公厅、中央军委办公厅下发《关于做好烈士纪念日纪念活动的通知》。2014 年 3 月 31 日，民政部发布《烈士公祭办法》，明确了公祭程序要求。

三是加强对烈士纪念设施的管理保护。1986 年，民政部、财政部印发《关于对全国烈士纪念建筑物加强管理保护的通知》，首次明确烈士纪念设施实行分级管理体制。

这些制度性规定，从法律上确立了英雄烈士国家功勋荣誉的无上荣耀，强化了国家和全社会对英烈的尊崇和铭记，对烈士遗属的关心关爱。

由于国家的大力倡导和法律的强力规范，中华人民共和国成立后很长一个时期，崇尚学习英雄烈士，维护英雄烈士权益，捍卫英雄烈士形象，蔚然成风，成为全体人民的自觉行动和价值追求。雷锋就是新中国成立后知名度最高的一位英雄，不仅是因为毛泽东等党和国家领导人为他题词和国家的隆重褒扬，更因为他是和平年代出现的平民英雄，可亲可近可感可学，是新中国英雄烈士群体的杰出代表，雷锋事迹和精神的传播，可以说是家喻户晓，妇孺皆知，成为全民的偶像和学习的榜样，60 年来，激励和鼓舞着一代代中国人投身到保卫祖国、建设祖国的伟大事业之中，投入到无限的为人民服务之中，为引领社会风尚、培育时代新人、提高国民整体素质持续发挥着精神动力和道德标杆作用。可以说，在那个年代，英雄烈士的形象和地位至高无上，有如奉若神明，若有人胆敢抹黑、亵渎英雄，必将成为全国讨之、全民诛之的人民公敌。

抹黑英烈受到舆论强烈谴责

然而，历史进入 21 世纪第二个十年，随着那个英雄辈出时代的远离和社会价值观的多元化，加之网络发达带来的表达自由在促进社会文明进步的同时，历史虚无主义错误思潮和观点沉渣泛起，同时也受到"泛娱乐化"时代眼球经济的影响，一股解构甚至否认中华民族独立解放奋斗历史、质疑甚至抹黑英雄烈士的浊流悄然侵入书刊、网络等媒体空间，一些人以"学术自由""还原历史""寻找真相""探究细节"为名，置基本历史事实于不顾，误读、曲解历史特别是近现代历史，质疑甚至否定英雄事迹和英雄精神。更有甚者，某些网站和自媒体为了追求流量，肆意编造故事，戏说历史，调侃英雄，恶意歪曲、丑化、诋毁、贬损英雄烈士，亵渎先烈英灵。据有关部门从网上检索摸排，发现不少知名网站都存在对英雄烈士诋毁歪曲的发文或留言，从董存瑞、黄继光、邱少云、毛岸英到雷锋、赖宁等不同历史时期的英雄人物，这些伴随并影响着几代中国人成长耳熟能详的民族脊梁，几乎都成为被污蔑和戏谑的对象，遭到贬损和抹黑。

作为"平凡英雄"的雷锋也未能幸免这股浊浪的抹黑。雷锋短暂的一生并没有惊天动地的伟业，几乎都是默默无闻的小事、好事，几乎那个年代过来的每个人，对雷锋故事和雷锋日记都耳熟能详，雷锋形象就是那个时代的国家形象。因此，对雷锋事迹和精神的否定与颠覆对于解构共和国的历史更具有极度毁伤意义。于是，雷锋成为这股浊浪率先诋毁攻击的靶标，一些无良大 V 亲自上阵。

一时间这些抹黑英雄、否定历史的言论广泛传播，甚嚣尘上，严重污染网络空间，荼毒青少年。这种捏造事实、编造历史的侮辱诽谤行为，已经超出了言论自由、学术探讨、历史研究的范畴，不仅严重侵害英雄烈士个人的名誉荣誉，而且严重歪曲了党领导人民奋斗的历史，严重损害了党和军队的形象，侵蚀中华民族的精神支柱，践踏中国人民的情感底线，挑战我们社会的核心价值观和历史观，损害社会公共利益直接冲击国家的核心价值观，动摇执政党的合法性基础，因而具有极大的社会危害性和政治危险性。

这些言论和行为，罔顾事实，颠倒黑白，混淆是非，公然扭曲价值判断，挑战正义良知，严重冲击社会底线，影响恶劣，社会危害极大，引起广大人民群众强烈愤慨，遭到社会各界强烈谴责。《人民日报》、《解放军报》、《中国青年报》和《雷锋》杂志等主流媒体纷纷发文予以谴责批驳。《人民日报》2015 年 7 月 23 日发表军事科学院外国军事研究部部长王卫星的文章《诋毁英雄，一个国家就会自毁根基失去未来》，文章指出："以法律法规捍卫英雄，坚决追究损毁英雄形象者的法律责任。""依法严厉惩处那些造谣惑众的网络推手，运用法律武器捍卫英雄形象。"《中国青年报》连续发表《抹黑英雄就是遗忘历史》（2015 年 5 月 14 日）、《侮辱英雄就是侮辱人民的历史记忆》

（2016 年 9 月 21 日）等多篇评论，明确指出，历史不能亵渎，英雄不容诋毁，戏说历史，抹黑英雄，是对民族精神的背叛。《环球时报》2015 年 7 月 27 日发表中国人民大学教授吕景胜的文章《英雄名誉亟待完善法律保护》指出，对于诋毁英雄、扭曲历史的行为，未能"从法律层面对此类行为予以明确规制，使英雄名誉保护面临诸多尴尬与困境"。"建议尽快修改《烈士褒扬条例》，补充有关英雄精神层面法律保护的规定，并构建法律责任惩戒机制。"就连一些地方性的小众媒体也在努力发声，如北京市《军休之友》杂志 2017 年 1 月号发表文章《用法律来捍卫英烈的荣誉和尊严》，文章指出，"英烈荣誉立法迫在眉睫"。

有的专家学者还通过内参要报等形式，向有关高层报送立法建议。如相关部门专家，向上级有关部门提交了《关于立法捍卫英雄烈士的几点建议》，建议提出，一是要从政治高度认识立法捍卫英烈的极端重要性，全面、准确把握社会公共利益及其表现形态。二是突破西方"公法"与"私法"的划分，创新一部具有中国特色的特殊法律，对英烈保护实行特殊保护原则。三是精准界定"国家英烈"的范围，明确法律的保护客体。四是明确国家机关是追究侵权者法律责任的主体。

以传播雷锋文化、弘扬雷锋精神为己任和办刊宗旨的《雷锋》杂志，在这场英雄烈士保卫战中，冲锋在前，多措并举，发挥了独特的中坚作用。首先，及时组织一批重头文章在杂志和网络发表，批驳错误观点，捍卫雷锋形象，先后发表了《利用法律武器捍卫英雄》《英烈不容诋毁　法律不容挑衅》等系列文章，在有力批驳对雷锋等英烈形象抹黑的同时，鲜明指出，加强对英雄烈士的法律保护是治本之策，要加快健全和完善保护英雄烈士的法律，制定保护英雄烈士的专门法律。其次，动员社会力量，加入到弘扬雷锋精神，捍卫雷锋形象的保卫战中。2017 年 2 月 27 日，《雷锋》杂志社会同北京大学举办"雷锋传人"主题活动，和北京大学师生一起感悟雷锋精神，捍卫英雄形象。2018 年 1 月 19 日，《雷锋》杂志社策划了中国军网采访雷锋研究专家的访谈节目，这些活动一经报道和播放，好评如潮，民心振奋，有力加强和扩大了捍卫雷锋等英烈形象的社会动员和积极影响。

值得一提的是，曾在沈阳军区工程兵政治部秘书处工作过的李振魁，任职期间的同事多为雷锋的亲密战友，因而掌握大量雷锋真实情况，几十年来，以维护雷锋形象、弘扬雷锋精神为己任，在这场雷锋形象保卫战中，以真实的史料和确凿的证据，严词驳斥各种对雷锋形象的抹黑，撰写并发表了《从网络电影〈雷锋的初恋女友〉被封杀谈雷锋不容戏说》《答对雷锋事迹的质疑》《雷锋照片的故事》《警惕否定雷锋的新动向》等多篇文章，逐一驳斥对雷锋的各种抹黑，还原历史，正本清源，被人民群众称为维护雷锋形象、捍卫雷锋精神的"流动哨""狙击手"。

保护英烈必须运用法律武器

英雄烈士的事迹和精神是中华民族共同的历史记忆和宝贵的精神财富，英雄烈士的英勇事迹和人生奉献所体现的大无畏气概和爱国主义精神，是当代社会主义核心价值观的重要内容，从而构成了国家与社会的公共利益。诋毁、诽谤英雄烈士的行为，不仅仅是对英雄烈士个人名誉权的侵害，实质上也侵害了国家与社会的公共利益，具有明显的社会危害性和应受惩罚性。因此，应当通过国家法律和国家机制来规制和管制这些行为，对逾越法律底线者依法追究行为人的法律责任。

然而，由于此前保护英烈的相关法律不够健全完善，相关条文也不够明确具体，尤其是缺失对英雄烈士名誉权予以特殊保护的专门性法律，当发生侵害英雄烈士名誉行为并构成侵权案件时，通常适用一般的普通法律，以致实践中难以对侵害英雄烈士合法权益的行为予以及时有效的惩治，即使个别案件有司法介入，也常常是侵权行为与侵权责任不相适应，由此产生以下问题。

一是法律和司法机关通常把英雄烈士名誉作为普通自然人的人身权利来进行保护，把侵犯英雄烈士名誉权的案件作为一般的侵犯人格权案件来处理，适用法律的一般性规定，按照普通公民的权益保护，如构成民法的侮辱、诽谤侵权行为，承担民事责任；情节严重构成刑法的侮辱、诽谤罪，承担刑事责任，没有把英雄烈士的名誉荣誉作为社会公共利益予以保护。

二是规定适用自诉案件程序，即告诉的才处理，不告不理，即只有英雄烈士的近亲属才享有程序法上的原告主体资格和请求权，且只有在英雄烈士的近亲属发现侵权行为的存在并亲自去法院起诉的情况下，法院才有可能受理案件，进入司法程序。但在实践中，很多英雄烈士的牺牲是英年早逝，没有留下后人，加之随着时间的流逝，即使有近亲属的也多已进入耄耋之年，要求以近亲属个人名义提起诉讼以维护英烈名誉权，既不现实也不可行，当英雄烈士没有近亲属或者近亲属年迈体弱不能起诉，近亲属因种种原因不掌握侵权行为的存在或者不懂法律不知起诉，在这种情况下，由谁承担诉讼主体呢？这种"不告不理"的制度设计，实际上常常难以依法追究侵权行为人的法律责任，致使侵权行为人可以逍遥法外，受到侵害的英雄烈士的名誉权无法得到有效保护，正义得不到伸张。显然，这是法律制度的重大缺失。在狼牙山五壮士名誉侵权案中，葛振林之子葛长生就曾不解地发出过疑问，他说：狼牙山五壮士英雄群体代表着我们国家和军队的荣誉，他们不是我个人、我家庭的，维护他们的名誉是国家的事，是组织的事，怎么能够让我们家属来起诉呢？这种尴尬的出现，表明完善相关立法并通过建立"公益诉讼"制度来加强对英雄烈士的保护，势在必行。实际上，这类案件，也通常是人民群众反映强烈，违法行为严重侵害公益或者将要导致重大公益危险的案件，而现有制度失灵或者有明显短板，法律没有规定适格主体发挥提起诉讼的作用。

三是即使有案件能够被定罪处罚，由于没有对英烈名誉荣誉作为特殊权益保护，侵权行为的社会危害性与行为人的法律责任也常常明显不符，罪罚不相适应。例如，拥有 600 多万粉丝、在微博上严重侮辱、诋毁邱少云烈士的网名"作业本"的行为人孙杰，法院以一般人格权纠纷受理此案，判处以停止侵害、赔礼道歉敷衍了事。

由于法律制度的缺陷，实践中大量发生的抹黑、侵害雷锋等英烈形象和荣誉的行为难以有效追究法律责任，广大人民群众对此强烈不满，纷纷要求完善相关法律，加强英雄烈士名誉荣誉的立法保护。

《雷锋》杂志社再次走在前面，邀请法律专家参与，共同研究起草了英雄烈士保护的立法建议和提案，积极呼吁和推动国家采取立法措施保护英雄烈士。2017 年 2 月在北京大学"雷锋传人"主题活动上，专门举行了向十二届全国人大代表、原二炮装备部政委牛炳祥，十二届全国政协委员、人民出版社社长黄书元转交保护英雄烈士立法建议和立法提案的仪式，中央多家媒体予以采访报道。《中国青年报》采访参加活动的法律专家明确指出："对英雄烈士的恶意抹黑，已经超出了言论自由和学术研究的范围，逾越了法律底线。""这是一场看不见硝烟的战争，维护英烈名誉既要打舆论战，也要打法律战。"人民网据此发文《维护英烈名誉既要打舆论战，也要打法律战》，文章转述了受访法律专家为英烈保护立法阐述的翔实立法建议和充分立法理由。

为保护我们的英雄烈士立法，是广大人民群众的强烈呼声，作为"民意代表"的人大代表、政协委员感受到了这种澎湃激情。2017年3月的全国两会上，有251人次全国人大代表、全国政协委员和一些群众来信提出，建议通过立法加强英雄烈士保护。

司法实践推动立法完善

司法实践要以国家立法为依据，同时也要考虑社会需求，通过司法案例来推动立法进步，使立法更好适应社会需求。在推动英烈保护立法过程中，司法机关有关保护英烈的创新案例，无疑推动了立法的进程。其中有两个典型案例，对于推动《英烈保护法》的出台，发挥了独特而重要的作用。

一是狼牙山五壮士名誉侵权案。2013年11月8日，媒体人洪振快在《炎黄春秋》杂志发表了《"狼牙山五壮士"的细节分歧》一文，文章援引不同来源、内容、时期的报刊资料等信息，通过强调"如何跳崖"以及"是否拔了群众萝卜"等与基本事实无关或者关联不大的细节，甚至与网民张某对"狼牙山五壮士"的污蔑性谣言相呼应，质疑"五壮士"英勇抗敌、舍生取义的基本事实，颠覆"五壮士"的英雄形象，贬损、降低"五壮士"的人格评价。文章发表后，狼牙山五壮士中的葛振林之子葛长生、宋学义之子宋福保认为，该文以所谓历史考据、学术研究为幌子，以细节否定英雄，企图达到抹黑"狼牙山五壮士"英雄形象和名誉的目的。据此，葛、宋二人以原告名义于2015年8月25日向北京市西城区人民法院起诉洪振快侵犯狼牙山五壮士英雄群体的名誉权，请求判令洪振快停止侵权、公开道歉、消除影响。该案由北京赵小鲁律师所组成强大的律师团队代理原告诉讼。2016年4月29日，西城区人民法院进行了公开审理。一审判决洪振快败诉，要求其立即停止侵害行为；公开发布赔礼道歉公告，向原告赔礼道歉，消除影响。洪振快不服一审判决提起上诉。2016年8月15日，北京市第二中级人民法院作出二审判决，驳回上诉，维持原判。

此案的审理判决，体现了司法机关通过民事审判，彰显社会价值、净化道德风尚的积极作用，同时也明确表达了国家司法对英雄烈士荣誉权和名誉权保护的鲜明立场。此案的审判，是中国司法审判史上具有标志性意义的典型案例，为立法保护英雄烈士提供了坚实的司法实践的支撑，客观上推动了立法的进步。2018年12月19日，最高人民法院发布的第19批指导性案例选入了《"狼牙山五壮士"名誉侵权案》，认为该案推动了《英烈保护法》的出台，弘扬了保护英雄的社会风气，对类似案件的审判起到了示范指引作用。

2016年3月，"狼牙山五壮士"的后人致信全国人大，呼吁尽快制定保护英烈名誉的相关法律。

二是邱少云之弟邱少华诉孙杰（微博用户名"作业本"）、加多宝（中国）饮料有限公司一般人格权纠纷案。

2013年5月22日，孙杰在新浪微博通过用户名为"作业本"的账号发表关于邱少云烈士的不当言论。加多宝公司于2015年4月16日以该公司新浪微博账号"加多宝活动"与该账号互动发表不当言论。

2015年6月30日，邱少华向北京市大兴区人民法院提起诉讼，要求判令二被告立即停止侵害、消除影响、赔礼道歉，并赔偿原告精神损失费人民币1元。法院以一般人格权纠纷受理此案。

2016年7月15日，大兴区人民法院公开审理此案。法院认为，邱少云烈士生前在战斗中表现出的舍生取义、爱国为民的精神，在当代中国社会有着广泛的道德认同，是中华民族宝贵的精神财富，同时也是邱少云享有崇高名誉和荣誉的基础。我国法律规定，公民享有名誉权、荣誉权，禁止用侮辱、诽谤等方式损害公民的名誉、荣誉等民事权益。而孙杰发表的言论，是对邱少云烈士的人格贬损和侮辱，属于故意的侵权行为，且该言论通过公众网络平台快速传播，已经造成了严重的社会影响，伤害了社会公众的民族和历史感情，同时损害了公共利益，也给邱少云烈士的亲属带来了精神损害。被告加多宝公司的言论及互动，在网络平台上迅速传播，遭到广大网民的谴责，产生了较大负面影响，再次给邱少云烈士的家属造成了精神损害。此外，加多宝公司作为国内知名饮料厂商，具有一定的社会影响力，在其为庆祝"销量夺金"精心策划的"多谢活动"中未尽到合理审慎的注意义务，存在主观上的过错，应当对其言论产生的负面影响和侵权事实承担相应的法律责任。据此，法院判决，二被告公开赔礼道歉，并赔偿精神损害抚慰金1元。

这两个具有代表性的案例所产生的巨大社会影响，直接推动英烈保护立法进入了快车道。

立法保护英雄烈士是各国惯例

通过立法倡导全社会纪念和尊重英烈，确保他们的名誉和形象不受侵害，并严厉惩治亵渎国家象征、抹黑民族英烈的行为，是许多国家的通常做法，一些国家还为此制定有专门法律。

即使在十分包容个人权利和开放游行示威的美国，也不允许借个人表达自由和游行示威为名对英烈的不敬和亵渎。2006年5月美国国会制定的《尊重美国阵亡英雄法案》严格禁止对英雄的不敬行为。法案规定，在阵亡英雄葬礼举行前后一小时内，禁止在国家公墓管理局管理的任何墓地入口90米内举行游行示威活动，违者将处以10万美元罚款和1年监禁。

俄罗斯1993年颁布《卫国烈士纪念法》，2006年颁布《卫国烈士纪念问题》总统令，都对纪念、尊重和保护英雄烈士作出明确规定。俄罗斯《军人地位法》设有"对军人自由、荣誉和尊严的保护"专门条款，明确规定，对军人进行侮辱，侵害他们的荣誉、尊严，均应依法承担责任。2014年俄罗斯胜利日纪念仪式上，俄罗斯总统普京严肃指出："永远不允许背叛英雄。"2017年5月，俄罗斯克拉斯诺达尔边疆区一个17岁少年，在二战烈士纪念碑上涂写纳粹符号，并将人们为5月9日胜利日敬献的花圈扔掉。当地法院根据俄法律规定，对该少年判处3个月监禁。

德国为了尊重和牢记历史，制定了严格的法律，严禁对大屠杀历史的否定，违者将触犯刑法规定的"煽动种族仇恨罪"，最高可判 5 年监禁。同时还规定，严禁传播或在公开场合使用违宪组织标志，包括行纳粹礼，违者将处以罚款或判处最高 3 年监禁。2017 年 10 月，德国一名 88 岁老妇，因声称"奥斯维辛集中营子虚乌有"，公开否认纳粹大屠杀历史，被柏林一家法院判处 6 个月监禁。

"它山之石，可以攻玉"，外国的这些立法和司法实践，可以提供有益的借鉴和参考。2017 年 12 月 22 日第十二届全国人大常委会第三十一次会议上，全国人大常委会法制工作委员会副主任许安标作的《关于〈中华人民共和国英雄烈士保护法（草案）〉的说明》中指出，草案起草"研究借鉴了外国相关立法规定"。

顺应民意制定专门法律

全社会对加强英烈保护立法已经达成广泛共识。2017 年 4 月，习近平总书记对英雄烈士保护立法作出批示。回应社会关切，回击丑化、诋毁英雄烈士的恶劣行为，加强英雄烈士保护立法十分必要。制定《英雄烈士保护法》，是建设具有强大凝聚力和引导力的社会主义意识形态、巩固中国共产党执政地位和中国特色社会主义制度的内在要求，是弘扬社会主义核心价值观和爱国主义精神、崇尚捍卫英雄烈士、维护社会公共利益的必要措施。

国家最高立法机关——全国人大常委会认真倾听人民呼声，积极回应社会关切，认为加强英雄烈士保护立法十分必要，有利于加强对英雄烈士的保护，有利于弘扬传承英雄烈士精神和爱国主义精神，维护社会公共利益，有利于培育和践行社会主义核心价值观，激发实现中华民族伟大复兴中国梦的强大精神力量，并将起草《英烈保护法（草案）》作为 2017 年立法工作的一项重要任务。全国人大常委会法制工作委员会作为全国人大常委会的立法工作机构，会同中央宣传部、民政部、人力资源和社会保障部、中央军委法制局组成起草工作组，抓紧立法研究起草工作，广泛调查，深入研究，并参考借鉴外国相关立法规定，草拟了《英烈保护法（草案）》，于 2017 年 12 月 14 日，由全国人民代表大会常务委员会委员长会议，向全国人民代表大会常

务委员会提请审议。2017 年 12 月 22 日召开的第十二届全国人民代表大会常
务委员会第三十一次会议，第一次审议了这个草案。

为了给英烈保护立法造势，同时向社会推介这部法律，2018 年 1 月 19
日，《雷锋》杂志社再次邀请全国人大代表、全国政协委员和宣传、法律界人
士参加中国军网《嘉宾面对面》节目，专题讨论"以法之名捍卫英雄名誉"。
接受采访的嘉宾一致认为：抹黑、诋毁雷锋等英雄烈士的行为已经超出了言
论自由、学术探讨、历史研究的范畴，不仅严重侵害英烈个人及集体的名誉
尊严，而且严重歪曲了党领导人民奋斗的历史，严重损害了党和人民军队的
形象，直接冲击国家的核心价值观，甚至动摇执政党的合法性基础，已经触
碰甚至逾越了法律底线，必须通过立法举措坚决制止。

根据国家立法法的规定，新起草的法律草案的通过，通常需要经过立法
程序的三次审议。为了加快立法进程，考虑到社会对这部法律的热切期待，
加之草案内容已达成广泛共识，基本成熟，2018 年 4 月 27 日第十三届全国人
大常委会第二次会议，二审即通过《英烈保护法》，自 2018 年 5 月 1 日起
施行。

《英烈保护法》为保护英雄烈士奠定了坚实的法律基础，提供了基本的法
律依据。主要有 6 个方面的内容。

第一，永远尊崇、铭记英雄烈士的历史功勋。中国共产党、中国人民解
放军和中华人民共和国历史上涌现的无数英雄烈士，近代以来的英烈先驱和
革命先行者，为国家和人民作出了重大牺牲和贡献。《英烈保护法》第二条规
定，国家和人民永远尊崇、铭记英雄烈士为国家、人民和民族作出的牺牲和
贡献。近代以来，为了争取民族独立、人民解放，实现国家富强、人民幸福，
促进世界和平、人类进步而毕生奋斗、英勇献身的英雄烈士，功勋彪炳史册，
精神永垂不朽。这一规定与人民英雄纪念碑碑文、宪法序言精神，与《民法
总则》、《全国人大常委会关于设立烈士纪念日的决定》等规定相衔接。需要
说明的是，《英烈保护法》中的英雄烈士不包括现实中的英雄模范人物和群
体，对他们的褒奖、人格等合法权益的保护，适用国家勋章和国家荣誉称号
法等相关法律法规，不适用《英烈保护法》。

第二，明确了人民英雄纪念碑的法律地位。1949 年 9 月 30 日，中国人民

政治协商会议第一届全体会议通过决议，在首都北京天安门广场，建立一个为国牺牲的人民英雄纪念碑，当日下午即举行人民英雄纪念碑奠基典礼，毛泽东主席率全体代表参加并宣读人民英雄纪念碑碑文。这一时刻永载中华人民共和国光辉史册。建成后的人民英雄纪念碑，成为国家和人民纪念缅怀为中国革命和国家建设英勇献身的英雄烈士的标志性纪念设施。《英烈保护法》第七条规定，矗立在首都北京天安门广场的人民英雄纪念碑，是近代以来中国人民和中华民族争取民族独立解放、人民自由幸福和国家繁荣富强的精神象征，是国家和人民纪念、缅怀英雄烈士的永久性纪念设施。人民英雄纪念碑及其名称、碑题、碑文、浮雕、图形、标志等受法律保护。同时也对其他英雄烈士纪念设施的保护、开放和管理作了规定，为纪念缅怀英雄烈士提供场所和服务，发挥好爱国主义教育基地的作用。

第三，对纪念缅怀英雄烈士的活动提出明确要求。《英烈保护法》在多个条文中规定，国家、县级以上地方人民政府和军队有关部门，应当在烈士纪念日举行纪念活动；机关、团体、乡村、社区、学校、企事业单位和军队有关单位，在清明节和重要纪念日组织开展纪念活动；为英勇献身的烈士举行庄重的送迎、安葬仪式；建立健全英烈祭扫制度和礼仪规范；英雄烈士在国外安葬的，驻该国使领馆应当组织开展祭扫活动；引导公民通过瞻仰纪念设施、集体宣誓、网上祭奠等形式参与纪念活动等。这些规定使得纪念缅怀英雄烈士的活动更加规范和庄重，充分发挥慎终追远的作用。

第四，对弘扬传承英雄烈士精神规定了具体举措。《英烈保护法》在多个条文中规定，国家鼓励开展对英雄烈士事迹和精神的研究，以辩证唯物主义和历史唯物主义认识和记述历史；加强对英雄烈士史料、遗物的收集、保护和陈列展示，组织开展英雄烈士史料的研究、编纂和宣传；鼓励革命老区发挥本地资源优势，开展英雄烈士事迹和精神的研究宣传教育；以青少年学生为重点，将英雄烈士事迹和精神的宣传教育纳入国民教育体系；鼓励以英雄烈士事迹为题材的作品创作；新闻媒体负有宣传英雄烈士事迹和精神的义务。这些重大举措对于更好弘扬传承英雄烈士精神具有重要作用。

第五，确定了烈士褒扬和遗属抚恤优待的原则和政府的责任。《英烈保护法》与《烈士褒扬条例》相衔接，明确规定，公民牺牲，依法评定为烈士，对其英勇献身的行为予以褒扬；烈士遗属按照国家规定享受烈士褒扬金、抚恤金，以及在教育、就业、养老、住房、医疗等方面的优待；抚恤优待应当与国民经济和社会发展相适应并逐步提高；各级人民政府应当关心烈士遗属工作生活情况，定期走访慰问。

第六，加强对英雄烈士名誉荣誉的保护。在保护英烈名誉荣誉方面，建立新的法律制度，加大保护力度。

《英烈保护法》第二十二条明确规定，英雄烈士的姓名、肖像、名誉、荣誉受法律保护。禁止歪曲、丑化、亵渎、否定英雄烈士的事迹、精神。为此，法律从行政、民事、刑事等方面全面加强对英雄烈士名誉荣誉的保护。

一是明确了行政管理部门和媒体单位保护英烈名誉的共同监管职责。法律规定，公安、文化、新闻出版广电、网信、市场监督管理等行政管理部门，负有保护英雄烈士名誉荣誉的职责；网络运营者发现侵害英雄烈士名誉荣誉的网络信息时，负有及时处置的义务。

二是明确了侵害英烈名誉荣誉的法律责任。《英烈保护法》规定，以侮辱、诽谤或者其他方式侵害英雄烈士的姓名、肖像、名誉、荣誉，损害社会公共利益的，依法承担民事责任；构成违反治安管理行为的，由公安机关依法给予治安管理处罚；构成犯罪的，依法追究刑事责任。

三是建立了对侵害英雄烈士名誉荣誉案件的公益诉讼制度，由检察机关作为提起公益诉讼的适格主体，向人民法院提起诉讼。

《英烈保护法》的出台，明确宣示国家和人民永远铭记、尊崇一切为国家和民族作出牺牲和贡献的英雄烈士，表明捍卫英烈的鲜明价值导向，是培育和践行社会主义核心价值观的重要法律。法律的特点十分鲜明，一是坚决维护中国共产党、中华人民共和国、中国人民解放军历史上的英雄烈士代表性人物和集体形象，对丑化、诋毁、贬损、质疑我党、我军历史上英雄烈士的行为，必须在法律上明确予以禁止。二是弘扬英烈精神，传承红色基因。无论时间过去多么久远，先烈的英名和功绩都将永世长存。针对现行褒扬制度存在侧重物质保障，而对弘扬英烈精神规定不够的情况，通过完善纪念形式，强化鲜明价值导向。三是完善制度措施，整合现行法律，与现有英烈保护的相关法律、行政法规相衔接，并根据实际需要予以提炼和完善，使进一步加强英烈保护工作有法可依。

英烈保护法规体系基本完善

《英烈保护法》实施以来，中央和国家机关有关部门大力加强法规制度建设，进一步健全完善英烈保护法规制度体系，相关法律的修订和政策法规相继出台，与专门法律衔接配套，形成比较完善的英烈保护法规制度体系，为英烈保护提供了全面的法律保障和明确的政策指引。

一是加强国家基本法律的保护。首先，2020 年 5 月 28 日十三届全国人大三次会议通过、2021 年 1 月 1 日实施的《中华人民共和国民法典》对侵害英烈权益的民事法律责任作了专条规定，明确了侵害英雄烈士名誉、荣誉的民事责任。《民法典》第 185 条规定："侵害英雄烈士等的姓名、肖像、名誉、荣誉，损害社会公共利益的，应当承担民事责任。"对英雄烈士做了民事法律保护。其次，2021 年 3 月 1 日施行的《刑法修正案（十一）》，与《英烈保护法》相衔接，进一步完善了英雄烈士名誉、荣誉的刑法保护，明确了侮辱、诽谤英雄烈士犯罪行为的刑事责任。修正案第 35 条规定，在《中华人民共和国刑法》第二百九十九条后增加一条："侮辱、诽谤或者以其他方式侵害英雄烈士的名誉、荣誉，损害社会公共利益，情节严重的，处三年以下有期徒刑、拘役、管制或者剥夺政治权利。"对英雄烈士做了刑事法律保护。第三，2023 年 10 月 24 日十四届全国人大常委会第六次会议通过、自 2024 年 1 月 1 日起施行的《中华人民共和国爱国主义教育法》，将"英雄烈士和先进模范人物的事迹及体现的民族精神、时代精神"作为"爱国主义教育的主要内容"，并将"歪曲、丑化、亵渎、否定英雄烈士事迹和精神"列为禁止行为，违反者将被追究法律责任。

二是完善英烈保护的配套行政法规规章。国务院及有关部门陆续修改、制定《烈士褒扬条例》《烈士纪念设施保护管理办法》《烈士公祭办法》《烈士安葬办法》《境外烈士纪念设施保护管理办法》等配套行政法规、规章。

2019 年 8 月 1 日，国务院公布修订后的《烈士褒扬条例》，将英雄烈士保护纳入党和国家功勋荣誉表彰制度体系，一是调整烈士评定程序，增加由国务院退役军人事务部门将烈士名单呈报党和国家功勋荣誉表彰工作委员会的工作程序；二是彰显烈士荣誉属性，将烈士证书改由党和国家功勋荣誉表彰工作委员会办公室名义制发；三是体现对烈士及其遗属的敬仰和尊重，规定县级以上人民政府每年在烈士纪念日举行颁授仪式，向烈士遗属颁授纪念证书。

2019 年中共中央办公厅、国务院办公厅、中央军委办公厅印发《烈士纪念设施规划建设修缮管理维护总体工作方案》，这是烈士纪念设施管理保护工作的纲领性文件。

2020 年 4 月 16 日，退役军人事务部烈士纪念设施保护中心（烈士遗骸搜寻鉴定中心）在京挂牌成立，主要承担境内外烈士纪念设施规划设计、烈士遗骸搜寻鉴定、烈士事迹和遗物收集整理，以及开展国际交流合作等工作。

2022 年，退役军人事务部公布新修订的《烈士纪念设施管理保护办法》，进一步规范了保护工作。

2023 年，退役军人事务部公布新修订的《烈士公祭办法》。

这一系列配套法规制度的密集出台，既是对党和国家烈士褒扬优良传统的继承，又是新时代对烈士褒扬工作的制度创新，构建并完善了衔接配套的英雄烈士保护政策法规体系，对进一步提升英雄烈士保护工作质量效益具有重大作用。

三是健全英雄烈士保护法治体制机制，不断提升联动协调机制制度的协同性、规范化水平，将英雄烈士事迹和精神，英雄烈士姓名、肖像、名誉和荣誉，英烈纪念设施，英烈及烈属的合法权益和地位，作为保护的主要内容，依法保护英烈合法权益。2021 年 7 月 2 日，退役军人事务部、中央宣传部、中央政法委、军委政治工作部等 13 部门联合印发《关于建立英雄烈士保护部门联动协调制度的意见》，明确了相关部门英雄烈士保护工作职责，要求"强化依法依规保护，聚焦维护国家利益和公共利益，加大各部门联动协调合力，健全制度管理体系，切实维护英雄烈士尊严和烈士烈属合法权益"。2022 年 3 月，中共中央办公厅、国务院办公厅、中央军委办公厅联合印发《关于加强新时代烈士褒扬工作的意见》，明确要求："建立健全英烈保护工作联动协调机制，坚决依法打击歪曲、丑化、亵渎、否定英烈事迹和精神的言行。"

四是最高人民法院、最高人民检察院相继发布专门通知和办理英烈保护民事公益诉讼案件工作指引等文件，要求认真学习宣传贯彻《英烈保护法》，依法审理侵害英雄烈士名誉、荣誉的案件，依法确定行为人应当承担的法律责任。

最高人民法院 2018 年 5 月 8 日印发《关于认真学习宣传贯彻〈中华人民共和国英雄烈士保护法〉的通知》。2020 年 5 月 13 日，最高人民法院发布大力弘扬社会主义核心价值观十大典型案例，其中保护英雄烈士公益诉讼案例有两例，包括《董存瑞、黄继光英雄烈士名誉权纠纷公益诉讼案》《淮安谢勇烈士名誉权纠纷公益诉讼案》。

最高人民检察院民事行政检察厅 2018 年 5 月 2 日发布《关于贯彻〈中华人民共和国英雄烈士保护法〉捍卫英雄烈士荣誉与尊严的通知》，《关于印发最高人民检察院第十三批指导性案例的通知》，其中包括《曾云侵害英烈名誉案》。

2023 年 12 月 19 日，中共中央发布修订的《中国共产党纪律处分条例》，该《条例》第五十一条明确规定，"通过网络、广播、电视、报刊、传单、书籍等，或者利用讲座、论坛、报告会、座谈会等方式"，"丑化党和国家形象，或者诋毁、污蔑党和国家领导人、英雄模范，或者歪曲党的历史、中华人民共和国历史、人民军队历史"，属于违反政治纪律的行为，情节较轻的，给予警告或者严重警告处分；情节较重的，给予撤销党内职务或者留党察看处分；情节严重的，给予开除党籍处分。

此外，各地也纷纷出台相关地方性法规和规章，加强英烈纪念设施保护、规范纪念活动开展，依法保护英烈及家属合法权益。

国家立法和地方立法形成合力，基本形成了比较完善的英烈保护法律制度体系，为英烈保护工作提供有力法律保障和政策指引，侮辱、诋毁英烈和侵害英烈合法权益的行为将难逃恢恢法网。

英烈名誉司法保护效果彰显

《英烈保护法》施行后，各级司法机关充分发挥司法职能作用，依法惩治英烈名誉荣誉权侵害者，为维护英烈合法权益、社会公共利益提供坚强有力的司法保障。

一是检察机关切实履行公益诉讼职能。《英烈保护法》赋予检察机关保护英烈公益诉讼的重要职能，截至 2023 年 12 月，全国检察机关共办理侵害英烈姓名、肖像、名誉、荣誉民事公益诉讼案件近百件，起诉 60 余件。在 2021 年的两会上，最高人民检察院的工作报告把依法惩治侵害英雄烈士名誉、荣誉的犯罪行为作为重要工作予以圈点。检察长张军在工作报告中指出，网络大 V "辣笔小球" 恶意诋毁贬损成边英雄官兵，检察机关迅速介入，依法适用 2021 年 3 月 1 日起施行的《刑法修正案（十一）》，首次以涉嫌侵害英雄烈士名誉、荣誉罪批准逮捕，开展公益诉讼调查。此外，还对英烈纪念设施保护不力的，立案公益行政诉讼案件 8000 余件，起诉 50 余件，推动修缮烈士纪念设施 2.3 万余处。充分发挥了公益诉讼检察治理效能与作用。

广东军地检察机关针对散葬烈士墓管理保护不到位、烈士身份信息资料缺失等问题，共同督促职能部门系统修缮，全面核查烈士身份信息，帮助无名烈士 "回家"，有力捍卫了英雄烈士的名誉和尊严。

广西检察机关部署开展 "学党史，缅英烈，护忠魂" 保护英烈检察公益诉讼专项监督活动，聚力红色资源保护，传承红色血脉。

湖南省人民检察院推动出台《湖南省红色资源保护和利用条例》，将 "检察机关依法在红色资源保护工作中开展公益诉讼" 写入地方性立法。

二是人民法院在涉英烈案件的审理中，加大对英烈人格权益保护力度，惩治侵害英烈名誉、荣誉的违法犯罪行为。

2019 年 3 月召开的第十三届人大二次会议上，最高人民法院院长周强在工作报告中说："认真落实英雄烈士保护法，陕西、江西法院依法审理叶挺、方志敏烈士名誉侵权案，旗帜鲜明保护英烈名誉荣誉。""江苏、山东等地法院依法审理侮辱消防烈士公益诉讼案，以司法手段捍卫英烈荣光。"此外，最高人民法院多次多批发布英烈权益保护典型案例，统一裁判尺度，充分发挥典型案件的示范引领作用，明确要求各级人民法院审判类似案件，在基本案情和法律适用方面，与最高人民法院发布的指导性案例相类似的，应当参照相关指导性案例的裁判要点作出裁判，为社会树立标杆，明确导向，推动全社会永远铭记英烈事迹，世代发扬英烈精神。

周强院长提到的叶挺烈士名誉侵权案，是《英烈保护法》施行后人民法院受理的全国首例涉英雄烈士名誉案件，具有重要的标杆意义，产生了重大的社会影响。

2018 年 5 月 8 日，西安摩摩信息技术有限公司通过其自媒体账号"暴走漫画"，在"今日头条"上发布了含篡改叶挺《囚歌》内容的短视频，该视频于 2018 年 5 月 8 日至 5 月 16 日在互联网平台上发布传播后，多家新闻媒体对此予以转载报道并批评，引起了公众关注和网络热议，在一定范围内造成了不良社会影响和后果。5 月 24 日，叶挺烈士近亲属叶正光、叶大鹰等七人在西安市雁塔区人民法院提交了对"暴走漫画"主体公司西安摩摩信息技术有限公司的起诉书，提出三项诉求，一是停止侵权行为，二是在国家级别的正式媒体上公开致歉，三是精神赔偿。

6 月 15 日，该案件开庭审理。法院审理认为，叶挺在皖南事变后在狱中创作的《囚歌》，充分体现了叶挺百折不挠的革命意志和坚定不移的政治信仰，表现出的崇高革命气节和伟大爱国精神已经获得了全民族的广泛认同，已成为中华民族共同记忆的一部分，是中华民族宝贵的精神财富和社会主义核心价值观的重要内容，同时也是叶挺烈士享有崇高声誉的基础。被告制作的视频篡改了《囚歌》的内容，亵渎了叶挺烈士的大无畏革命精神，损害了叶挺烈士的名誉，不仅给叶挺烈士亲属造成精神痛苦，也损害了社会公众的民族和历史感情，损害了社会公共利益，故被告行为已构成名誉侵权。9 月 28 日，法院公开宣判，判决被告在国家新闻媒体上予以公开道歉，消除其侵权行为造成的不良社会影响，并判决被告向原告支付精神抚慰金 10 万元。

法院判决一经公布，社会各界反映强烈，一致拥护。《人民日报》《中国青年报》等媒体指出："这个期盼已久的消息大快人心。"《人民法院报》头版发表评论《先烈名誉不容亵渎　法律绝不姑息养奸》，深度解读案件意义，认为此案的判决结果"警示所有的网络媒体运营商：在网络创作时应心存敬畏、严守底线、尊重历史、弘扬正气"。《光明日报》评论《亵渎英雄和经典必须受到法律严惩》称："不懂历史的民族没有根，忘记英雄的民族没有魂。"

2018 年 11 月 5 日，西安摩摩信息技术有限公司在《中国青年报》发布道歉信，为"暴走漫画"曾发布损害叶挺烈士名誉的相关视频道歉，并深感内疚和悔恨："向叶挺烈士近亲属及社会公众致以最诚挚的歉意，承诺在今后的网络创作中定当尊重历史、弘扬正气，同时感谢社会各界的监督指正。"

该案作为《英烈保护法》施行后人民法院受理的全国首例涉英雄烈士名誉案件，案件的审理，在实现个案公平公正的同时，利用法治手段规范网络行为、治理网络违法违规现象，维护了英雄烈士的光辉形象，让保护英雄烈士的法律精神深入人心，引导公众清晰认知亵渎英烈应当承担的法律责任。促使全社会形成崇尚英雄，敬仰英烈，维护民族情感和社会信仰的价值导向，培育和弘扬社会主义核心价值观。该案入选由最高人民法院和中央广播电视总台联合举办的"2018 年推动法治进程十大案件"。

方志敏烈士名誉侵权案的调解解决，起到了重要的教育作用。2017 年 1 月，徐禄飞在微博上发表不实信息，诽谤方志敏名誉；2017 年 2 月，余香艳在微信群传播谣言文章，损害方志敏名誉，两人行为造成恶劣社会影响，给方志敏烈士亲属带来精神伤害。方志敏烈士孙方华清请求判令两被告分别在相关媒体刊登道歉声明并赔偿精神抚慰金。2017 年 10 月，全国人大法工委《英烈保护法》专题调研座谈会上，方华清应邀出席并发言，介绍了该案案情。2018 年 4 月 2 日，在江西弋阳人民法院调解下双方达成诉前调解协议并当场履行，由被告徐、余两人当场就损害方志敏烈士名誉诚恳道歉并作出书面致歉声明，方华清同意谅解并放弃精神抚慰金的诉求。

这两起案件都是《英烈保护法》施行第一年作出的判决，司法保护以其独有的法律强制力捍卫英烈名誉，严惩诋毁英烈、伤害民族感情的行为，在彰显司法公信力的同时，维护了社会公共利益，得到社会广泛认同。

同样值得一提的是，杭州市互联网法院在保护英雄烈士名誉权方面，通过案件审判，发挥了积极作用。

2019 年 9 月，杭州市西湖区一居民王某在网上购物时发现，在印有董存瑞舍身炸碉堡和黄继光舍身堵枪眼的贴画上却配有贬损英烈的文字，认为涉案网店经营者侵害了董存瑞、黄继光的名誉并伤害了其爱国情感，遂向杭州市西湖区检察院举报。接到举报后，西湖区人民检察院根据《英雄烈士保护法》第二十五条的规定：对侵犯英雄烈士名誉的行为，英雄烈士的近亲属可以依法向人民法院提起诉讼。英雄烈士没有近亲属或者近亲属不提起诉讼的，检察机关依法对侵害英雄烈士名誉、损害社会公共利益的行为向人民法院诉讼。对检察公益诉讼程序的启动做了调研论证，调查两位英烈近亲属适格诉讼主体情况，承办检察官了解到，黄继光已无近亲属在世，董存瑞尚有一弟但未提起诉讼，为此，承办检察官专程前往董存瑞弟弟的住处，说明情况并表明意图，得到支持检察机关以公益诉讼方式维护董存瑞合法权益的书面声明。据此，西湖区人民检察院公告，董存瑞、黄继光均无近亲属提起诉讼，故西湖区人民检察院作为公益诉讼起诉人主体适格，程序合法。

2019 年 11 月 19 日，杭州互联网法院组成七人合议庭，通过在线方式对被告翟某侵害董存瑞、黄继光名誉权两案合并进行公开审理。公益诉讼起诉人西湖区人民检察院在法庭上诉称，某网店由翟某注册经营。该网店曾销售 2 款含污化董存瑞、黄继光形象内容的贴画，贴画有多种规格，单价从 4 元至 68 元不等。翟某该行为侵害了英雄烈士董存瑞、黄继光的名誉，故向杭州互联网法院提起民事公益诉讼，请求判令被告翟某停止侵权，并在全国有影响力的媒体公开赔礼道歉，消除影响。翟某辩称，该画销量极少，网上显示库存数量系其随意填写，并表示其已经认识到自身错误，愿意当庭赔礼道歉，希望得到英雄烈士家属和社会各界的谅解。

法院经审理后认为，英雄烈士是国家的精神坐标，是民族的不朽脊梁。英雄烈士董存瑞在解放战争中舍身炸碉堡，英雄烈士黄继光在抗美援朝战争中舍身堵枪眼，用鲜血和生命谱写了惊天动地的壮歌，体现了崇高的革命气节和伟大的爱国精神，是社会主义核心价值观的重要体现。任何人都不得歪曲、丑化、亵渎、否定英雄烈士的事迹和精神。

被告翟某作为中华人民共和国公民，本应崇尚、铭记、学习、捍卫英雄烈士，不得侮辱、诽谤英雄烈士的名誉。其通过网络平台销售亵渎英雄烈士形象贴画的行为，已对英雄烈士名誉造成贬损，且主观上属明知，构成对董存瑞、黄继光的名誉侵权。同时，被告翟某多年从事网店销售活动，应知图片一经发布，即可能被不特定人群查看，商品一经上线便可能扩散到全国各地，但其仍然在网络平台发布、销售上述贴画，造成了恶劣的社会影响，损害了社会公共利益，依法应当承担法律责任。英雄烈士的名誉神圣不可侵犯。

翟某系通过网络平台销售涉案贴画，应属杭州互联网法院管辖。西湖区人民检察院要求被告翟某停止侵权，并在国家级媒体公开赔礼道歉，消除影响，于法有据，应予支持。被告当庭表示服判，并表示已经认识到自己的错误，向社会各界道歉。

本案法官事后说："一个有希望的民族不能没有英雄，一个有前途的国家不能没有先锋。"必须通过司法手段保护英烈的合法权益，传承爱国主义精神，弘扬社会主义核心价值观。杭州互联网法院应用互联网司法新模式，坚持从严保护原则，旗帜鲜明地维护英雄形象，进一步激发了人民群众的爱国主义情怀。对利用网络侵害英烈人格尊严、碰触底线的不法行为坚决打击，以更为坚实的法律保障构筑英烈保护的责任体系，为网络空间注入尊崇英雄，热爱英雄，景仰英雄的法治能量。

中央电视台以《崇尚英雄敬畏英烈》为题做了特别报道。该案系全国首例向互联网法院提起的英烈名誉权保护民事公益诉讼案件。

针对侵犯雷锋等英烈名誉、荣誉和合法权益的行为，《英烈保护法》发挥了极为重要的作用。2021年，杭州市互联网法院审理某网络科技公司侵犯雷锋姓名权民事公益诉讼案，涉案浙江某网络科技公司，为电商企业提供信息中介、资源共享的平台，为了博眼球谋取商业利益，竟然打起了家喻户晓的雷锋的主意。在其商业运作中，将付费会员称为"雷锋会员"、平台称为"雷锋社群"、微信公众号称为"雷锋哥"，并发布有"雷锋会员"等文字的宣传海报和文章，在公司住所地悬挂"雷锋社群"文字标识等，并以"雷锋社群"名义多次举办"创业广交会""电商供应链大会"等商业活动，以"雷锋社群会费"等名目收取客户费用共计30万余元。《英烈保护法》第二十二条规定："英雄烈士的姓名、肖像、名誉、荣誉受法律保护。""任何组织和个人不得将英雄烈士的姓名、肖像用于或者变相用于商标、商业广告，损害英雄烈士的名誉、荣誉。"该公司擅自将英烈姓名用于商业用途，侵犯了雷锋姓名权。鉴于雷锋已无亲属，根据《英烈保护法》第二十二条第二款的规定，浙江省杭州市上城区人民检察院提起民事公益诉讼，要求该网络科技公司立即停止在经营项目中以雷锋名义进行的商业宣传，并在浙江省省级媒体赔礼道歉。杭州互联网法院审理认为，该网络科技公司使用的"雷锋"文字确系社会公众所广泛认知的雷锋同志之姓名，其明知雷锋的姓名具有特定意义，仍擅自用于开展网络商业宣传，构成对雷锋姓名的侵害，同时损害社会公共利益，依法应当承担法律责任。判决该网络科技公司停止使用雷锋姓名的行为，并在浙江省省级报刊向社会公众发表赔礼道歉声明。

本案是《中华人民共和国民法典》实施后首例保护英烈姓名的民事公益诉讼案件。雷锋的姓名不仅作为重要的人格权益受法律保护，还涉及社会公共利益。将雷锋的姓名用于商业广告和营利宣传的行为，将商业运作模式假"雷锋精神"之名推广，不仅侵犯雷锋的人格利益，曲解雷锋精神，也与社会公众的一般认知相背离，损害承载于其上的人民群众的特定感情，损害社会公共利益。这一案件的判决，通过司法手段，为网络空间注入缅怀英烈、敬仰英烈的法治正能量。这一案例被收入最高人民法院 2022 年 12 月 8 日发布的涉英烈权益保护十大典型案例，对司法保护英雄烈士发挥着重要指导作用。

综合施治树立尊崇英烈良好风尚

不懂历史的民族没有根，淡忘英烈的民族没有魂。英雄烈士作为中华民族的杰出代表，是民族精神的脊梁、更是社会价值观的标杆。英烈事迹和精神是中华民族的共同历史记忆和宝贵精神财富，是激励全党全国各族人民不懈奋斗的力量源泉。《英烈保护法》自实施以来，国家机关和有关部门，切实履行法律职责，依法处理侵害英烈权益的行为，有效捍卫了英烈合法权益，维护社会公共利益。同时，大力宣传弘扬英烈事迹和精神，在全社会树立尊崇英烈、学习英烈、捍卫英烈的良好风尚，崇尚捍卫英烈的鲜明价值导向更加深入人心。

相关部门协同配合，采取执法行动。根据保护英雄烈士等相关法律要求，国家退役军人事务、网信、教育、公安、文化和旅游、广电等政府部门，以及军队有关部门，依法履行法定职责，各部门协同配合，积极开展烈士褒扬、纪念设施保护、纪念活动组织、英雄烈士事迹和精神宣传教育等方面工作，依法查处侵害英雄烈士合法权益的行为，英烈保护各方面工作取得明显成效。

网信部门率先行动，严肃整治网上传播戏谑英烈的"恶搞视频"、歪读曲解甚至恶搞历史经典、散布历史虚无主义等突出乱象，从严处置传播丑化恶搞英烈违法违规信息的账号及网站平台，将侮辱诽谤英雄烈士、亵渎否定英雄烈士事迹精神的谣言信息作为重点整治内容，加大监测查证力度，从严惩治违法违规账号，公开曝光典型案例。

2018 年 5 月 8 日，自媒体"暴走漫画"在"今日头条"等平台发布了一段含有戏谑侮辱董存瑞烈士和叶挺烈士内容的短视频，在社会上造成恶劣影响。5 月 17 日，北京市网信办、新闻出版局、公安局、文化市场行政执法总队依法联合约谈属地重点网站，责令网站严格贯彻落实《英烈保护法》，采取有效措施坚决抵制网上歪曲、丑化、侮辱英烈形象的违法违规行为。当天开始，多个平台相继宣布全面封禁"暴走漫画"。随后，"暴走漫画"及"@王尼玛"多次公开辩解、致歉，并主动停更、下线旗下多款产品。

2019 年 11 月 12 日，针对"今日头条"站外搜索结果中出现诋毁革命先烈方志敏的不良信息，北京市互联网信息办公室约谈了"今日头条"负责人，责令其对今日头条平台进行整改，清理不良信息，处罚责任人，健全机制，加强管理，防止有害信息传播。歪曲、丑化、亵渎、否定英烈形象和精神的网络言行得到有效遏制，崇尚英雄、致敬英烈的网络氛围日益浓厚。

文化和旅游部门依法从重从快查处歪曲、丑化、亵渎、否定英烈事迹和精神的互联网文化产品，要求相关互联网文化单位全面开展排查清理工作，仅在 2018 年 5 月，即下线涉嫌违规视频 6 万余条，清理有关信息 1.7 万余条，处置违规账号 8030 个，包括发布含有丑化恶搞董存瑞和叶挺作品《囚歌》的网络动漫产品的"暴走漫画"等受到严重行政处罚，同时鼓励和支持创作生产和宣传推广以英烈事迹为题材、弘扬英烈事迹和精神的文化产品。

2023 年是全民学习雷锋活动 60 周年，共青团中央书记处书记贺军科在《求是》杂志 2023 年第 5 期发表纪念文章专门指出，要"旗帜鲜明地与抹黑雷锋形象的错误言论进行坚决斗争"①。2024 年 5 月 1 日是《英烈保护法》实施 6 周年，六年以来，法律实施取得良好社会效果，尊崇捍卫英烈的鲜明价

---

① 贺年科：《让雷锋精神在青少年中代代相传》，《求是》2023 年第 5 期。

值导向更加深入人心，保障法律实施的制度机制更加健全完善，崇尚、学习、保护英烈的社会氛围更加浓厚。可以期待并相信，《英烈保护法》对于崇尚和捍卫英雄烈士、传承和弘扬英雄烈士精神，将继续发挥不可替代的重要作用。

（本文执笔：魏圣尊，系西南政法大学国际法学院博士生；张帅，系 32078 部队干事；王新建，系中国军事管理研究所副所长、中央军委法制局原研究员）

走向世界的雷锋
和"洋雷锋"的故事

李　强　韩锦伟

习近平同志在党的二十大报告中提出，要"增强中华文明传播力影响力。坚守中华文化立场，提炼展示中华文明的精神标识和文化精髓，加快构建中国话语和中国叙事体系，讲好中国故事、传播好中国声音，展现可信、可爱、可敬的中国形象。加强国际传播能力建设，全面提升国际传播效能，形成同我国综合国力和国际地位相匹配的国际话语权。深化文明交流互鉴，推动中华文化更好走向世界"[①]。人类的先进思想和高尚品德是没有国界的。每当一种先进思想产生、一种高尚品德出现、一个杰出人物涌现，或速或缓，或快或慢，都将跨过国界疆界，穿越时间空间，走向世界，成为人类共有的精神财富。雷锋是属于中国的，也是属于世界的。60年来，雷锋精神契合人类文明发展的规律和趋势，逐步走出国门、走向世界，彰显出强大的历史穿透力和震撼力。

雷锋精神走向世界的理论逻辑

雷锋精神是永恒的，是社会主义核心价值观的生动体现。雷锋精神无疑是集中华优秀传统文化、新时代中国特色社会主义的时代精神和共产主义的先进意识于一体的优秀思想文化。雷锋的崇高品质和感人事迹体现了中华民族的美德，是中华民族的一座内涵丰富、意蕴深刻的精神丰碑，在世界大变革、高度全球化的今天，雷锋精神是中国为人类世界贡献的精神食粮。

[①]　习近平：《高举中国特色社会主义伟大旗帜 为全面建设社会主义现代化国家而团结奋斗——在中国共产党第二十次全国代表大会上的报告》，人民出版社，2022，第45~46页。

（一）雷锋不仅仅是一个人，也是助人为乐、舍己为人的精神载体

苏格兰历史学家托·卡莱尔有句名言："全人类对英模的崇拜昨天有，今天有，将来也一定有。"雷锋精神作为社会主义核心价值观的典型体现，凝结了中华优秀传统文化与共产党人先进价值的精华，符合人类文明发展的规律与趋势，具有历史的穿透力和震撼力。

"学雷锋做好事"，是人们对雷锋精神的充分肯定和热情赞扬，谁不希望这个世界上好人好事多？人们说起雷锋，大多想起的还是他的助人为乐，实质上这是一种很原始的道德观，就像人的恻隐之心，是一种本然之善。只要社会不对人性进行损害和扭曲，人的本性中就有这种禀赋。到现代社会，显然对一个公民的道德观有了更丰富的理解。除了肯定良知良能的价值外，还多了分享权利和承担义务的理念。现代社会并不会强求公民必须"无私奉献"，更不会让"无私奉献"变得功利化，而是公民的一种自我选择。遍布于全国各地的"中国好人"、"道德模范"、志愿服务团队，每天都在做好事，都是对雷锋精神的传承。世界各国都有类似的慈善组织和"好人"，他们助人为乐、诚实守信的善举都得到人们的尊重。

毋庸置疑，雷锋首先是"好人"，诚实善良、扶弱济困，但他远不只是个"好人"。两者的区别在于，普通意义上的"好人"做好事，源于其悲悯的天性驱使，或后天向上向善的良好教导，其行善的初衷、境界和程度有限，多为随遇而行、力所能及，这也是所有人类社会共同倡导的良好风尚。而雷锋做好事不单是乐善好施的天性使然，而是源于万千大众对共产党和新中国的满腔热爱，源于党的先进思想培养下成长起来的一代有理想、有觉悟的青年人对人类崇高理想的深刻理解、热切向往、坚信坚守，对党所领导的伟大事业及所肩负使命的高度认同和自觉践行。他所体现的是一名共产主义战士对党和人民的无私大爱、无私奉献、勇于牺牲的伟大觉悟和品格。雷锋所代表的是共产党人的崇高理想和为理想而献身的价值追求，是人类最先进、最文明的思想和价值观，是最纯洁、最至高无上的人间大爱大美。

雷锋作为一个自然人，是中国的。不过，当雷锋成为一种文化符号的时候，成为人类共同倡导的一种价值观和良好风尚时，雷锋就不仅仅是一个人，

也是助人为乐、舍己为人的精神载体，从这个意义上讲，"雷锋是世界的"。

雷锋的"百宝箱""傻子精神"等生前就已传开的名号美谈，无一不在讲述着一个道理：他在哪里，就会把一个共产党人和军人的崇高理想、高尚美德、高洁灵魂带到哪里，时时处处留下他为人分忧、乐于助人、无私奉献的感人事迹和美好形象。他以美好的言行操守赢得广泛的民心和口碑，也为党和人民树起了一座标杆。在他身上，集中展现了共产党人的使命、社会主义的风貌、民族的希望和力量。

雷锋说："一个人的作用，对于革命事业来说，就如一架机器上的一颗螺丝钉……螺丝钉虽小，其作用是不可估量的。我愿永远做一颗螺丝钉。"[①] 不怕苦、不怕累，干一行、爱一行、钻一行的"螺丝钉精神"，是雷锋精神在干事创业上的具体体现。忠于职守、乐于奉献的"螺丝钉"精神，是人们需要具备的担当和奉献精神，是人类世界通用的道德规范和职业精神。

雷锋说："要学习时间是有的。问题是我们善不善于挤，愿不愿意钻。一块好好的木板，上面一个眼都没有，但钉子为什么能钉进去呢？……一个是挤劲，一个是钻劲。"[②] 他用"挤"和"钻"的钉子精神，努力学习革命理论和文化，刻苦钻研业务技术，练就为人民服务的本领。

（二）雷锋精神属于世界人民

习近平同志倡导的构建人类命运共同体思想，继承和发展了马克思主义"自由人的联合体"思想。马克思、恩格斯在《共产党宣言》中宣告："代替那存在着阶级和阶级对立的资产阶级旧社会的，将是这样一个联合体，在那里，每个人的自由发展是一切人的自由发展的条件。"[③] 马克思主义"自由人的联合体"思想经历了从前资本主义社会的"自然的共同体"，到资本主义社会的"虚假的共同体"，再到共产主义社会的"自由人的联合体"这一历史演进过程，其中包含着从分散的、地域的、民族的历史走向共产主义世界历

---

① 总政治部编《雷锋日记》，解放军文艺出版社，2012，第57页。
② 总政治部编《雷锋日记》，解放军文艺出版社，2012，第53页。
③ 马克思、恩格斯：《共产党宣言》，人民出版社，1964，第44页。

史转变的必然性，体现了从阶级剥削对立社会向消灭阶级差别、阶级对立社会的人类历史社会形态的演进规律。世界历史终究将要走向共产主义的"自由人的联合体"，也就是"人类命运共同体"，这是历史发展的必然趋势。马克思主义的"自由人的联合体"思想，为人类命运共同体理念奠定了坚实的理论基础。

需要注意的是，体现在人类命运共同体中的共同价值追求中的雷锋精神的公德元素，激活了各民族传统文化和价值的优秀基因，汇聚起人类共建美好生活的最大公约数。西方有"人人为我，我为人人"的名言，东方有"各美其美，美人之美，美美与共，天下大同"的思想，雷锋有"活着，就是为了使别人过得更美好"① 的理念。人类命运共同体主张不仅弘扬了体现在雷锋精神中的中华优秀传统文化基因，实际上也激活了各个民族的优秀传统文化，激活了人类共同的价值记忆。正因为这样，人类命运共同体主张提出后，受到国际社会高度关注和欢迎，引发世界共鸣。马克思、恩格斯指出："一切划时代的体系的真正的内容都是由于产生这些体系的那个时期的需要而形成起来的。"② 正因为与时代同频共振，人类命运共同体主张才具备直抵人心的力量，成为引领时代潮流和人类前进方向的鲜明旗帜。日益广泛而深远的国际影响充分表明，走向世界的雷锋精神，有利于推动构建人类命运共同体，为建设更加美好的世界注入正能量。

（三）弘扬雷锋精神具有促进世界文明发展的作用

陶克将军应邀到英国讲授雷锋精神时，碰到一个英国学者提问：雷锋，一个苦难的孤儿，为什么成了人类大爱的典范？有一个在中国工作的日本企业家宫崎博根据自己的观察回答了这个问题，他说：为人类服务，为社会服务，追求幸福和完美，这是人类的一个共同价值追求。雷锋精神就体现了这一点，所以雷锋精神是属于人类的，永存的。在他看来，雷锋精神是集中体现中华文明道德的人文符号。雷锋精神的形成与发展始终镌刻着中华优秀传

---

① 总政治部编《雷锋日记》，解放军文艺出版社，2012，第 53 页。
② 《马克思恩格斯全集》（第三卷），人民出版社，1960，第 544 页。

统文化的深深烙印。"天下兴亡、匹夫有责""敬业乐群""己欲立而立人，己欲达而达人""鞠躬尽瘁、大公无私"等中华优秀传统文化所蕴含的精神品质，为雷锋精神提供了丰厚的滋养。当前，世界正经历着百年未有之大变局，各种安全挑战层出不穷，世界经济复苏步履维艰，全球发展遭遇严重阻碍。是和平还是战争？发展还是衰退？已经成为摆在我们面前的时代之问。60多年前雷锋的一则日记，至今仍发出阵阵时代回响："如果你是一滴水，你是否滋润了一寸土地？如果你是一线阳光，你是否照亮了一分黑暗？如果你是一颗粮食，你是否哺育了有用的生命？如果你是一颗最小的螺丝钉，你是否永远坚守在你生活的岗位上……"这充满深刻哲理的"七问"，展现了中华新文明的回响，启示我们身体力行，团结一心，凝聚力量，去努力实践"天下为公"、向上向善向阳的全人类共同价值追求，推动构建人类命运共同体，丰富和发展人类文明新形态。这正是坚持"雷锋精神属于世界"的战略意义所在。

（四）世界需要包括新时代雷锋精神在内的中国智慧和中国方案

雷锋精神的基本内涵，包括诸如"平凡而伟大""言行一致""公而忘私""奋不顾身""螺丝钉精神""傻子精神""钉子精神"等，在道德价值观上表现为"甘做人民勤务员""助人为乐""无私奉献"等。这些使雷锋精神的抽象概念变得有血有肉，而且成为新时代人类共有的价值追求和世界通用语言。

2013年3月，习近平担任中国国家主席后首次出访，发表了一系列重要演讲：中国发展壮大，我们要实现的中国梦，不仅造福中国人民，而且造福各国人民。自那时起，世界越来越渴望倾听中国的声音，分享中国的成功经验。中国方案的背后有着中国成绩作依托——"与二三十年前相比，中国的城市面貌焕然一新""中国的高铁太方便了""中国的脱贫速度真是一个奇迹"……在一场场会议、一个个论坛上，总能听到外宾如此感叹。这一句句感叹，正是中国方案的底气所在、魅力所在。

如同人们愿意聆听成功者分享经验，包括文化和价值观。人们对于一个大国何以实现复兴更是充满好奇。与此同时，中国全球影响力日益增强，积极分享自己的经验和智慧。人类命运共同体、亚投行、"一带一路"……开放包容的理念和机制，正体现着中国方案的气度和胸怀。

今天，中国不仅要参与全球治理、解决全球问题，还要为解决人类问题作出贡献，这个贡献包括解决具体的政治、经济、安全问题，也包括提供模式借鉴。毫无疑问，在这个充满不确定性的世界里，需要包括新时代雷锋精神在内的中国智慧和中国方案。

当今世界依然面临诸多挑战，西方制度弊端越来越显现，道德沦丧，治理能力低下，社会矛盾不可调和，期待着疏危解困的良方解药。作为负责任的大国，中国向世界贡献中国智慧和中国方案，为世界和平与发展注入了新动力，赢得了国际社会的广泛认可。在价值多元化的世界中，雷锋精神向人们昭示的是奉献社会、服务人民和助人为乐的崇高道德精神。在这样的大背景下，雷锋精神，一种充满真善美的道德情怀，一种助人为乐、舍己为人的精神载体，走出国门，被外国人学习和称颂，成为解决矛盾问题的济世良方。他展现出人类最伟大、最高尚的道德情操，预示了人类社会未来更高级别的文明。时下，我们弘扬新时代雷锋精神，就是要坚持道路自信、理论自信、制度自信、文化自信，推动引领重构全球化体系，构建人类命运共同体，为世界作出更大贡献。

雷锋精神走向世界的历史逻辑

"雷锋属于世界"这句话，早在 34 年前就成为许多人的共识。1990 年 2 月 2 日 6 时 30 分，中央人民广播电台在每天最重要的"新闻与报纸摘要"时段，向世人传播了一个使人惊诧的信息："雷锋属于世界。"同一天，这个醒目的标题出现在全国许多报刊上。文章是由新华社记者郑国联采写的。他写道——慕名到湖南雷锋纪念馆参观的美国教师吴玉婷，看了雷锋事迹展览后，激动地用中文在留言簿上写下："雷锋属于世界。"

另一位同时在这里参观的美国朋友詹姆斯接着用英文题词，高度赞扬雷锋精神。雷锋纪念馆的留言簿上，留下了一串串外国朋友的名字和题词。这个纪念馆自 1968 年 10 月 20 日建成开放以来，已有近 40 个国家和地区的 1.4 万多名外国朋友和港澳同胞前来参观。在北京学习的法国留学生施兰，学成回国前到雷锋纪念馆参观了一个多小时，不时发出敬佩的赞叹。纪念馆工作人员问他：你是法国人，为什么对雷锋那样敬重？他回答说："如果我们人类都能像雷锋那样处理人与人之间的关系，那该多好啊！"

在上海学习的美国留学生温戴免克，专程到雷锋纪念馆参观。在被问到向雷锋学习什么时他说：学习雷锋对待事业的态度、学习雷锋刻苦学习的钉子精神，学习雷锋关心人、爱护人、支持人、理解人的品质。他说，这些精神都是人类应该有的。他表示要和更多的人一起，把雷锋精神弘扬到全世界。美国女青年凯西经常做好事，人们亲切地称她是美国的"雷锋"。30 多年后，湖南雷锋纪念馆接待外宾已经超过 12 万人次，到抚顺雷锋纪念馆参观的外宾已经达到 20 多万人次。有留言记录的国家和地区达 70 多个。

雷锋是中国人一张亮丽的名片，是中国精神的时代象征。世界人民从雷锋身上感受到了中华民族优秀文化的时代魅力，感受到了中国共产党为人民服务优秀价值观的无比美好，感受到了中国人民的善良和可爱。

深情缅怀、热烈追逐，"雷锋迷"的群体遍布世界

世界上许多美好的东西是没有国界的，无论是在大自然，还是在人类社会，如太阳、空气等。雷锋语言和雷锋行为所形成的雷锋精神，犹如阳光、雨露、空气和粮食，善待每一个人、每一个生命。因此，才有一批又一批国际友人，不断地被雷锋的事迹感动、被雷锋的精神激励，让雷锋的"粉丝群体"遍布世界。抚顺市雷锋纪念馆是世界上最具影响力的杰出人物纪念馆之一，自建馆以来已经接待了中外游客超过 6000 万人次。长沙雷锋纪念馆自 1968 年开馆以来，已有 50 多个国家和地区 1.5 万多人参观。其中，更不乏慕名而来的外国游客。一个 20 世纪 60 年代涌现的中国"英雄""好人"，在半个多世纪过去后，仍吸引着世界的诸多目光。

那位"中国士兵"充满魅力

60 年来，随着时代变迁，"雷锋"——这个在中国家喻户晓的名字，事实上已经成为境外媒体关注中国的一个窗口。用美国《时代》周刊的话说："雷锋品牌是中国人民也是全人类共同的精神财富。"

"向雷锋同志学习！"1963 年，毛泽东主席的这一号召在几亿中国人的心

中播下了种子，雷锋成为全国工厂、公社和部队的榜样。雷锋牺牲的第二年，学雷锋活动在中国大地上如火如荼地开展起来。

1963 年 8 月，日本中国友好协会第一次派遣学习代表团来华访问。他们用一个月时间行走于刚经历过三年困难时期的中国，随后在 9 月 21 日出版的《日本和中国》（日本中国友好协会机关报）中刊登了一篇题为《学习是中国的关键，协会学习代表团参观记》的文章，描述了一个"想象之外的中国"：在全中国，无论城市还是农村，到处都充满着一种延安精神。

在日本代表团团员看来，建设阶段体现延安精神的"雷锋"的感染力尤其令人震撼。"雷锋的事迹和他的日记中的话以及毛主席、朱德委员长等领导人号召学习雷锋的题词，几乎贴满了工厂和农村的墙壁。"这样的环境使得"谦虚有礼貌，而且有火一样劳动热情的青年人"随处可见，他们认为这正是中国人民克服困难的精神动力所在。

全中国人民学习雷锋的消息也传到了阿尔巴尼亚。1963 年 11 月 27 日，阿《青年之声报》登载了雷锋日记摘录，并在"行动从思想来，荣誉从集体来"的标题下介绍了雷锋的生平。《青年之声报》将"雷锋的短促而丰富的一生"概括为"以高度的共产主义道德品质教育出来的普通人的一生"。它指出，中国人民忠实的儿子雷锋以高度的共产主义道德品质鼓舞着青年；雷锋直到他的心脏停止跳动的最后一刻，仍把集体利益置于个人利益之上，并为祖国的利益和社会主义建设事业献出了全部的精力。而在这场学习运动的影响下，全中国已经涌现出成千上万个"雷锋"。

1993 年，中共中央决定深入开展学雷锋活动。英国路透社在是年 1 月发文关注这一"面目一新的雷锋运动"，并引用《人民日报》的评论认为："这场运动将揭示出学习雷锋在发展社会主义市场经济条件下的重要意义。"

这一重要意义预示着往昔代表集体主义的雷锋精神会出现怎样的变化？"时代的发展使雷锋精神的定义更加丰富了，远远超出了无私的'狭隘定义'。对于普通公众来说，雷锋精神现在也意味着对人热情，对解决社会难题的认真态度。雷锋精神有助于解决国有企业（弊端）和失业的问题。" 1998 年"雷锋日"，德国《法兰克福汇报》引用新华社的报道回答了这一疑问。该文还阐述道："雷锋从来没有被困难压倒过。他的乐观主义能给人以勇气，能缓和社会的紧张关系。"

"雷锋"变得越来越不可或缺，并与人们的生活紧密相连。2002 年日本《朝日新闻》发现北京开始流行"雷锋衫"——雷锋画像印上了 T 恤衫；2005 年，美联社报道"雷锋进入网络游戏"：网络游戏《中华英雄谱》里有了解放军战士雷锋。"虽然正统的理想已经让位于市场经济，但是中国领导人号召建立和谐社会，鼓励人们学习雷锋的无私奉献精神，于是微笑的雷锋形象再次频频出现。"美联社如是解读。

2006 年一个偶然的机会，出版人师永刚看到雷锋当年的摄影师之一张俊先生的很多图片，照片里的雷锋骑摩托车、开拖拉机、穿时髦的衣服，留着刘海儿……完成了一个生活化的雷锋形象。于是他和朋友一起编辑出版了《雷锋 1940~1962》，为人们展示一个不一样但又真实的雷锋。

美国《时代》周刊看到此书后写下文章——《戴皮帽子的嬉皮士》，来讲述全新的、时尚且酷的雷锋以及雷锋照片背后的故事。而在此之前，《时代》周刊曾这样问道，为什么雷锋是留下照片最多的模范？为什么他做的一切好事身边都有人拍照记录？

一个中国英雄的形象在更新和充实，而这也并不妨碍中国人理解"英雄"的概念多样化。香港《南华早报》认为，"毛泽东时期的偶像仍是新时期的英雄"，只不过需要"变身"。2011 年，身着绿色军装，外披红色斗篷，头戴棉帽，骑着一辆中国产的凤凰牌自行车的"雷锋侠"一度红火于网络。他会变身成超级英雄引导盲人过马路，还会刮掉贴在路灯灯柱上骗人的小广告。虽然"雷锋侠"原型乃是中国一位做好事的普通清洁工，但人们口口相传的是："雷锋"又回来了。

了解"精神偶像" 极具兴趣

穿着棉布军装、戴着"大耳朵"的棉帽子、端着机枪——这个年轻人到底是谁？英国人欧伦刚到中国时常常在艺术品上、T 恤衫上见到这个形象。后来从同事口中，欧伦获知，这个青年人是中国拥有个人纪念馆最多的人，他叫"雷锋"。于是一到抚顺，欧伦第一站就奔向了雷锋纪念馆。同样来自美国的乔书华刚到中国不满 7 个月就两次走进雷锋纪念馆。他说，早在美国的时候，他就已经知道雷锋，老师讲授政治和历史课程时曾经提到过这位中国英雄。在他的印象里，雷锋是个时刻都准备好帮助他人的好人。在抚顺，只要有空闲，他就会到雷锋纪念馆，认真了解雷锋的故事。

外国游客们认为，雷锋精神没有国界。澳大利亚外宾苏珊·兰厄姆说："世界和平需要像雷锋一样无私的人。"2004 年 6 月 23 日，一个名叫布莱德·威廉姆斯的美国学生表示："雷锋的一言一行都体现出为人民服务的精神。他不仅是中国人民的英雄，也是世界所有向往美好生活的人们心中的英雄。"一位来纪念馆参观的欧盟代表团代表曾经这样说："这里所体现的毫不利己，关心他人，关心最贫困和最穷苦人的精神，对全人类都有指导意义。让我们一起共同建立一个更为公正、更为安定的世界。"

抚顺市雷锋纪念馆的讲解员每天要面对近万名观众，讲上十几遍雷锋的故事。工作之外，她们还要抽空强化英文、学习手语，以方便接待前来参观的外国友人及聋哑残障人士。在 2002 年抚顺市改扩建之后，新招的讲解员全部都是大学英语专业毕业。相较于其他事业单位，抚顺雷锋纪念馆的招聘条件显得格外"苛刻"：除了对文化程度、身高、视力有具体要求之外，雷锋纪念馆还要求讲解员在仪容仪表、气质风度、普通话、诗歌才艺等方面有突出表现。

大多数外国人不是特别了解雷锋的事迹，对他们的讲解更着重于故事解读，外文解说词比中文更口语化一点。讲解中，许多外国朋友都对雷锋 7 岁就成为孤儿感到同情，而讲到乐于助人的雷锋 22 岁就不幸牺牲时，许多外国友人还会发自内心地感到难过。外国游客参观纪念馆时往往特别仔细，甚至对中文书写的《雷锋日记》都要研究一阵子。

2022 年，来自俄罗斯、印度、马里、印度尼西亚、刚果（布）等多个国家的 80 人留学生团队在听完抚顺市雷锋纪念馆的宣讲后，深受雷锋精神鼓舞，争相诵读雷锋日记。"外国人去抚顺，雷锋纪念馆是必到的一站，雷锋是中国人民敬仰的英雄，纪念馆是了解中国人爱与憎的最好窗口。"常年在沈阳从事导游工作的张晓芳说。在她带的旅游团里，常常有国外游客主动提及雷锋，问起雷锋的生平和事迹。

书写"纪念留言" 饱含深情

在抚顺市纪念馆出口处的留言簿上，写满了各国游客留下的文字，字里行间无不呈现他们在感受了雷锋精神后的敬仰之情，这也是他们"探访雷锋精神之旅"后所给出的鲜活答案——"感谢你们对一个中国好人如此怀念！"2004年4月，德国人彼德在留言簿上写道。同年6月23日，一个名叫布莱德·威廉姆斯的美国学生在留言簿上写道："雷锋的一言一行都体现出为人民服务的精神。他不仅是中国人民的英雄，也是世界所有向往美好生活的人们心中的英雄"；2004年9月，来纪念馆参观的欧盟代表团全体人员这样写道："这里所体现的毫不利己、关心他人、关心最贫困和最穷苦人的精神，对全人类都有指导意义。让我们一起共同建立一个更为公正、更为安定的世界"……

2012年3月1日，美国驻沈阳领事馆总领事谭森在抚顺市雷锋纪念馆的留言簿上写道："雷锋是一位楷模，雷锋精神鼓励着每个国家的人。"他在完成了对纪念馆的参观后动情地表示："雷锋牺牲时虽然只有22岁，但他的影响非常广泛，在美国的西点军校都曾挂有雷锋的照片，这是件非常了不起的事情。雷锋精神及其所表达的价值观不但是中国的，也是美国的乃至是全世界的。我认为，各国人都应向他学习。"

"他的一生是短暂的，但他的贡献是无限的。我很高兴有机会学习到雷锋的一生，我将永远记住这次参观，并尝试宣扬雷锋思想。"美国人玛丽·罗基尔2005年9月22日留言道。英国人轶悟2004年3月16日留言说："他的生命很短暂，但他无私为人民服务的精神给我留下了深刻的印象"。《朝日新闻》中国总局铃木晓参也有相似感慨，他于1999年3月23日写道："雷锋是一位不平凡的人。"

多措并举、多方发力，"学雷锋"的足迹走出国门

习近平总书记指出："以海纳百川的宽阔胸襟借鉴吸收人类一切优秀文明成果，推动建设更加美好的世界"[①]。文化是一个国家、一个民族的灵魂。一

---

① 习近平：《高举中国特色社会主义伟大旗帜　为全面建设社会主义现代化国家而团结奋斗——在中国共产党第二十次全国代表大会上的报告》，人民出版社，2022，第21页。

个国家的崛起不仅是经济的崛起，也是社会制度的崛起，同时还应该是价值观念的崛起，精神文化的崛起。雷锋精神不仅是中国人民的宝贵财富，更是人类文明中的一朵绚丽奇葩，其影响、贡献和价值是永恒的。在各地区、各部门、各群体的努力下，"学雷锋"的足迹开始走出国门，雷锋精神逐渐走向世界。

"雷锋"漂洋过海到西非

2004 年 3 月，雷锋生前所在部队赴西非利比里亚执行维和任务。出国前，他们就决心在维和过程中，把雷锋精神传播到非洲。出国前的半年时间里，他们积极组织力量翻译、印刷了中英文版的《雷锋故事》，制作了雷锋铜版像，扩印了 200 多幅反映雷锋生平事迹的图片和部分文字资料。2004 年 3 月，雷锋团 275 名官兵，作为中国第一支工程兵维和分队来到饱经战乱的利比里亚。他们迅速在营区布置好了一个 150 多平方米的雷锋事迹展览馆，先后接待了 600 多名当地群众、政府官员及其他国家维和部队官兵等前来参观。同时他们还利用执行修路、架桥任务的有利时机，向利比里亚 19 所大中小学宣讲雷锋故事、赠送《雷锋故事》和雷锋铜像。

2004 年 6 月 19 日，位于绥德鲁市中心供水站的两罐 1000 多公斤氯气发生了大量泄漏，周边的树木、杂草迅速枯黄，蚂蚁、青蛙、蜥蜴这样的小动物僵死一地，2000 多名居民被迫离开他们的居所。而派驻利比里亚的维和部队中并没有防化部队，经过商讨，联合国驻利比里亚特派团请求中国工兵进行救援。雷锋生前所在部队和官兵组成的抢险队冒着氯气还在不断泄漏的风险，将罐体进行密封和捆绑，运送到郊区。任务圆满完成，当地群众纷纷到路旁欢送，他们高呼："Chinese Lei Feng"（中国的雷锋），向中国抢险官兵挥手致谢。

雷锋事迹展览馆的留言簿中，一位母亲在旁边用英文写了一段话：感谢叫"雷锋"的中国军人，谢谢你们救了我的孩子。抚顺市雷锋纪念馆、湖南望城雷锋纪念馆有许多外国观众写下的留言，他们的留言汇成一句话：中国的雷锋，也是世界的雷锋。

雷锋与"一带一路"

2018 年 3 月 3 日，抚顺市组织了"一带一路雷锋同行"文化交流活动。

这是一次加强与"一带一路"国家经贸文化交流，弘扬新时代雷锋精神的生动实践，更是走出国门宣讲雷锋故事、展示雷锋精神的有益尝试。本次交流活动在马来西亚通过展览、报告会等形式宣传雷锋事迹，传播雷锋文化，获得热情欢迎。

同年6月，马来西亚20人的校长访问团到抚顺雷锋纪念馆、抚顺雷锋小学学习交流。中建电力建设有限公司创建的"雷锋学堂属地联建"，是中宣部确定的全国学雷锋示范基地。他们把遍布国内项目所在地的"雷锋学堂"，扩展到共建"一带一路"的越南、纳米比亚等国，传播雷锋精神和中华优秀传统文化，捐资助学，深受当地人们的欢迎与喜爱。

中建三局北京公司"雷锋精神进工地"活动品牌，也响应国家"一带一路"倡议，融入柬埔寨、菲律宾等国海外工程建设，组建首支海外"工地雷锋班"，在保障施工高质量完成的同时，开展志愿服务，为当地贫困居民发放生活物资、义务参与当地基础设施改建维修、环境整治等，受到了柬埔寨、菲律宾政府和当地居民的高度赞誉。

"雷锋"走出国门

在传播雷锋精神过程中，陶克将军曾经多次近距离和外国人接触。一次是1990年3月8日，"活雷锋"张子祥接受外国记者采访。

张子祥是沈阳军区驻丹东部队的一名志愿兵，长期为驻地孤寡老人和残疾人做好事，并带动一批大学生加入学雷锋队伍。他的事迹在报纸上宣传后，时任总理李鹏称赞他是"新时期的活雷锋"。

在解放军总参外事局一间铺着红地毯的接待室里，英国广播公司记者麦杰思，《泰晤士报》记者孙凯琳（女），法新社记者麦法诚，摄影记者凯瑟琳（女）对张子祥进行集体采访。

麦杰思说："我首先问你，雷锋对你意味着什么？"

张子祥回答："雷锋是我学习的榜样。他身上体现着中华民族的传统美德，他把这种传统美德同共产主义思想相结合，他是我做人的典范，我做人就要做雷锋这样的人。"

麦杰思说："你讲过雷锋具有中国的传统美德，并且具有共产主义精神，你想，作为外国人怎么学？"

张子祥答："我认为，雷锋精神体现了人类文明的精华，做人要像雷锋那样做人，像他那样助人为乐，对别人无限的爱，自己活着使别人更幸福，他的精神是值得学习的。"

麦杰思又问："那么你能不能设想一下我们应当怎样学习雷锋，作为一个外国人怎么学习呢？"

张子祥答："我想，每个人都有做人的道德、做人的标准，至于自己怎么学、怎么做，每个人自己都会做出选择。"

麦杰思说："西方谈助人为乐，帮助他人，常提到耶稣，你把耶稣和雷锋如何比较？"

"我想，这在本质上可以说是不同的。"张子祥答，"我认为，雷锋更实在，更令人容易接受。"

"为什么呢？"麦杰思问。

"雷锋生活在平凡的工作岗位上，他的助人为乐深深植根于人民之中，我感到他更实在，更适合我们学习。"张子祥答。

"你是否认为中国人看雷锋就和西方人看耶稣一样？"

"我还是重复刚才的那一点，雷锋就生活在我们中间，我们身边到处能看到雷锋，都可以看到雷锋精神在闪光。"张子祥又答道。

面对外国记者咄咄逼人的提问，一名普通士兵能如此镇静，落落大方，回答得既真诚、得体，又有鲜明的政治态度，确实体现了当今中国人民的素质。

第二次，《纽约时报》记者走进雷锋杂志社。2015 年 7 月，出版史上第一本以人名命名的杂志《雷锋》在北京问世了，《纽约时报》对此进行了专访，文中写道：

退休的少将，现为《雷锋》杂志总编辑，他举着新创刊的《雷锋》杂志，在一个年轻的英雄肖像和关于雷锋的题词下接受本次专访。

雷锋已经去世了，但在杂志中他一直活着。一个在 20 世纪 60 年代成为宣传偶像的无私士兵在中国北京西部的一个狭小的办公室里复活了，就在那里一本由人民出版社指导的新月刊在 7 月创刊了。

在一个昏暗的电梯大厅的尽头，有一扇门，一打开它就可以看见一面白色的墙壁，上面展示了一个红色的士兵肖像，下面有一句铭文："人类的美好向往——雷锋。"

杂志社其他工作人员一样都戴着雷锋的徽章。雷锋作为杂志的名称是以毛体字的形式展现的。杂志是想建立一个雷锋研究的体系去捍卫军人的形象和鼓励中国社会中的利他主义。

这位美国记者同法新社记者几乎关心着同一个话题："雷锋和耶稣怎么比？"雷锋已经走出国门迈向世界，《雷锋》杂志的创办能够架起国际舞台多元文化体系融合的新纪元吗？

第三次，在英国举行雷锋宣讲。2017年3月，陶克的专著《告诉你一个真实的雷锋》英文版在伦敦发行，英国人选择在威廉首相故地、英国全国自由俱乐部举行发行仪式，陶克在发行仪式上作了一场题为《告诉你一个人间奇迹》的演讲。

雷锋去世时年仅22岁。他的一生用一个词来表达，那就是"好人"。雷锋，人类美好的向往。雷锋生长在有着五千多年中华优秀传统文化的土壤上，他知识面广，喜欢名人名句，广泛吸取人类文明智慧，在他身上闪耀着古今中外先哲们思想的光芒。

从雷锋的言行中，我们仿佛看到古今中外先哲们对信仰的坚守、对仁爱的追求。演讲开始时，台下的听众似乎一个个双目无神，但随着陶克将军演讲的不断深入，他们听进去了，眼里也有光了，有的甚至在抹眼泪。

英国汉学家米兰·卡佩汤先生上台发表演讲《苦难的孤儿，仁爱的典范——雷锋何以从大恨走向大爱》。他说："中国的雷锋，为人类健康发展提供了一个有意义的探索。雷锋从苦难孤儿成长为一个伟大的好人，非常不易。他可以成为千千万万人的榜样。"

英国独立党中央委员会执行委员、党首前候选人伊丽莎白·琼斯女士说："中国的雷锋胸有大爱，太可爱了。英国有个南丁格尔护士，她爱护伤员，犹如女神一般。她就是英国的'雷锋'。雷锋爱学习，有哲学思想，我很佩服。"

爱心无国界，从中国的雷锋到英国的南丁格尔，他们的大爱、奉献、敬业，都会受到敬仰。

雷锋和雷锋精神在全世界的传播，是以其充满阳光的、亲和的形象走向世界的。

"我在圣彼得堡上中学的时候，学校里教中文，当时我就已经对雷锋先生的故事和他相关的事迹有了初步的了解。雷锋把国家和社会的利益放在第一位，愿意牺牲自己来为他人作贡献。"在俄罗斯姑娘马兰眼中，雷锋的故事既让她崇敬，也感到亲切。"在俄罗斯，也有很多像雷锋一样被授予苏联英雄称号的军人。他们在二战后满怀爱国热情建设苏联，家喻户晓。"

长大来到中国后，马兰在北京生活了将近20年。她实实在在地感觉到，雷锋精神对中国社会有非常深刻的影响，经久不衰，形成了良好的传统和风尚。特别是在改革开放后，中国社会发生了巨大的变革，人们更加重视个人的追求，因此继续弘扬雷锋精神就有了更为重要的意义。在中国留学期间，大学里也仍然重视雷锋精神的宣传和教育，这让马兰十分赞赏。

蒙古国残奥会前秘书长那森巴特·奥云巴特初次知道雷锋精神，是在北京体育大学读书期间。"我的中国同学向我介绍了雷锋。后来我知道，他是中国人民的伟大榜样之一。从他的故事中我了解到，在雷锋短暂的一生中，他把业余时间都奉献给了社会事业。他从一名普通士兵成为全国服务和奉献的象征，被全国人民所铭记。"

那森巴特还记得，有一年的学雷锋纪念日，她的一些中国朋友去做了一些很好的志愿服务工作。那森巴特说，在这一天，中国各地的志愿者以不同的方式进行纪念。在北京，志愿者来到敬老院帮助打扫房间，并提供健康服务，年轻人则纷纷加入青年志愿者协会。人们去帮助生活中遇到困难的人，学习雷锋的精神。

对上海毕兹商务咨询有限公司总裁伊万来说，雷锋精神是奉献自己、帮助他人精神的象征。在中国生活的18年间，伊万走过了很多不同的地方，结识了形形色色的人。尤为使他印象深刻的，是一次自己遭遇突发情况后，一位山东的朋友连夜赶来，陪着他住了一段时间，成为难忘的人生经历。

"作为外国人，我能感觉到中国社会深受雷锋精神的感染。日常生活中，我经常得到他人的帮助，有的来自朋友，有的来自陌生人，让我感触很深。"伊万说。

跨越60年，时代变迁背景下对雷锋精神的继承和弘扬，也是外国朋友谈到雷锋精神时颇为关注的话题。那森巴特说，过去人们常常认为学雷锋就是帮助老人或孩子，做做家务，打扫卫生。今天更多的人开始意识到，支援西部、帮助残疾人就业以及献血、捐献器官都是发扬雷锋精神的途径。"对我来说，雷锋的哲学就是'当你为他人付出时，不要要求回报。如果你的善意能够对国家和人民产生影响，你就是最富有的那个人。'"

雷锋影响世界

朝鲜文、泰文等翻译出版的《雷锋日记》《雷锋诗文集》等达 30 余种。20 世纪末，雷锋以纯朴微笑的"中国形象"入选"全球 20 世纪最有影响力的 100 张照片"；2012 年，雷锋又以"党和国家领导人题词最多的士兵"荣获上海大世界基尼斯纪录认证。2017 年 12 月 18 日，在雷锋同志诞辰 77 周年到来之际，再次以"个人为题出版书籍数量最多的士兵"荣获上海大世界基尼斯纪录认证。

2017 年 3 月 14 日，《雷锋》杂志总编辑陶克将军携其著作英文版《告诉你一个真实的雷锋》在英国第二大规模的会所——全国自由俱乐部，做了《告诉你一个真实的雷锋，告诉你一个人间奇迹》的主题报告。英国时间下午两点，能容纳 100 多人的房间里座无虚席。在热烈的掌声中，陶克将军走上讲台娓娓道来，从孤童雷锋、阳光雷锋、善行雷锋、哲思雷锋、百姓雷锋、世界雷锋、永远雷锋多个角度，介绍了一个非常可爱、极富感染力的鲜活形象。英国听众先是一脸茫然，后则开心地笑、不由自主地鼓掌。73 岁的英国全国自由俱乐部主席莫里斯罗伯逊侯爵，拄着拐杖走上讲台："将军可以送我一尊雷锋塑像吗？我的俱乐部是议员们会友的场所，我的墙壁上挂满了首相和名流的画像，我要把雷锋塑像也摆在这里，让他们都看看雷锋，雷锋使世界更美好！"

同年 12 月 18 日，陶克将军在国防大学防务学院学术报告厅，为防务学院第 40 期防务与战略研究班、第 3 期埃塞俄比亚高级军官培训班等百余名外军学员讲雷锋。"雷锋是谁？作为一名普通战士，他何以成为中国军人的道德偶像？所谓雷锋精神，又究竟在塑造中国军队性格的过程中产生了怎样的影响？"陶克将军就像是一位故事的歌者，娓娓道来。台下，那些来自异国他乡，身着各型军装的外军学员们，随着陶将军绘声绘色的讲述，或屏息聆听时而若有所思，或聚精会神时而豁然开朗。报告结束以后，来自菲律宾的雷纳尔多·加比内特陆军中校拿着一本英文版《告诉你一个真实的雷锋》走向陶克将军，希望他可以为这本书签名留念。加比内特指着封面上雷锋端枪的照片说："您瞧，今天是我第一次听说雷锋和有关他的故事，但我却已经开始将他视为榜样。"

杭州雷锋纪念馆馆长马水泉在驻美国大使馆前一秘田志芳的帮助下，先后三次自费到美国，两次进西点军校考察，亲自见证了西点军校招生简章上印有雷锋照片和汉语教研室曾悬挂过雷锋画像，并向西点军校赠送雷锋纪念章和雷锋书籍。他还把雷锋照片摆放在好莱坞热闹的场地，向观众讲述雷锋的故事。他还利用到德国参加世界农副产品展览会的机会，把大量雷锋照片、纪念章和书籍及各种宣传品赠送给外国友人，宣传雷锋精神。

雷锋生前所在团 20 世纪 70 年代在老挝建立了第一个海外雷锋纪念馆，全面介绍雷锋的事迹，展现雷锋精神，三年多时间接待 2 万多人参观。2020年，雷锋生前所在部队又派出 100 多名官兵远赴西非马里执行国际维和任务。他们在异国他乡办起了雷锋精神展览馆，建立了雷锋服务队，向当地群众传播雷锋精神。2022 年，军旅作家胡世宗学习雷锋新作《信念之子——雷锋》，用中文和英文同时出版发行。

知行合一、躬身实践，"洋雷锋"的故事接续谱写

习近平总书记一再强调，雷锋精神永远值得弘扬。弘扬雷锋精神，重在实践，重在经常，重在创新。目前，越来越多的国际友人，被巨大的、广泛的、炽热的"雷锋磁场"所吸引，涌现出了许许多多的"洋雷锋"，他们用自己的实际行动谱写着全新的雷锋故事，把雷锋精神带到五湖四海、四面八方，辐射到整个世界。

学雷锋从点滴做起

尘雾之微，补益山海；萤烛末光，增辉日月。无数"洋雷锋"以雷锋为偶像，让学雷锋融入日常、化作经常。2005 年 2 月 27 日，一个由 30 多名外国人组成的"老外学雷锋"车队，在长春市重庆路恒客隆超市门前，免费邀

请近百名购物后的市民坐上了由他们驾驶的私家车回家。据报道，这些外国人听说了中国雷锋的故事后，都对雷锋很崇拜，在中国快乐地当起了"义工"。

2007 年 3 月 9 日，一群金发碧眼的外国人，个个头戴一顶写着"西湖社区青年志愿者"的小红帽，在湖南长沙西湖社区义务组织当地居民为贫困地区孩子捐献物资。而且，他们还定期去长沙市盲聋哑学校和湖南省残疾人康复中心，帮助残疾人进行听力和口语的恢复训练。

2009 年，10 名来自美国、英国、俄罗斯、喀麦隆等国家的外国人，正式加入了抚顺市志愿者的行列，成为辽宁第一支外籍志愿者团队……

德国人康明德还特意买了一本关于雷锋的书，感动之余用德文写了一篇文章向德国儿童介绍雷锋的事迹。他表示，雷锋做了很多好事，应该让更多人知道。

学雷锋走进外资企业

雷锋精神不仅被在华外国人学习和推崇，更有外资企业集体"学雷锋"，一时传为美谈。

日本独资的大连原田工业有限公司已经开展了超过 20 年的"学雷锋"活动。该公司的日方总经理表示，雷锋精神是世界上宝贵的财富，如果能把雷锋精神引入原田公司，无疑会改变员工的精神面貌，增强企业的凝聚力和创造力。为此，原田公司决定以建立"雷锋卡"制度的形式，奖励那些在工作中尽职尽责、助人为乐、思想道德品质优秀的员工。

相关媒体曾报道说，该公司青年女工魏莉从农村到外企工作后，勤奋努力，成为操作技术最好的女工能手之一。几年时间里她连续获得 5 枚"雷锋卡"，按规定，她被派往日本进修深造；公司司机周永新因救助车祸伤者而得到一枚"雷锋卡"，还有员工因主动在走廊渗水的花盆下放一个小盘也得到了"雷锋卡"……

"在我们生活的这个时代，把雷锋作为榜样让人学习很有必要。"在长沙当义工照料孤残儿童的英国人杰夫·希尔对雷锋精神深有感触。他用雷锋的一句话总结自己的行为："这是我应该做的。"

学雷锋典型层出不穷

我们每个人的力量是有限的，但当无数的"微光"汇聚在一起，就是一束束照亮道德建设之路的闪耀光源。"洋雷锋"当中涌现出了一批先进典型。

刚下飞机，因为名字中的"雷夫"，他被出租车司机随口喊成了"雷锋"。而当他得知雷锋是中国人心目中的英雄时，便产生了详细了解雷锋事迹的想法。2007 年，罗杰斯想全面了解雷锋的愿望越来越强烈，同事建议他把《雷锋日记》翻译成英文。抱着试试看的想法，罗杰斯在摸索中开始了《雷锋日记》的翻译。在翻译的过程中遇到英汉语境不能对接的情况时，他会向两位英语老师寻求帮助，请教他们如何在尽可能少地改动原文的基础上，最恰当地还原其内涵和神韵。

Martin，是一名来自喀麦隆的外教。2004 年他来到中国，2005 年选择在内蒙古呼和浩特工作。在多年的生活和工作中，他时常在中国同事的口中听到雷锋的名字，并为雷锋故事而感动。因此，他还"收获"了一个中文名字——雷锋。在呼和浩特，Martin 每年都会和单位同事参加志愿服务活动，他们走进启智康复中心，看望和帮助那里的学生。除捐赠学习用品、衣物等，还认真编排节目，为那里的孩子唱歌、跳舞、表演节目。"每次去那里都能带给我快乐，我觉得做这样的事情很有意义。"Martin 说。除了参加单位的活动，他平时也经常参加志愿服务，并帮助身边的人。此外，他经常通过网络为伤病患者捐款，走在路上会帮助老人和儿童过马路，帮负重的人拎东西。

每当别人问起为什么要帮助别人时，他总会回答：这是我应该做的。在外国青年的眼中，雷锋精神无国界，深深地影响着每一个人。"刚到中国时，经常听到大家说'活雷锋'，这让我很好奇雷锋是谁。"来自长沙理工大学的阿富汗留学生萨利在长沙生活学习已有四年多。走街串巷时，他看到很多中国年轻人会戴雷锋帽，雷锋的头像还被印在杯子、T 恤等文创产品上。"现在我知道了，雷锋精神代表着无私奉献和助人为乐，这种精神力量引领着我成为一名志愿者，同时也感染着我身边的人，一起互帮互助、共建美好社会。"因为经常参加学校周边社区的志愿服务，萨利被大家亲切地称作"洋雷锋"。

同校的巴基斯坦留学生伊姆与萨利一样，也会积极参加公益活动。"中国正是因为有千千万万个雷锋，才有了日新月异的飞速发展和人们的幸福生活。"已在长沙生活了 16 年的加拿大人马丁是个中国通。他对雷锋并不陌生，也深受雷锋助人为乐精神的感染。学中医、打太极的他，常常和中医协会、太极拳武术协会的同伴去做各类义工。在他看来，雷锋故乡长沙的志愿服务随处可见。"我觉得雷锋是一个充满正能量的人，他是一个值得所有人学习的人。"马丁认为，无私、助人是一种美好的品德，可以通过做义工等形式传承下去。

来自德国的何墨凯 2022 年到长沙，接手了专为听障人士提供免费烘焙培训和就业机会的吧赫西点面包店。他经常在长沙地铁站看到雷锋形象的海报，知道雷锋是中国人的精神偶像。还有来自加拿大的丹尼，不仅处处做好事，还把雷锋的符号文在自己的胳膊上；来自意大利的甘浩望，义务为聋哑儿童授课；来自德国的康明德，义务为社区服务；来自德国的卢安克，在山区义务办学；来自尼日利亚的阿达姆，义务支教；美籍华人吴世珊，设有吴世珊服务热线；等等。

雷锋精神走向世界的实践逻辑

雷锋，用他仅仅 22 年的生命年轮，影响了无数中国人的心灵世界，塑造出承载着一代代人理想信念的精神丰碑。在新时代里，雷锋精神已走向世界，成了"助人为乐"的代名词，并默默地在世界的每一个角落播洒着温暖和感动。雷锋精神的时代内涵是代表中国形象的具有新时代特征的重要的符号标识，是靓丽的名片。雷锋精神既是历史的，也是当代的；既是民族的，也是世界的。推动雷锋精神的国际传播，让雷锋精神走向世界，对于讲好中国故事，传播中国声音，推动中华文化走出去，增强国家文化软实力、提升中华文化国际影响力，都具有重要意义。

（一）总结实践经验

1. 搞好宣传教育是基础条件

当年毛泽东主席发出"向雷锋同志学习"的伟大号召，人们知雷锋，爱雷锋，学雷锋，做雷锋，大力传承弘扬雷锋精神，雷锋精神穿越时空，冲出国门，走向世界，行之有效的宣传教育发挥了有力的推动作用，从一定意义上可以说起到了决定性作用。把握雷锋精神的时代内涵，让雷锋精神走向世界，也必须重视搞好宣传教育，通过各种人们喜闻乐见的形式，让人们知内涵，懂意义，见行动。创造这样的基础条件，才能形成雷锋精神走向世界的新优势，新亮点，新起色。

2. 在成就中吸引转化是重要途径

历史经验证明，在成就中吸引转化是雷锋精神走向世界的重要途径。当然，这个成就是多方面的。仅从我们的所见所闻和实际经历的一些情况，可见一斑。湖南和抚顺两个雷锋纪念馆，在国内乃至世界都是闻名的，自建馆以来传播雷锋精神可谓成就非凡，两个雷锋纪念馆已接待参观人员超 1 亿人次，很多外国人也都慕名而来，他们也都崇尚学习雷锋，赞扬传承雷锋精神，真真切切地把雷锋精神作为超越国界的精神财富。60 年来，在雷锋纪念馆的留言簿上，无数的留言，无数的心语，不同国家的文字，表达着同样一个观念，"雷锋是全世界人民的好榜样""雷锋精神是人类的财富"。让雷锋精神走向世界是他们共同的呼声和期盼，而且他们也在付诸行动。北京中国人民军事革命博物馆举办大型的雷锋摄影展，14 天参观人数达 18 万人之多，吸引了包括全国两会代表在内的各界人士和一些外国友人，他们纷纷留言。一个德国人专门写了"我是德国人，我也要学雷锋"两行大字，交给展览组委会。首批学雷锋示范基地锦州银行，由于学雷锋活动搞得好，还吸引了一个名叫罗杰斯的美国人落户该单位。他不仅学雷锋工作出色，还与爱人一起利用业余时间把《雷锋日记》翻译成英文送到国外，成为辽宁省第一位外国人学雷锋金质奖章获得者。在成就中吸引外国人学雷锋，外国人又把自己的学习转化为更大成果传播到国外。在成就中吸引转化的传播，过去是这样，现在依然如此。雷锋精神时代内涵的各个方面，也应当不断取得新的成就，在实现吸引与转化中，更好地让雷锋精神走向世界。

3. 靠广大使者传播是力量之源

从历史经验看，雷锋精神在国际的传播，广大使者包括旅居海外的华侨、去国外做生意的企业人员、赴国外执行任务的工作者以及出国旅游人员等，是雷锋精神走向世界的重要力量源泉，发挥着积极而有效的传播作用。他们有的在居住地建雷锋展览馆长年举办展览，有的把上万枚雷锋像章发给外国友人，有的在旅游途中讲述雷锋故事并以助人为乐的实际行动践行雷锋精神。他们对雷锋精神的宣传既在日常工作生活的潜移默化之中，也在重大时间节点和重大场合加大传播影响力。2021年世界华人精英联合会，举办"中国共产党百年百人肖像全球巡礼"，其中在美国的活动，就在美国独立广场、华盛顿广场、白宫广场、联合国广场、《纽约时报》广场，把雷锋的肖像在显要位置展出，让更多的人了解雷锋。据媒体披露，我国海外华人达550万；境外中资企业达4.6万家，分布在全球190个国家和地区，境外企业中方员工超过150万人；2023年我国出境旅游人数超过8700万人次，预计2024年出境旅游人数为1.3亿人次。如果雷锋精神的时代内涵被如此众多的国外华人所掌握，该是多么庞大的传播力量，如切实发挥其作用，雷锋精神走向世界将会产生巨大的能量。

（二）讲好雷锋故事

1. 把握好"讲什么"的问题，把中华文化展示好

雷锋精神根植于中华优秀传统文化，并激活和光大了中华优秀传统文化的基因，为人类文明新形态的伟大创造注入了强大精神文化力量，从根本上沟通了历史与时代、中国与世界。因此，讲好雷锋故事，就要向世界阐释和宣介具有中国特色、体现中国精神、蕴藏中国智慧的优秀传统文化；要讲清楚中国自古以来"亲仁善邻"的政治理念、"世界大同"的美好愿景、"和而不同"的文化特质。

2. 把握好"怎么讲"的问题，生动鲜活地讲述雷锋故事

讲好雷锋故事，创新表达方式至关重要。要用语言真实、生动、鲜活地讲述雷锋故事，坚持事实、形象、情感与道理的有机统一。要进行春雨润物式的文化濡染，循循善诱、引人入胜，让聆听者领悟故事深处的思想、话语背后的"道"。要将"耳听"与"眼见"结合起来。可以通过参访调研、发起论坛、组织研习营等丰富多彩的活动形式，带领外国友人、记者和外国学生深入弘扬雷锋精神的场馆、遗址遗迹参观考察，向他们展示真实、立体、全面的雷锋形象。

3. 把握好"谁来讲"的问题，打造适应国际传播需要的人才队伍

充分发挥雷锋学院、雷锋纪念馆突出的教育优势、资源优势、人才优势，引导和鼓励教师、学员利用重大活动、重要节点和智库交流论坛等各种契机、各种平台讲好雷锋故事。要适应国际舆论生态和媒体传播格局的新特点、新需要，努力培养专业扎实、外语娴熟、媒介素养高、胸怀天下、热爱祖国的国际化人才，为讲好雷锋故事、中国故事提供强大人才支撑。要把"自己讲"和"别人讲"结合起来。高校有很多外籍教师和外国留学生，他们对雷锋事迹的了解、雷锋精神的感悟有更为切身的体会。要帮助他们更加深入了解雷锋精神的核心内涵和文化基因，推动他们成为雷锋故事的传播者、雷锋精神的弘扬者。

（三）弘扬雷锋文化

1. 推进价值认同

习近平主席指出："文明因交流而多彩，文明因互鉴而丰富。"[①] 雷锋作为一个自然人，是中国的。不过，当雷锋成为一种文化符号的时候，成为人类共同倡导的一种价值观和良好风尚时，就不仅仅是一个人，而是一种精神载体。雷锋文化不仅是中国人民宝贵的精神财富，更是人类文明中的一朵绚丽奇葩，其影响、贡献和价值是永恒的。因此，雷锋文化不仅属于中国，也属于世界；不仅属于民族，也属于全人类；不仅属于现代，也属于未来。我们应努力将包括"雷锋精神"在内的中国道路、理论、制度、文化表述"国际化"，以一套国际社会能听得懂的案例体系和故事来阐释好，增强"雷锋故事"的亲和力、感染力和影响力。尽管各国历史文化不同、发展水平各异、利益诉求多元，但我们需要真诚相待、坦诚相见，尊重各自的道路选择，尊重各自资源禀赋差异，求同存异、求同化异，通过梳理雷锋文化的形成脉络、丰富内涵和世界影响，用雷锋文化推进价值认同，使其成为一个人文社会科学的理论学科。

---

① 习近平：《出席第三届核安全峰会并访问欧洲四国和联合国教科文组织总部、欧盟总部时的演讲》，人民出版社，2014，第 10 页。

2. 激发合作共赢

习近平主席指出："不同文明要取长补短、共同进步，让文明交流互鉴成为推动人类社会进步的动力、维护世界和平的纽带。"[①] 新时代坚持和发展中国特色社会主义的实践要求需要雷锋文化，雷锋文化对于全面建成社会主义现代化强国和实现民族复兴伟大梦想具有重要的实践价值。同时雷锋文化以团结友爱、与人为善的核心意旨映现着世界和平与发展的时代主题，助推着和平发展、合作共赢的时代潮流。今天，在世界范围内还存在着单边主义、狭隘民族主义意识和行为与本质上是多元共生、相互依存的全球化现实的矛盾冲突，雷锋文化与中国坚持和平发展道路、推动构建人类命运共同体的国际主张内在契合，顺应时代的实践要求，为各民族、国家的共同发展提供了契合时代精神气质的规范、目标和动力。

3. 筑牢大爱情怀

习近平主席指出："对人类社会创造的各种文明"，"都应该积极吸纳其中的有益成分"，"把跨越时空、超越国度、富有永恒魅力、具有当代价值的优秀文化精神弘扬起来"。[②] 爱是人类共同的语言，而雷锋精神的核心内容之一就是大爱。"雷锋文化"体现的是人之为人所应该具有的最基本、最质朴、最真实的人性之美，是人类社会不断奔向真善美境界的必然。人类社会崇尚"真善美"，需要雷锋这样的人，需要"雷锋文化"的引领。习近平主席在亚洲文明对话大会开幕式上发表的主旨演讲中指出："一切美好的事物都是相通的。人们对美好事物的向往，是任何力量都无法阻挡的！"[③] 雷锋文化的人性之美符合人类文明发展的规律与趋势，具有历史的穿透力和震撼力，理应成为新时代世界通用语言。

4. 共享最新成果

习近平主席指出，"我们要积极架设不同文明互学互鉴的桥梁"，"形成多

---

① 《习近平谈治国理政》（第二卷），外文出版社，2017，第 544 页。

② 习近平：《在纪念孔子诞辰 2565 周年国际学术研讨会暨国际儒学联合会第五届会员大会开幕会上的讲话》，人民出版社，2014，第 10 页。

③ 习近平：《深化文明交流互鉴 共建亚洲命运共同体：在亚洲文明对话大会开幕式上的主旨演讲》，人民出版社，2019，第 6 页。

元互动的人文交流格局"。① 可以让来自世界范围内的相关国家的专家交流雷锋文化的新成果，这既是传承精神、弘扬文化，也是文化交流、文明对话；既是触动心灵相通，也是激发内心共鸣。要努力把雷锋文化交流作为"一带一路"民心相通的一个品牌。进一步发掘雷锋文化深厚的价值底蕴，发挥其人文交流潜力，通过雷锋文化的传播跨越民族、穿透心灵、沟通思想，向世界展现一个拥有上善若水品质、厚德载物胸怀、助人为乐情操的中国。使各国人民相逢相知、互信互敬，让世界各国不同肤色、不同语言、不同信仰的人们携起手来，共同传承雷锋文化，共同建设美好家园，通过雷锋文化交流促进经济合作。

在世界文明的历史长河中，雷锋精神体现着平凡者的真善美价值，具有人类追求美好的共性，永远是人类文明发展的不懈追求。一个普通士兵的名字，能够在地球上诸多的国家得到如此广泛的传扬；一个身高只有 1.56 米的中国人，能够让众多的不同种族肤色的人们充满敬意；一个只有 22 岁的短暂生命所承载的精神，能够如此长久地延续：这说明雷锋是平凡的，更是伟大的；雷锋是中国的，也是世界的；雷锋的生命是短暂的，又是永恒的。

（本文执笔：李强，系抚顺雷锋纪念馆原馆长，现任辽宁雷锋干部学院常务副院长；韩锦伟，系辽宁雷锋干部学院兼职教师）

---

① 习近平：《齐心开创共建"一带一路"美好未来：在第二届"一带一路"国际合作高峰论坛开幕式上的主旨演讲》，人民出版社，2019，第6~7页。

英雄沃土木棉红　南国盛开英雄花

姚洪越

1958 年 12 月 13 日晚，广州繁华的下九路何济公药厂内化工车间灯火通明。向秀丽作为领班，正与两名工友忙碌地投料。意外的情况发生了，满装 20 公斤酒精的大瓶瓶底突然断裂，酒精"哗啦"一下倾泻满地，火苗"腾"地蹿了起来，危及不远处存放着的易燃易爆金属钠。如果金属钠遇火发生爆炸，将足以毁掉整座工厂，并殃及周边商业区与民居，后果不堪设想。千钧一发之际，向秀丽挺身而出，奋不顾身地扑上了正在肆虐的大火，用自己的整个身躯紧紧捂住了蔓延的火焰。工友见状，赶快冲上来，想为她扑灭身上的火。向秀丽高声大叫："不要管我，赶紧叫人来灭火！"火焰仍在蹿动，向秀丽拼尽全身力气扑倒在地上，用血肉之躯挡住了来势汹汹的大火，为工友们及时赶来灭火赢得了非常宝贵的时间，避免了一场眼看就要发生的大爆炸！

而向秀丽被大火烧成了重伤，她身上的二度、三度烧伤面积达 60% 以上！抢救期间，昏迷了三天三夜的向秀丽醒来便追问："金属钠有没有爆炸？工厂安全吗？罗秀明有没有受伤？"她眼里、心中装着的竟都是厂房、国家财产和同事的安危，对钻心蚀骨的疼痛只字不提。

经过 33 天的抢救，1959 年 1 月 15 日，向秀丽终因伤势过重献出了年轻的生命。她的生命定格在 26 岁，她留给人们的照片上依旧是那张洋溢着青春和刚毅的笑脸。向秀丽，用生命谱写了一曲"爱岗敬业、无私奉献、舍己为群"的英雄之歌。当年，她的英勇壮举感动了全中国，全国上下掀起学习向秀丽的热潮。老一辈革命家陈毅、董必武、林伯渠、陶铸等纷纷为向秀丽题词、作诗，对其给予高度评价，她被誉为"党的好女儿"，她的先进事迹也一直收藏在国家博物馆，与雷锋、焦裕禄、王进喜、时传祥等英模事迹一同展出。2009 年，向秀丽入选"100 位新中国成立以来感动中国人物"；2019 年，入选新中国"最美奋斗者"。

雷锋同志在得知向秀丽的英雄事迹后，在 1962 年 2 月 8 日的日记中深情地写道："今天文书同志从团里拿回来几本新书，其中《向秀丽》这本书把我吸引住了。我拿了这本书，一口气读完了十多页，越读越使我感到浑身是劲，越读越使我敬佩，越读越想读……我用了四个多小时一字字一句句读完了这本书。读过之后，使我提高了阶级觉悟，加深了对剥削阶级的仇恨，对劳动人民的热爱，使我懂得了热爱同志和集体，懂得了爱护国家的财产和人民的生命安全，要比爱护自己的生命为重。""我决心永远学习向秀丽同志坚定的阶级立场，敢于斗争的精神；学习她耐心帮助同志、处处为集体谋利益的精神；学习她对工作极端负责任；学习她对党对人民无限忠诚；学习她爱护国家财产胜过爱护自己生命的精神；学习她在紧急关头，挺身而出、英勇牺牲的精神……我时时刻刻都要以她为榜样，经常对照自己和鞭策自己，把自己锻炼成为一个坚强的无产阶级革命战士。"①

在雷锋日记中，这是一日之内，对一本书、对一个人写得最长的文字，也是最为感人的一段文字。从这本书的阅读中，雷锋激动、感佩，雷锋总结、提炼，雷锋找到了心与心的共振、情与情的同频，充满了奋斗的力量。雷锋很客观、很理性，清晰而又准确地表述了自己的认知，真诚而又深刻地总结了书中人物的感人精神和品质，热情而又深切地表达了自己的学习方向和态度。

向秀丽是雷锋同志表示要反复学习、对之进行精神和品质的研究和总结，并要从六个方面进行深入学习的榜样。她生前是一个普通的制药厂的工人，这个制药厂，就是今天广药集团旗下白云山何济公制药厂。作为雷锋学习的榜样，作为广药集团的英雄，她始终是所在企业的红色根脉、红色基因，是广药集团传承红色血脉、弘扬雷锋精神、铸就时代辉煌的不竭源泉和持久动力。广药集团依托独有的向秀丽精神红色血脉，不断把红色基因发扬光大，不断把雷锋精神、向秀丽精神作为自己进行文化建设、党的建设、精神文明

---

① 总政治部编《雷锋日记》，解放军文艺出版社，2012，第 28 页。

建设的重要根基，成为南国学雷锋的杰出楷模，成为雷锋精神铸就辉煌的杰出代表。

传承红色基因，延续英雄血脉：
为企业高质量发展铸就持久动力

红色基因，英雄血脉，是企业发展的重要文化底蕴和发展动力。广药集团高度重视红色基因的传承和英雄血脉的延续，不断创新传承延续模式，让红色基因、英雄血脉时时处处彰显，人人事事体现。在广药集团的发展历史中，红色血脉绵延不绝。"革命先驱"杨殷、"党的好女儿"向秀丽等革命先烈、英模的精神，已成为广药集团的传家宝和文化基因，激励着一代又一代广药人接续奋斗。对历史最好的继承就是创造新的历史，缅怀英烈，要强根铸魂守初心；缅怀英烈，要提振精神勇担当，将精神动力转化为建功新时代的实际行动和丰硕成果；缅怀英烈，要接续奋斗再出发。

（一）与《雷锋》杂志合作交流，汲取雷锋精神的时代力量

《雷锋》杂志是由中宣部直属单位人民出版社主管、人民东方出版传媒有限公司主办的期刊，是中国出版史上唯一以人名命名的期刊，是弘扬雷锋精神、加强道德教育、传播社会主义核心价值观的重要阵地。在传承红色基因、弘扬红色精神方面，《雷锋》杂志与广药集团有着较深的渊源。广药集团白云山何济公于2021年加入《雷锋》杂志理事会，并在2023年成为理事会副理事长单位。

2023年12月7日，全国政协十三届常委戚建国，《雷锋》杂志总编辑、《解放军报》原副总编辑、少将陶克等一行到广药集团考察并开展新时代深入学雷锋调研活动，并在广药集团举行新时代学习雷锋精神专题报告会。会上，陶克少将围绕雷锋故事作主题报告，为与会人员讲述了雷锋同志的成长历程和模范事迹，全方位、多角度呈现了一个真实、平凡、伟大、永恒的雷锋，清晰阐述了雷锋精神的时代内涵，充分展示雷锋精神的魅力，在与会人员中引起强烈反响。会上还举行了"雷锋精神广药集团研学基地"、"雷锋精神何

济公研学基地"及"《雷锋》杂志理事会副理事长单位"授牌仪式。

2023 年 3 月 5 日，由中国社会科学院、中共湖南省委、求是杂志社、光明日报社、湖南省军区联合主办的纪念毛泽东等老一辈革命家为雷锋同志题词六十周年"新时代、新雷锋"2023 雷锋精神论坛在雷锋的家乡湖南省长沙市望城区召开。白云山何济公党委副书记、董事、工会主席付涛在会上代表企业作主题发言表示，作为有着向秀丽精神红色基因的中华老字号企业，白云山何济公始终坚持传承广药集团"红色广药、长寿广药、创新广药"文化基因，传承企业特有的向秀丽精神红色基因，坚持用向秀丽和雷锋精神铸魂创业，积极传递向秀丽精神与雷锋精神正能量。她表示，企业多年来，坚持传承和弘扬向秀丽精神、雷锋精神，早在 1960 年开始就创建了"向秀丽突击队"，后更名为"向秀丽·雷锋"志愿服务队，是全国唯一以两位英雄人物名字命名的志愿者队伍。60 年来，"向秀丽·雷锋"志愿服务队坚持开展志愿服务从未停歇，进社区、入校园、进军营、上公交、进养老院、进自然保护区致力于让向秀丽精神和雷锋精神开遍祖国南北，深入每一个社会领域。

（二）举行英烈纪念活动，传承红色基因

从 2014 年开始，国家将每年的 9 月 30 日设立为"烈士纪念日"，据不完全统计，广药集团是广东省内唯一一家连续 10 年在"烈士纪念日"举办纪念活动的企业。广药集团坚持在每年 9 月 30 日举办这个活动，既要纪念传承杨殷、向秀丽的红色基因，也向中国共产党精神谱系里面所有的革命烈士致敬。

在 2021 年 9 月 30 日国家烈士纪念日，为深入开展党史学习教育，结合广药集团国家烈士纪念日活动，传承红色基因，赓续红色血脉，助力广药集团世界一流生物医药与健康企业的打造，白云山何济公全国性荣誉"'秀丽红'企业党建品牌实践站"在广药集团"2021 年国家烈士纪念日"主题活动上揭牌，在"神农草堂"中医药博物馆党建馆正式挂牌。

2023 年 9 月 28 日，在第十个国家烈士纪念日来临之际，广药集团在广州市党员教育基地神农草堂中医药博物馆举行"缅怀英烈强党性勇担使命走前列"——2023 年国家烈士纪念日主题活动。通过纪念活动和主题宣讲，重温革命先驱杨殷、"党的好女儿"向秀丽的光辉事迹，激励广大党员干部、职工群众不畏艰险、勇挑重担，把爱国之情、报国之志化为奋勇走前列、建功新时代的实际行动。在这次活动中，杨殷烈士外孙女崔静薇，向秀丽烈士儿子崔定邦、孙子崔靖等烈士家属以及广药集团班子成员、司属企业党组织负责人、政工部门负责人、团委负责人等干部职工代表共计110余人参加活动。

（三）与"雷锋班"携手共建，用雷锋精神浸润培育红色基因

2020年3月5日是一年一度"学雷锋纪念日"，白云山何济公"向秀丽职能部门党支部"千里携手"雷锋班"，扬起"最美奋斗者"精神旗帜。在这个特殊的日子，"向秀丽职能部门党支部"收到了远在辽宁的"雷锋班"解放军战士们的一封特殊来信。在信中，"雷锋班"的战士们表示："当前，正值全国上下奋力抗击新冠疫情的关键时刻，作为优秀的先进集体，我们更应该学习先烈事迹、弘扬先烈精神、秉承先烈作风，在打好疫情防控人民战争中，发一分光、出一分力！雷锋班全体战士衷心希望能与'向秀丽职能部门党支部'签订共建协议，继承优良传统，不断砥砺前行，共同将向秀丽同志和雷锋老班长的革命精神发扬光大，谱写新时代军民携手奋进的新篇章。""向秀丽职能部门党支部"表示，接下来双方将加强沟通联系，军民携手以共建活动为新动力，加倍努力，全力抗击疫情，积极复工复产，通过积极履行社会责任，贯彻广药集团防疫工作"两不两保"的责任承诺，争做新时代奋斗者，将向秀丽与雷锋的精神继续发扬光大。

2024年3月5日"学雷锋纪念日"，"向秀丽职能部门党支部"连续第五年以书信形式，与"雷锋班"千里牵手共建，将共叙英雄故事的邀约书信通过《雷锋》杂志社发到"雷锋班"。收到向秀丽党支部的来信后，"雷锋班"全体战士们第一时间回信，表示非常愿意与向秀丽党支部建立起沟通联系的长效机制，更好地发扬雷锋精神和向秀丽精神，为实现中国式现代化和建设社会主义强军强国事业贡献我们的力量。

（四）挖掘红色内涵，创新宣传教育方式，推进学习英烈活动

白云山何济公坚持举办"秀丽讲堂"，唱响《学习雷锋好榜样》《歌唱英雄向秀丽》红色歌曲，朗诵诗歌《秀丽颂》和《雷锋颂》，开展具有何

济公特色的红色教育，在新时代讲好英雄向秀丽故事，弘扬红色精神，不断激励企业广大员工干事创业的热情，奋发新时代创业干劲，成为推动企业发展的内生动力。白云山何济公推动向秀丽事迹走进拥有"雷锋同志事迹展"的广州市国防教育中心，与中心党支部联合开展主题党日活动，并与中心联合共建"向秀丽烈士事迹展"，并在 3 月 5 日学雷锋活动日当天举办揭幕仪式，仪式由广州市委宣传部与广药集团主办，白云山何济公与广州市国防教育中心共同承办，该揭幕仪式同时还是广州市"3·5 学雷锋"志愿服务主题月活动启动仪式。在红色娘子军成立 90 周年之际，与红色娘子军后代亲友团开展交流活动，再续新时代巾帼英雄情缘，共同传承英雄精神。

创新志愿服务，奉献社会大众：
"雷锋、向秀丽"成为南国志愿闪亮坐标

2012 年，广药集团在全集团成立"'向秀丽·雷锋'志愿服务总队"，并首次倡导建设"雷锋企业"和"雷锋社会"。白云山何济公"向秀丽·雷锋志愿服务队"成为集团总队旗下分队，60 年来，学习雷锋、学习向秀丽，坚持开展志愿服务从不停歇。每一任志愿服务队长均由企业团委书记兼任，每次团委换届都会对服务队长进行专门的新老交接，志愿服务队旗如同薪火代代相传，至今已传承到第 21 任。"'向秀丽·雷锋'志愿服务总队"作为英雄精神、红色基因的重要载体，开展了多种多样的志愿活动，展示了新时代雷锋精神、向秀丽精神传承人的风采。

（一）走进军营，铸爱国拥军时代新内涵

在新时代背景下，"'向秀丽·雷锋'志愿服务总队"更是日趋活跃。志愿服务队在广药集团指导下，多次走进南沙守备部队、中国海警南海分局等部队驻地，慰问部队官兵送爱心，赠送部队所需的品牌药品，开展一系列主题学雷锋志愿服务活动，受到社会各界广泛的赞誉与好评。

（二）走进敬老院，关怀长者送温暖

羊城的春节藏在花市里，志愿服务队连续 15 年组织志愿者在春节前夕慰问长者、陪同养老院长者逛羊城花街，感受羊城浓郁的年味。志愿者为长者们送上欢声笑语，赠送生活用品、爱心药品，用实际行动真诚为长者服务，用爱心温暖长者，传承和弘扬向秀丽精神。

（三）走进校园，向广大青少年传播向秀丽精神

向青年一代弘扬向秀丽"爱岗敬业、无私奉献、舍己为群"的精神和社会主义核心价值观，提升民族荣誉感，传播正能量。近两年，"向秀丽·雷锋"志愿服务队志愿者先后走进文德路小学、朝天小学、南双玉小学等多所学校，宣传向秀丽精神、雷锋精神以及社会主义核心价值观，让更多的青年人，接受红色精神的洗礼。

（四）走进社区，推行各类为民服务的活动

深入社区，大力开展垃圾分类、全力推进安全用药进社区、切实进行上门走访慰问、用心开展爱心陪伴以及全面开展节日慰问等各类活动。积极倡导志愿服务精神，鼓励更多人投身志愿者行列，以爱心与奉献为社区注入温暖与力量，铸就美好社区的精神基石。近两年，进社区开展服务活动 20 余场次，累计服务超 400 人次。

（五）走上公交，守护市民乘客健康安全

2018 年以来，白云山何济公与一汽巴士公司持续开展着多样化的共建活动。志愿服务队在公交车内专门配置了"何济公"爱心药箱，大力推动安全用药走进公交、爱心赠药以及春运志愿行等诸多志愿服务活动，为城市的公共交通事业增添了一抹暖人心扉的温馨色彩。

（六）走进自然保护区，共建绿色生态美好家园

广药集团旗下敬修堂、何济公两家药企联合 SEE 基金会，走进广西弄岗

国家级自然保护区开展"向秀丽·雷锋"志愿服务活动，向巡护员送上日常巡护所需药品一批，竭尽所能解决巡护员日常的用药需求，以实际行动呵护巡护员日常身体健康和支持践行绿色发展、建设美丽中国。

（七）建设展厅，打造红色精神打卡地

联合广州市国防教育中心，在"雷锋事迹纪念馆"旁边打造以"学习雷锋好榜样　歌唱英雄向秀丽"为主题的"向秀丽烈士事迹展"。在广州市"3·5学雷锋"志愿服务主题月活动上，由市委常委、宣传部部长杜新山等领导共同为事迹展揭幕，广州市委宣传部、市文明办、市民政局、团市委、市妇联、广药集团以及旗下 12 家中华老字号企业等单位共同参与。"向秀丽烈士事迹展"已成为广州市的红色打卡点，引导广大市民群众学习雷锋精神，追忆向秀丽烈士英雄事迹。

（八）响应号召，勇做疫情逆行奋斗者

2022 年 10 月，在广州市委、市政府、市国资委的领导部署下，何济公厂启动 24 小时应急响应机制，召集广大党员和职工群众投入抗疫工作中。2022 年 12 月，防控政策优化调整，城市逐步回到往日的车水马龙。回顾过去，何济公厂积极发挥国企"公转"作用，调动一切资源保供应、稳生产，年度支援抗疫超 2000 人次，24 小时不停工生产抗疫药品，为城市重燃"烟火气"全力拼搏。

（九）延续薪火，持续拓展志愿服务覆盖面

"向秀丽·雷锋"志愿服务队始终秉持着创新服务内容之理念，持续不断地拓展服务所涵盖的范围，以此来助力更多的群体。近两年来，志愿服务队还接连走进白云消防救助站，慰问消防指战员；走进向秀丽的故乡清远征途社会服务中心，关爱特殊儿童……在不同的领域里播撒志愿的种子，让"秀丽红"这绚丽的花朵绽放在各个角落。

"向秀丽·雷锋"志愿服务队先后被评为"广东省学雷锋志愿服务先进典型——最佳志愿服务组织"、广州市"学雷锋活动示范点"。志愿服务 60 载薪火相传，成为白云山何济公，乃至整个广药集团一面弘扬雷锋与向秀丽精神

的红色旗帜，成为"何济公"中华老字号基业长青的红色基石。

广药集团旗下其他司属企业的"向秀丽·雷锋"志愿服务队也采取各种方式进行志愿服务活动，取得了良好的社会效果。

1. 赋能社区发展

2023年3月11日，陈李济药厂团员青年、星群药业的党团员与众多社会爱心人士及医护人员来到了海珠区凤阳街党群服务中心，开展"慢时光"长者关怀计划志愿服务活动。考虑到老年人大都有风湿骨痛、腰膝酸软、脾胃虚弱等老年病，陈李济药厂和星群药业的团员青年带来了一批陈李济药厂的壮腰健肾丸、补脾益肠丸等家庭常备药和毛巾、纸巾等日常用品，给独居长者送去一份温暖。

2. "让爱吉时回家"春运关爱行动

春运洪流，人员涌动，带娃出行难度更加升级，为解决这一难题，王老吉大健康公司"让爱吉时回家"春运关爱行动第十季联合钟南山基金会、新浪广东、广铁集团，打造全国首个高铁多娃家庭爱心车厢，以免费车票、益智比赛、趣味互动等方式，帮助带娃的乘客轻松回家。

3. "爱心护考"行动

2022年高考期间，绿盒王老吉凉茶（粤中区清远办团队）在英德市开展"爱心护考"行动，搭建王老吉爱心护考站，为护考的交警、特警、志愿者、送考司机、考生家长及考生，送上绿盒王老吉爱心凉茶，解暑解渴，助考生安心高考，为莘莘学子护航。

4. 助推基层医疗

通过开展线上线下学术交流等方式提升医疗工作者的知识水平，常态化开展科普知识讲座、专家义诊等项目，助力医疗服务在社会多层面广泛覆盖。广药集团在广州市钟落潭镇卫生院开展送药及中医药科普基地升级调研活动，向钟落潭镇34个卫生站捐赠常用药品，并共同探讨钟落潭镇卫生院中医药科普基地升级改造项目。

5. 王老吉药业公益育儿品牌项目"三公仔·爱子有方"联合全国十大专家推出"品牌专家工作室"，将"互联网+儿童健康服务"融合一体，开展专业的育儿方法及儿童疾病知识普及

通过品牌专家工作室能在第一时间进行诊断护理，获得科学的治疗方案，并且增加了 24 小时智能在线服务，症状快速匹配病情，提供就医建议和相关的科普知识，增强家庭疾病防护意识和能力，满足人们多元化的健康服务需求。同时，形式多样，内容丰富的科普知识模块能让专业知识变得更生动、接地气，提高家长科学育儿的知识储备，更有效地解决育儿问题。

6. 广州白云山医院：开展药师节系列活动

响应广州市卫生健康委号召，宣传药师这一职业在安全合理用药中的作用，通过药师力量来优化用药方案和减少用药错误，以保障药物的合理使用，呵护公众用药安全，广州白云山医院开展"关爱健康服务居民"世界药师节义诊活动，通过与患者面对面交流，医师、药师们耐心问诊、细心查体，为其提出精准的诊疗建议和健康指导，并根据患者的具体服药情况，在药品用法用量、不良反应、注意事项等方面详细解答了患者的常见服药问题。

7. 中医药文化进校园，探秘中医药文化

2021 年 3 月，由广州市教育局主办、采芝林药业承办中草药种植劳动教育实践活动。邀请专家教授开展培训，内容涵盖种子种植教学、药园护理教学、常见种子类药材鉴定等，同时紧扣中医药文化主题带来化橘红、人参来源功效等中药科普课程。除了直播理论教学外，采芝林药业还派出中草药种植指导员，到各个院校指导学生们进行中草药种植实践。学生们通过亲身实践，在动手实践中学会识中药、辨中药、记功效，感受中医药文化的魅力。

8. 蓝光行动十四年坚持不懈

2023 年 11 月 14 日是"联合国糖尿病日"，广药白云山中一消渴（糖尿病）基金连续十四年在全国各地开展"联合国糖尿病日"主题公益活动暨白云山"蓝光行动"。本次活动聚合社区、医院、企业及慈善组织的力量，面向社区居民开展糖尿病风险及防治知识宣讲、现场专家义诊、糖尿病贫困家庭帮扶、健康舞表演等丰富多彩的活动，帮助群众更系统科学地认知糖尿病，做好糖尿病健康管理，增强广大群众的糖尿病防治意识，规范基层糖尿病用药，为广大糖尿病患者带去支持与希望。

丰富多彩的志愿服务活动，成为雷锋、向秀丽精神的鲜活体现，雷锋叔

叔没有走，向秀丽阿姨在身边，成为广大民众和社会各界对广药志愿者的真心感受。广药志愿者，成为南国雷锋精神的最好传人，成为向秀丽精神的时代体现。

倡导践行过期药品回收：践行雷锋向秀丽为民情怀

广药集团将家庭过期药品回收制度纳入公司的战略当中，长期坚持下去，让"爱心满人间"不仅仅是企业的理念，还是实实在在的行动。

家庭备药，是很多家庭的日常习惯，为处理日常病情、护佑民众健康起到了很大的作用。伴随着家庭备药习惯的普及，家庭过期药品成为很多家庭为之头痛的问题。为了解决民众在过期药品问题上的担心，广药集团在全球首创发起"家庭过期药品回收"活动，并从 2004 年起每年免费为消费者更换家庭过期药品。20 年来，在 200 多个城市和地区 6000 多家"永不过期"合作药店累计回收过期药 1800 多吨，惠及 7 亿多人次。

家庭回收药品行动起源于 2004 年。2003 年"非典"出现，不少消费者囤积的板蓝根颗粒面临过期问题，为此，广药白云山在全国开展免费更换消费者手中的过期板蓝根活动。活动持续了近 6 个月，涉及全国 30 多个省、自治区、直辖市，共换回各品牌过期板蓝根 120 万包。从此开启了广药集团长达 20 年的药品回收行动。2008 年，广药集团将每年 8 月 13 日作为每年第二个"中国家庭过期药品回收更换日"，更好地满足消费者过期药品回收需求。随着参与回收的市民越来越多，2014 年 3 月，活动创下"全球规模最大的家庭过期药品回收公益活动"吉尼斯世界纪录。2017 年开启"互联网＋医药"新模式，与京东合作开启"互联网＋医药"新模式，通过线上预约在全国 10 座重点城市进行上门回收过期药品。

广州市市场监督管理局副局长袁玲指出："广药集团连续十八年坚持家庭过期药品回收，一直致力于宣传过期药品的危害，普及健康用药的知识，为人民群众的用药安全贡献了自己的力量，履行了身为'企业公民'的责任，在追求企业经济效益的同时，也通过这种意义深远的公益活动实现了社会效益。"在药品回收的过程中，广药集团不断改进创新，实现了药品回收的升级换代、便民高效。

（一）永不过期药店——5G 回收机"上线"连锁药店

2021 年 8 月 18 日，广药集团 8·13 家庭过期药品回收公益活动在广州北京路健民药店举行。在该年的活动中，广药集团在采芝林、健民医药门店设置了最新研发的 5G 家庭过期药品回收机，市民输入手机号码即可自行回收药品。设计 5G 回收机时，他们考虑了垃圾分类、包装及药品分类回收，防止过期药品污染环境。同时，广药集团与金融机构、电商平台合作，通过数字化形式向参与药品回收的市民赠送电子优惠券，鼓励市民踊跃参与药品回收的同时节约纸张，向公众普及环保价值观。

（二）家庭过期药品回收走进乡村

2021 年 3 月 13 日，广药集团结合乡村振兴工作，开展 3·13 家庭过期药品回收公益活动，将回收范围进一步推进至边远村落，致力于将发展成果惠及更多的偏远地区群众，打击药贩子在偏远地区二次利用过期药品，向医药知识薄弱的广大基层群众宣传医药知识，普及过期药品回收环保知识，持续倡导"不要将过期药品排入下水道"环保理念，保护自然环境免受破坏。活动结束后，回收的过期药品被运回广州处理点作统一销毁，以防止过期药品污染水土环境和水生物。

（三）爱心回收助力生物多样性保护

许多公众没有意识到，过期药品的随意弃置，可能会对土壤及水体产生有害污染，从而对动植物栖息地和水生物产生负面影响，并且通过食物链将负面影响传递到更大范围的动植物群中。因此，在 2021 年 3 月 13 日的家庭过期药品回收活动中，广药集团联合世界动物保护协会，在开展家庭过期药品回收的同时举办生态文明保护活动，倡议加强保护野生动物，广州市多个家庭过期药品回收连锁药店举办野生动物科普活动，向公众传达保护生物多样性的重要性，通过使大众认识到过期药品妥善回收的重要性以及培养大众过期药品回收的习惯，从而降低大众随意弃置过期药品行为，真正地从实际行动出发，保护生物多样性。

（四）倡议社会各界共襄盛举

2022 年 3 月 13 日，广药集团"3·13 家庭过期药品回收活动"，开展过期药回收、销毁全过程环节的沉浸式体验及"全国家庭过期药回收，助力乡村振兴"志愿队授旗仪式。广药集团与中国银行广州荔湾支行进行战略合作签约，将结合中国联通领先的 5G 通信技术，探索把家庭过期药品回收与推动数字货币应用相结合，利用"绿色金融"助力碳中和。

2023 年 3 月，借助西鼎会汇集健康产业资源、推动行业发展的良好平台和影响力，广药集团现场举行了家庭过期药品回收"永不过期药店"授牌仪式，广药集团联合云南玉溪医药、湖北吴都药业等 10 家合作连锁及潜力合作客户，合力扩大家庭过期药品回收覆盖范围，持续发声，传递对消费者"永不过期"的关爱，共同致力完善家庭过期药品回收机制，打好守卫健康生态环境的保卫战。

广药集团不仅坚持创新家庭过期药品回收活动，更致力于邀请并联合社会各界共同参与这项公益事业。广药集团发起了"20+1 的力量"公益宣传。"20+1"，代表广药集团 20 年坚持做同 1 件事所产生的能量；代表 20 周年的家庭过期药品回收对每一个市民发出的邀请。在行业各界的共同参与下，广药集团已建立起运作较为成熟的过期药品回收网络，并形成了药店回收、社区回收、快递员上门回收、志愿者协助回收等多种回收方式。广药白云山家庭过期药品回收公益项目上榜 2024 南方公益年度十大公益品牌。未来广药集团也将携手更多"永不过期药店"共同践行家庭过期药品回收的公益事业，守护用药安全，共创健康未来。

（五）家庭过期药品回收下沉到区县

广药集团常态化开展过期药品回收行动，加强处理过期药品的宣传教育，畅通回收路径，妥善解决过期药回收所遭遇的问题，打通过期药品回收的"最后一公里"，向大众传递保护社区，保护环境的责任理念。广药集团以数字化赋能家庭过期药品回收活动，探讨在家庭过期药品回收终端机植入数字货币模式的可能性，推进数字货币在低碳消费场景的使用。广药集团将家庭过期药品回收活动深入广大乡村，在东北、西北、西南、华北、华中、华东、华南七大片区同步推进"家庭过期药品回收助力乡村振兴"活动，将回收家庭过期药活动推广至全国多省区市乡村，共建美丽乡村。广药集团家庭过期药品回收活动回收网络从城市扩大到农村，从线下升级到网上和移动端，家庭过期药品回收机制的每一次升级都带来了便民、利民、惠民的新变化。

实业支撑发展，支撑脱贫攻坚：开创雷锋向秀丽精神新模式

广药集团全力助推广东"百千万工程"和东西部协作走深走实，贯彻"政治有高度、经济算总账、责任树品牌"的理念，立足"地方所需、广药所长"，形成了"输血+造血"相结合、突出"准、早、特"三个特点的乡村产业帮扶模式，将农村"土特产"打造为一、二、三产业相融合的时尚产业，实现了把自身发展与学习雷锋深度融合，用实业支撑相关各方的发展；实现了从授人以鱼到授人以渔，再到携手发展、共同发展的三级跨越。广药集团彰显了企业学雷锋的应有高度和成就，开创了雷锋—向秀丽精神传承发展的新模式。

（一）富起来！打造仙草产业对口帮扶链条

乡村振兴，关键在于产业振兴。产业赛道的选择需立足资源禀赋、比较优势等因素，形成差异化的高质量发展。"广药集团来，咱们这种仙草，不仅包教包会，还从咱们这里采购，家里收入又增加了！"金秋时节，广东省梅州市大埔县光德镇绿油油的仙草铺满田间，许多农户正挥舞着手中的镰刀收割，好一派繁忙的"丰"景。2022 年 4 月，广药集团旗下采芝林药业有限公司向光德镇捐赠仙草种苗 50 亩，为当地送来了产业发展的"金种子"。

在梅州，不少县镇拥有种植仙草的良好自然条件，而仙草恰好是凉茶的最主要原料之一。从小小一株"仙草"着手，从 2019 年起，广药集团逐步对梅州仙草形成种植和收购产业扶贫对口帮扶链条。在"平台+基地+农户"的模式下，广药集团中药材采购平台出资捐赠种苗进行帮扶，并负责技术支持与收购，基地负责组织发动农户种植和田间管理，有了国有企业保底收购和

技术指导，农户种植仙草积极性大幅提升，实现了仙草特色产业的三方共赢。

在光德镇，农户们进行仙草种植、按照租赁土地、购买苗种、肥料、雇佣人工、管理费等要素进行核算，除去成本，按照保底价收购，可获得投资收益约 4000 元/亩。如今，在梅州地区，广药集团的仙草种植基地广泛分布于叶塘镇、畲江镇、长潭镇等地，也带动了当地运输、包装、服务等行业同步发展。

建设了标准化的原料种植产业后，广药集团还在梅州建设了王老吉大健康梅州原液提取基地和采芝林梅州中药产业化生产服务基地，两大基地总投资超 5 亿元，既为王老吉在全国的灌装生产源源不断提供原液，满足市场对中药饮片的需求，也为当地创造了更多就业岗位。

在广药集团相关负责人看来，仙草产业帮扶实质是一种"输血+造血"模式，它推动了当地中药材产业化进程，助力上下游产业链联动发展，带动当地县域经济发展，进而让农民更多分享产业增值收益。

（二）强起来！借"荔"实现一、二、三产业融合发展

坚持农业农村优先发展，还要做大做强"粤字号"农业知名品牌，促进农村一、二、三产业融合发展。

在广东省茂名市根子镇柏桥村，尽管已经过了鲜果上市的季节，但产自柏桥村等茂名地区的荔枝，仍然以"荔小吉"等深加工产品的形式，继续向大众送上"甜蜜"。

在距离柏桥村 45 分钟车程处，坐落着全国最大的荔枝饮料生产基地——广药王老吉广东荔枝（茂名）产业园，该产业园于 2022 年 5 月正式投产，拥有全国唯一能加工荔枝清汁的生产线，填补了国内荔枝加工技术的空白，有力带动广东荔枝全产业链发展。

作为广东特色优势产业，荔枝产业是广东省全面推进乡村振兴的重要抓手。

广药集团充分发挥作为世界 500 强企业的品牌影响力和产业链优势，打造出"荔小吉"品牌，以"广东荔枝"为原料，开发出海盐荔枝果汁饮料、荔枝米酿等系列荔枝深加工产品，显现出荔枝深加工产品的市场发展潜力。

"荔小吉"上市首年销量破亿元；广药建设的广东荔枝跨县产业园茂名生产基地和汕头产业园，年产能超 1600 万箱；2023 年在省内采购荔枝约 2800 吨，通过保底收购等方式助力鲜果销售，让荔农共享发展成果。广药集团每年省内采购中药材超 5 亿元。2023 年在省内采购荔枝约 2800 吨，通过保底收购等方式助力鲜果销售，带动广东荔枝产业实现量涨价升，产业规模增长 50 多亿元，涨幅达 35%，助力农民增产增收。为持续带动区域经济发展，广药集团正在积极打造"龙头带动+集群发展"的荔枝产业发展模式，牵头建立总投资 7 亿元的广东荔枝跨县集群产业园，计划以广州荔枝产业运营总部为核心，打造粤西茂名、粤东汕头两大荔枝深加工示范基地，进一步撬动一、二、三产业融合发展。

（三）旺起来！在乡村大地书写中医药发展新文章

作为全国最大制药企业和中成药生产基地，广药集团 2023 年位居世界 500 强榜单第 426 位连续三年上榜排名相比 2022 年跃升 41 位。在高质量发展的同时，广药集团也努力"把中医药发展的文章写在乡村大地上"。据悉，2023 年以来，广药集团认真落实省委十三届三次全会精神和"1310"具体部署，以及市委十二届六次全会精神和"1312"思路举措，研究制定了广药集团"1312"计划，提出包括实施产业振兴乡村工程在内的 12 项重点工作。

当前，广药集团在全国打造了 89 个中药材规范化种植基地，建立了中药材集中采购平台。在粤东粤西粤北地区，广药集团共设有鸡蛋花、仙草、黑老虎等 20 余个中药材规范化种植基地，推进"百千万工程"做深做细。其中，在对口帮扶的湛江南兴镇，广药集团为当地带来了首期规模为 140 亩的"广药布渣叶种植基地"，并计划开展首期 100 亩荔枝种植基地建设。同时，广药集团还积极带动公共服务提升，先后捐赠了 85 万元用于当地坑尾小学的校园教学设施改造。

一镇一品，因地制宜。在广药集团的帮扶下，乡村产业起来了，收入提高了，人居环境提升了，乡村旅游迎来了新机遇，人气自然也就"旺"起来了。

广药集团旗下王老吉大健康公司在梅州建成了全球规模最大、智能制造水平领先的凉茶原液提取基地，日产能达 60 吨以上，为梅州当地提供 400 多个就业岗位。

在粤东粤西粤北地区，广药集团共设有鸡蛋花、仙草、黑老虎等 20 余个中药材规范化种植基地，为乡镇发展药材产业提供技术、资金支持和药农培训，每年在省内采购中药材超 5 亿元，助力农民增产增收。"未来我们希望能构建'时尚中药乡村振兴联盟'，这可以将道地药材种植加工产业与乡村振兴有机结合，形成系统的中药材产业体系，在实现中药材种植生产规范化标准化的同时，有效增加农民收入，推动我国中医药产业的高质量发展。"广药集团相关负责人表示。

（四）"走出去"，用广药模式造福全国人民

在广东播撒致富种子，这样的产业帮扶经验也形成了可复制可推广的"全国模式"。

在新疆，广药集团白云山板蓝根 GAP 种植基地 2023 年在北疆阿勒泰落地，2024 年向南疆喀什延展，规模达 1.2 万亩。首个落地项目是在新疆哈巴河县建设面积达 1 万亩的大规模板蓝根种植基地，预计建成后可年产 2500 吨板蓝根药材，提升药材供应保障能力。旗下王老吉大健康推进新疆沙棘深加工产业发展初现成果。广药集团还将加快开发喀什伽师西梅产业，着力打造"广药新西梅"龙头品牌，持续推动新疆农村特色产业蓬勃发展。

广药集团制定了"政治有高度，经济算总账，责任树品牌"的援藏方针，发动党员争当援藏先锋，在西藏建立了 150 亩灵芝和丹参种植基地，并建设藏式养生古堡，进行"造血式"援建。广药集团还制定了"准（精准）、早（快速）、特（广药特色）"的扶贫工作思路，在梅州对口扶贫村以"公司＋基地＋农户"的模式发展仙草"造血式"产业扶贫，帮助当地农民致富。从 2019 年起，广药集团就逐步对梅州仙草形成种植和收购产业扶贫对口帮扶链条，投资近 4 亿元建设王老吉大健康梅州原液提取基地。此举不仅为全国范围内的王老吉灌装生产提供源源不断的原液，以满足市场需求，同时还为当地提供至少 800 个就业岗位。

2018 年底，广药集团根据省市领导关于帮扶贵州发展刺梨产业的指示，

迅速行动，制定了帮扶贵州发展时尚生态刺梨大健康产业"136"方案，并举全集团科研力量，仅用 98 天时间就高效开发出了刺柠吉饮料和润喉糖。3 月 18 日，贵州省政府与广药集团在贵阳正式签署全面战略合作，并发布了广药集团帮扶贵州刺梨产业的首批新品。其"刺柠吉"系列产品在 2020 年突破 5 亿元销售，在 2021 年突破 10 亿元。广药集团设立了全国首个乡村振兴基金——广药集团"刺柠吉"十亿乡村振兴基金，持续助力贵州刺梨产业。广药积极开展校企合作，在贵州毕节、贵州黔南开展校企合作，在毕节职业技术学院开办广药刺柠吉班，在黔南民族职业技术学院发放广药奖学金，为当地培养技术人才。广药帮扶贵州刺梨产业的案例还获评国家发展改革委"2021 年全国消费帮扶助力乡村振兴典型案例"，为广东唯一入选的企业案例。

广药集团在全国打造了 89 个中药材规范化种植基地，建立了中药材集中采购平台。广药集团助力乡村振兴的足迹遍布祖国大地。广药集团在贵州、甘肃、陕西、西藏、新疆、云南、四川、广西、河南、黑龙江等地开展产业帮扶，探索形成了可持续、可复制的产业造血式帮扶模式，促进一、二、三产业融合发展，助力当地乡村振兴。

特别值得提及的是，广药集团作为全球知名企业，在倡导行业规则、产品标准领域也发挥了重要的作用。在荔枝产品的市场上，长期存在用添加化学香精提升口感的现象，广药率先在自己的荔枝产品中，用原汁原味的荔枝汁代替香精，得到了广大消费者的认可，也引领和促使其他企业采用这一新做法，形成了行业产品新标准，放大了广药实践的客观效果。

（五）投进去，用物质佐证精神的崇高程度

2023 年，广药集团乡村振兴投入资金及物资超 1.8 亿元，采购农特产品共计 259.23 万元，有力地支持了乡村振兴事业。

广药集团旗下星群公司积极响应省市关于精准扶贫的部署，近年先后投入超 300 万元，帮助梅州市松源镇径口村 59 户贫困户 139 人在 2021 年全部脱贫出列。2021 年 7 月又接续奋斗乡村振兴工作，派出干部代表广药集团及星群公司加入湛江雷州南兴镇乡村振兴工作队。2022 年上半年，在湛江南兴镇

建成首期规模为 140 亩的"广药布渣叶种植基地"。该基地初步建立了"输血"+"造血"的产业帮扶机制，有望推动农民增收并有效落实联农带农政策，助力当地实现乡村振兴。

广药集团成立"1.828 亿元王老吉爱心基金"，在雅安、鲁甸、汶川、玉树、彝良等国内多次自然灾害和 H7N9、禽流感疾患防控中，领行业之先，带头捐款捐物，为灾区和病区奉献爱心，累计公益投入超 10 亿元。2022 年，在乡村振兴方面共投入 250 万元。对口镇村民生建设投入 150 万元，资助百色市困难学生 90 万元，湛江雷州市南兴镇求学环境修缮投入 10 万元。广药集团助力乡村村民增收，主动购买帮扶地区种植物，购买南兴镇大米，从化、花都 3 家果园新鲜荔枝以及三都县农产品（马桑菌、白玉菇等产品），促使乡村地区群众增收致富，助力乡村产业发展。

2022 年集团对口帮扶雷州市南兴镇帮镇扶村工作，挖掘当地资源，探索建设中药材种植基地；帮扶广州白云区钟落潭镇，建设钟落潭镇党群服务中心；结对帮扶贵州省黔南州三都县三镇八村，实施 11 个帮扶项目，涵盖路灯、灌溉沟渠建设和出行道路修复等，助力乡村发展，建设美丽乡村。2021 年，集团对口帮扶湛江市雷州市南兴镇、贵州黔南州三都县 3 镇 8 村、白云钟落潭镇、从化太平镇钟楼村，向南兴镇捐赠 50 万元荔枝产业发展基金以及 20 万元防疫物资，助力当地乡村振兴。

2023 年 4 月集团旗下敬修堂药业、白云山销售公司向广州巴士集团驾驶员捐赠价值 48 万元爱心药物。8 月受台风"杜苏芮"引发的极端降雨天气影响，福建、河北等省相继发生洪涝和地质灾害，广药集团与康美药业等携手第一时间捐赠 500 万元急需药品、饮料，用于保障受灾群众人身安全和过渡安置。12 月甘肃临夏州积石山县发生 6.2 级地震，广药集团紧急组织救灾物资，包括白云山板蓝根颗粒、中一药业加味藿香正气丸等药品驰援甘肃。

疫情逆袭有我，护佑民众健康：弘扬雷锋精神新高度

2020—2022 年的三年新冠疫情，成为影响民众生活、国家发展和世界格

局的重大事件。在疫情期间，作为中医药行业的龙头企业，广药集团冲锋在前，勇挑重担，谱写了一曲曲英雄赞歌，彰显了英雄血脉的现实伟力。

（一）抗疫成就卓著

广药集团及旗下司属企业始终坚持"不提价、不停工，保证产品质量、保证公益为上"的"两不两保"承诺，抗疫经营两手抓，排除万难保障药品和防疫物资的供应，以"健民医药""广州医药大药房"等连锁药店为主建立起终端保供体系，助力建立"穗康"网约口罩渠道和"穗康购药"平台，全力保障广州各区居民的用药需求。

2020 年新冠疫情发生以来，广药集团"向秀丽·雷锋"志愿服务队高扬雷锋精神、向秀丽精神红色旗帜，积极到救援队、街道、社区、公安、海警、部队等单位，关心慰问一线防疫人员，并组织志愿者投入药品、口罩等防护用品生产工作中，为街道、社区等基层部门捐献战疫物资，下沉社区开展各种联防联控志愿服务等，以实际行动为战"疫"作贡献，并得到社会各界的广泛赞誉。

2021 年，广州芳村片区实施封闭、封控管理的当天晚上，广药集团连夜组织团队迅速搭建药品配送"绿色通道"，组织志愿服务突击队将居民需要的药品送到他们手中，打通药品配送"最后一公里"。上门排查、协助检测、支援捐赠……党员突击队和"'向秀丽·雷锋'志愿服务总队"冲锋在前，24名应急民兵昼夜不停地守护在防疫一线，广药人用行动为疫情防控筑起了一道"看不见的供给线"。2021 年，广药集团支援防疫一线 3716 人次，覆盖社区 73 个，召集为民送药突击队员超 100 人，订单累计超 9800 单，捐赠慰问活动 239 场，实现了 1 小时组建党员突击队，50 分钟内无人机送药，5 小时上线穗康购药小程序和 24 小时不间断送药等卓越战绩。2022 年 10 月广州疫情发生后，广药集团精锐尽出，用实际行动筑起疫情防控的铜墙铁壁，协助物资配送等疫情防控工作，努力践行"你需要，我就在！"的承诺。2022 年 10 月广州疫情期间完成核酸检测超 66 万人次；2020 年疫情发生以来积极捐赠防疫物资，向海内外捐赠防疫物资累计超 5000 万元，配送生活物资超 16 万份；2022 年抗疫志愿者冲锋在前，超 2 万人次奋战在抗疫一线，超 1800 人获得表扬表彰。防疫措施优化后，集团旗下白云山制药总厂紧急复产布洛芬投放市场，医药公司加班加点配送保供，为市内医疗机构发热门诊供应感冒类药品3.1万盒、退热药品98.8万盒。公司旗下连锁药店为市民提供感冒类药品106万盒、退热类药品超16.3万盒、抗原试剂盒约1080万人份，有力地支援了抗疫事业。

（二）抗疫防疫典型突出

在防疫抗疫过程中，广药人在雷锋精神、向秀丽精神鼓舞下，涌现出许多令人敬佩的抗疫人物和感人事件。

1. 抗疫模范人物

"95后"党员魏伊彤：昼夜兼程的"疫线摆渡人"。"我热爱广州这个城市，也想为街坊们早日恢复正常的生活尽一份力，作为一名医药人，作为一名年轻党员，我就应该冲上去。"来自集团旗下敬修堂药业的"95后"年轻党员魏伊彤负责与各区专班和各个隔离酒店沟通协调、完成转运隔离工作，在隔离转运专班度过了无数个通宵。

战"疫""多面手"苏飞：防疫志愿者的优秀模范。春节、五一、中秋、国庆，寒来暑往，来自集团旗下光华药业的苏飞一直坚守在机场防疫一线，和机场、市交通局、车队、旅客等多方进行协调，确保有条不紊，避免出现滞留旅客较多等情况。工作一年来零差错，苏飞获得了组员和现场专班领导的一致认可。

2. 抗疫典型案例

药供一条龙服务：精准又暖心地解决患者需求。2022年10月广州疫情期间，集团旗下广州医药大药房联合广东省第二人民医院互联网医院，提供线上问诊、复诊开方、送药到家的一条龙服务，让患者足不出户就能问诊购药，精准又暖心地满足了居家患者处方用药的健康需求。

奋力保障物资供应：广药集团及下属企业始终坚持"不提价、不停工，保证产品质量、保证公益为上"的"两不两保"承诺，抗疫经营两手抓，排除万难保障药品和防疫物资的供应，以"健民医药""广州医药大药房"等连锁药店为主建立起终端保供体系，全力保障广州各区居民的用药需求。

2022 年 10 月广州疫情期间近 200 家保供零售药店 24 小时保供体系"不打烊"，"穗康购药"平台配送药品超 2 万份，为海珠、增城等地的 10 家方舱和健康驿站提供 181 类、超 2.7 万箱防疫物资。

新冠疫情期间，"向秀丽·雷锋"志愿服务队的志愿者们冲锋在前，多次深入疫情一线，开展抗疫志愿服务，诠释无私奉献的向秀丽精神和雷锋精神。

（三）何济公奋斗一线

疫情期间，白云山何济公党委按照广州市委、国资委、集团党委统一部署，组建疫情防控别动队、突击队、预备队，党员干部职工闻令而动，逆行出征，冲锋在前，积极投身社区抗疫第一线，传承红色基因，弘扬向秀丽精神，奋战"疫"线担使命、践初心，为筑牢疫情防控防线贡献力量。

助力社区开展疫情防控工作，工会主席付涛率先带队，先后走访慰问白云区云城街道办事处、白云区云城派出所、公安局交警支队白云二大队、白云区消防救援队、同和街南湖半岛社区等地，慰问基层一线防疫部门工作人员，送上"风油精""消炎镇痛膏"等外用药品以及广药集团助力乡村振兴产品"刺柠吉""荔小吉"等，以实际行动支持社区基层防疫部门开展疫情防控工作。

组建历史先锋组织，应对紧急重大任务。何济公及时组建"向秀丽·雷锋"别动队、突击队、预备队，紧急驰援南沙、花都、白云、荔湾、海珠等地，党员干部职工逆行出征，不分昼夜，协助社区开展核酸检测、巡岗值守、物资配送、电话流调等工作，展现了白云山何济公红色国企的责任与担当。疫情区域管控期间，党员干部积极响应号召，就地转化下沉社区，支援社区疫情防控工作，为打赢疫情防控攻坚战贡献力量。2021 年，志愿服务突击队投入社区疫情防控工作超 2000 人次；2022 年，派出支援疫情防控队员共 39 批，约 2400 人次，派驻支援高风险区超 50 人。

何济公积极加强组织领导，充分发挥基层党组织战斗堡垒作用和党员先锋模范作用，深化构建"令行禁止、有呼必应"疫情防控责任体系，组建战"疫""党员突击队"，号召党员积极投身社区疫情防控一线，争当战"疫"先锋，为广州市打赢疫情防控硬仗贡献力量，涌现出一批先进典型与感人事迹。

爱心跨出国门，推动人类文明：
雷锋、向秀丽传人共建人类命运共同体

广药集团全力参与"一带一路"倡议和人类命运共同体理念的落实，用自己的实际行动推动国家倡议和战略的实施，弘扬雷锋精神、向秀丽精神，把中国国企的爱心仁心跨出国门，推动人类文明发展不断迈向新的高度。

（一）爱心广药，情暖万里，助力构建"人类命运共同体"

在神农草堂的展厅内，一份份来自湖北等地以及伊朗、贝宁等国的感谢信，承载着广药一次次"爱心满人间"的实际行动。早在 2020 年 3 月，广药集团就启动了磷酸氯喹、板蓝根的海外驰援行动，先后向印尼、伊朗、贝宁、肯尼亚等国家提供抗疫援助，助力世界各地人民共克时艰。2021 年，广药集团联合广东省人民对外友好协会共同向斐济捐赠总价值 30 万元的防疫物资，多次协助广东省人民政府外事办公室非洲处对接采购防疫药品发往国外友城，缓解当地防疫物资的紧缺，以实际行动为全球战疫给出"中国特色医药"解决方案。中医药国际化是《中医药振兴发展重大工程实施方案》中的重要目标，也是实施"走出去"战略的关键抓手之一。广药集团充分发挥世界 500 强企业的影响力，将国际化作为战略布局的重要一环，取得了不少成果。

（二）以品牌赋能提升中医药国际知名度

"广药制造"的名品早已畅销海外多年，旗下白云山奇星的华佗再造丸已进入新加坡、柬埔寨、越南等多个共建"一带一路"国家注册销售，出口已覆盖全球六大洲 29 个国家和地区；王老吉凉茶的销售已覆盖全球超百个国家和地区，基本做到"有华人的地方就有王老吉"，从 2020 年到 2022 年，王老吉已连续三年成为全球销量第一的天然植物饮料，以中药精品作为"走出去"的载体，加深国际社会对中医药的认知。

（三）以科研驱动提升中医药国际认可度

2023 年以来，白云山辛夷鼻炎丸获澳大利亚药品注册证书，白云山三七化痔丸、复方南板蓝根颗粒获俄罗斯联邦的产品注册证书，白云山加味藿香正气丸获加拿大产品注册证书；中一药业"滋肾育胎丸的创新研究与应用"项目获日内瓦国际发明展金奖等，广药集团通过加快推进中药海外注册和销售、在国际上积极发布中医药科研成果等举措，为推动中医药国际化积蓄了更多新力量。

（四）以文化先行提升中医药国际美誉度

广药集团一直以开放的姿态与世界对话，在美国纽约建成了首家海外博物馆，并启动了王老吉（东京）凉茶博物馆项目，计划在全球建立 56 个王老吉凉茶博物馆；建成神农草堂中医药博物馆已接待海内外游客近 300 万人次，目前广药集团正在将其扩建成为岭南中医药博物馆。神农草堂、陈李济相继入选广东省中医药文化国际传播建设单位。

（五）以融通渠道提升中医药国际交流度

深化对外交流，扩大国际合作，2023 年以来，广药集团先后到访泰国、新加坡、加拿大、美国、斐济等国家，与泰国环球集团签署了战略合作协议；旗下采芝林药业与印尼、俄罗斯等国的中药材供应企业达成进口中药材的战略合作，进一步拓展海外市场，加速推动中医药出海。

党建秀丽红引领企业大跨越：
高质量党建和高质量发展交相辉映

在红色血脉的滋养浸润培育中，在对雷锋精神、向秀丽精神的传承创新中，广药集团和白云山何济公，实现了传承精神与事业发展的双丰收，红色党建品牌成为引领企业大跨越发展的重要引擎。广药集团演绎了党建高质量和发展高质量相互支撑、相映成趣、交相辉映的精彩传奇。

（一）党建高质量屡创新高

1."123 大党建"工作模式

广药集团积极推进"123 广药大党建"创新实践，即明确"一条主线"——党建引领大发展；坚持"两大导向"——党建高标准、发展高质量；在集团各级党组织中强化"三大引力"——党的领导力、党组织的组织力、党建工作的创造力，切实发挥国企党组织把方向、管大局、保落实作用，促进党建工作与企业发展互融共进，彰显国企党建工作凝心聚力、固本强基、培根铸魂的独特优势。经过五年多的发展，广药"123 大党建"现已初步形成品牌模式内容、品牌标识、品牌宣传片、宣传册、线下品牌党员阵地平台、线上智慧党建平台为一体的品牌党建体系，先后荣获首届"广州十大党建品牌""全国党刊基层党建优秀创新案例""广东省基层党建最佳创新案例""广州国企十大党建品牌"等荣誉称号。

2.基层党建"五个第一"新创举

广药集团提出基层党建"五个第一"，即第一身份是党员，第一归宿是党支部，第一责任是为党工作，第一平台是广药党校，第一基地是神农草堂党员教育基地，并实施基层党建"堡垒工程"，根据业务、项目或产品命名党支部，提升支部战斗力。

广药集团旗下白云山和黄中药党委探索打造合资企业独特的"1+4"党建模式，即"一个核心，四个联动"党建模式。"一个核心"是指以利益协调、共建共赢为核心；"四个联动"即坚持企业管理与党务管理互为联动，经济效益与社会效益互为联动，文化塑造与文化服务互为联动，示范教育与实践教育互为联动。白云山和黄中药党委先后荣获"全国先进基层党组织"和"广东省红旗基层党组织"称号；王老吉药业党委被评为"广州市创先争优先进基层党组织"；陈李济党委被评为"广州市先进基层党组织"；中一、何济公党建案例入选全市 100 优秀案例。

作为向秀丽党支部所在单位和向秀丽精神的发源地，白云山何济公党的建设各项工作构思精巧、举措高效，是广药集团党建工作的重要组成部分。

2021 年白云山何济公"秀丽红"企业党建品牌被中国文化管理协会企业

党建与文化管理专业委员会授予"'秀丽红'党建品牌实践站"全国性荣誉。北京工商大学中国企业党建研究中心的姚洪越主任、张宏伟专家多次前来学习交流、洽谈研讨。2023 年，白云山何济公成为《雷锋》杂志理事会副理事长单位，获授《雷锋》杂志社"雷锋精神何济公研学基地"荣誉；《白云山何济公制药厂注重用红色基因打造国企之魂》在《雷锋》杂志网站刊登，"'向秀丽·雷锋'志愿服务总队"先进事迹在《雷锋》杂志 2023 年第 6 期刊登。白云山何济公党委副书记、董事、工会主席付涛同志在"2023 雷锋精神论坛"上作主题分享发言，阐释分享对雷锋精神的践行和体会。白云山何济公党委荣获中国文化管理协会和企业党建工作委员会颁发的"2023 年度全国企业党建实践创新典范单位"。《秀丽颂》荣获"最美传播之声"银奖代言作品。"秀丽红"党建品牌在 2023 年中宣部干部教育网"打造特色品牌凝聚党建合力"课程中作为"以'响'入心：让品牌广布人心"的唯一典型案例。

（二）企业高质量迭攀高峰

2021 年 8 月，广药集团率先成为首家以中医药为主业进入《财富》世界500 强的企业，并且连续三年上榜，排名年年上升，2023 年位居第 426 位，也是唯一入选制药分行业榜单的中国企业，居第 12 位，还荣登 2023 年《财富》最受赞赏的中国公司全明星榜，为唯一一家广州本土企业。在全球最具价值医药品牌榜中排名第 16 位，并连续 13 年蝉联中国中药企业百强榜第 1 位。广药集团旗下拥有"白云山"与"康美药业"两家上市公司和 12 家中华老字号企业，是全国最大的制药企业集团，正全力打造成为大南药、大健康、大商业、大医疗四大板块蓬勃发展的世界一流医药健康综合性大集团。

作为全球首家以中医药为主业的世界 500 强企业，广药集团坚持科技创新驱动企业高质量发展的战略思路，全面锻造高水平科技自立自强的硬核引擎，在科研创新平台、创新人才体系建设、产品研发方面取得了一系列成果。广药集团已构建起诺贝尔奖得主 3 人、国内院士专家和国医大师 21 人、博士及博士后超百人的强大高层次人才队伍；旗下拥有各级科研平台近 90家，其中国家级科研机构 8 家；科研项目超 200 项，在研一类新药达 21 项。

2023 年，广药集团新增国家级科研相关资质认定 7 个、省级科研相关资质认定 10 个、市级科研相关资质认定 3 个；旗下广药集团荣获 "2023 年中国医药研发产品线最佳工业企业"，旗下白云山汉方入围国务院国资委发布的 "科改企业" 名单；国务院国资委公布地方 "双百企业" "科改企业" 2023 年度专项评估结果，广药集团在 "双百企业" 评估中获评 "优秀"，广药集团下属企业白云山汉方在 "科改企业" 评估中获评 "标杆"。2024 年，白云山和黄中药获 "国家科学技术进步奖" 二等奖；广药集团副总经理、总工程师刘菊妍荣获 "全国三八红旗手标兵" 荣誉称号，广药集团白云山制药总厂药物研究所制剂研究室荣获 "全国工人先锋号" 荣誉称号。广药集团连续 13 年荣登中国中药企业 TOP100 排行榜第一位，白云山陈李济补脾益肠丸、白云山何济公制口洁喷雾剂等产品荣登 "2024 中国医药·品牌榜"。目前，广药集团正积极贯彻落实全国两会精神，全力打造中医药 IP，大力发展新质生产力，为广东乃至全国的生物医药科技进步和人民健康事业贡献更大的力量。

（三）劳模工匠精神擦亮新时代底色

回顾广药集团奋进发展的历史，劳模精神起到了引领时代的关键性作用。广药集团的劳模历史始于 1956 年，自当年 "为民谋利攻坚克难，推动疟疾丸国产化" 的陈雨池老先生被评为全国劳模开始，劳模精神成为广药集团锻造企业文化的根基之一。多年来，广药集团先后涌现林开胜、郑尧新、杨荣明等多位全国劳模及省、市劳模。他们守正创新、不忘初心、扛起时代责任，战胜无数困难，推动社会前进，激励一代又一代广药人积极投身企业发展，为新时代建功立业，引领广药集团成为世界五百强，并朝着建设世界一流生物医药健康产业的目标不断奋进。

习近平总书记指出："劳动模范是劳动群众的杰出代表，是最美的劳动者。劳动模范身上体现的'爱岗敬业、争创一流，艰苦奋斗、勇于创新、淡泊名利、甘于奉献'的劳模精神，是伟大时代精神的生动体现。"[1] 在劳动精

---

[1]　习近平：《在知识分子、劳动模范、青年代表座谈会上的讲话》，人民出版社，2016，第 8 页。

神的带领下，广药集团发扬榜样精神，激励后来者奋进。近年来，广药集团广大员工只争朝夕、勤于创造、勇于奋斗，人人学习劳模，人人争当劳模，在投身企业发展上连年取得佳绩：2019 年，广药集团荣获"全国五一劳动奖状"；2021 年，广州王老吉大健康产业有限公司荣获"全国五一劳动奖状"，广药集团研究总院刘运忠、敬修堂苏建明两名同志被授予"化学医药系统大国工匠"荣誉称号；2022 年，广药集团旗下白云山和黄科研团队作为先进女职工集体被广东省总工会授予"广东省五一劳动奖状"，为制药行业唯一获此殊荣的团队，白云山威灵药业有限公司（白云山制药总厂第四制造部）化验室被授予 2022 年"广东省工人先锋号"称号；2023 年，广药集团旗下广州白云山汉方现代药业有限公司荣获"全国五一劳动奖状"；2024 年，广药集团旗下广州白云山拜迪生物医药有限公司常务副总经理陈红英荣获"广东省五一劳动奖章"荣誉称号。康美药业员工张剑波凭借在"2023 年广东省药学服务技能竞赛"荣获特等奖的优秀成绩，荣获"2024 年广东省五一劳动奖章"。广药集团白云山制药总厂药物研究所制剂研究室荣获"全国工人先锋号"荣誉称号。广药王老吉（毕节）产业有限公司总经理姚骏荣获"毕节市劳动模范"荣誉称号。广药集团绽放四百余年，改变的是时间，不变的是"一颗爱心、三大基因"，广药集团必将继续书写爱心满人间的传奇故事。

雷锋精神永恒，向秀丽精神永在：
信仰开辟道路，精神铸就辉煌

向秀丽烈士离开我们 66 年了，雷锋同志离开我们 62 年了，在广药集团，我们却依然感受到他们还在，他们的精神还在，他们的血脉还在，他们的精神和血脉历久弥新、生机蓬勃，成为支撑广药集团高质量发展的源头活水、不竭力量。

习近平总书记 2016 年在江西南昌考察时指出："中医药是中华民族的瑰宝，一定要保护好、发掘好、发展好、传承好。所有制药企业都要增强质量意识、社会责任意识，努力研制和生产质优价廉疗效好的药品，坚决杜绝假冒伪劣，为推进全民健康多作贡献。"① 2018年，习近平总书记再次强调："中医药学是中华文明的瑰宝。要深入发掘中医药宝库中的精华，推进产学研一体化，推进中医药产业化、现代化，让中医药走向世界。"② 关于雷锋精神，习近平同志在2003年指出："要学习雷锋同志的幸福感。他虽然只活了二十二年，但他说：'什么是幸福？为人民服务是最大的幸福。'"③ 20年后的2023年，习近平总书记强调："60年来，学雷锋活动在全国持续深入开展，雷锋的名字家喻户晓，雷锋的事迹深入人心，雷锋精神滋养着一代代中华儿女的心灵。实践证明，无论时代如何变迁，雷锋精神永不过时。""让学雷锋在人民群众特别是青少年中蔚然成风，让学雷锋活动融入日常、化作经常，让雷锋精神在新时代绽放更加璀璨的光芒，为全面建设社会主义现代化国家、全面推进中华民族伟大复兴凝聚强大力量。"④ 广药集团牢牢立足中医药行业，把中医药做大做强，成为实业强国的典范、佑民安康的楷模。广药集团牢牢把住红色基因不动摇，不断结合新的时代特征把雷锋精神、向秀丽精神传承光大，成为南国雷锋精神的一面旗帜；成为红色血脉滋养企业发展的成功代表；成为雷锋精神在新时代绽放璀璨光芒、雷锋精神发挥凝聚全面建设社会主义现代化国家，全面推进中华民族伟大复兴的强大力量的最鲜活证明，演绎了精神变物质、精神促发展、高质量党建引领高质量发展的精彩传奇。广药人学习雷锋精神、传承向秀丽精神，争做新时代的雷锋和向秀丽，你是雷锋，我也是雷锋，你是向秀丽，我也是向秀丽，广药人持之以恒，学出了新的高度、新的境界、新的模式、新的成就，是当之无愧的企业典范、行业模范、全国样板。用信仰

---

① 人民日报社编《江山就是人民　人民就是江山：习近平总书记系列重要论述综述：2020—2021》，人民日报出版社，2022，第125页。

② 习近平在广东考察时强调：高举新时代改革开放旗帜　把改革开放不断推向深入，www.moe.gov.cn/Jyb_xwfb/s6052/moe_838/201902/t20190228_371596.html，最后访问日期：2024年9月29日。

③ 习近平：《之江新语》，浙江人民出版社，2007，第7页。

④ 《习近平对深入开展学雷锋活动作出重要指示强调：深刻把握雷锋精神的时代内涵　让雷锋精神在新时代绽放更加璀璨的光芒 》，《人民日报》2023年2月24日。

开辟道路，用精神铸就辉煌，广药人已然成就卓著，广药人还在奋勇向前！

（本文执笔：姚洪越，系中国工商大学马克思主义学院院长、教授，中国工商大学全国企业党建研究中心主任）

后　记

2022～2023 年初，为纪念毛泽东等老一辈革命家为雷锋同志题词 60 周年，在中宣部相关部门领导的鼓励和支持下，雷锋杂志社启动了一系列文化出版工程，其中卓有成效的有四项。第一是突击组编了《中国 60 年学雷锋的60 个深刻记忆》特刊。第二是推出了"新时代我们一起学雷锋"青少年系列读物。这套丛书已由人民出版社出版，分为小学低年级版、小学高年级版、中学版、中等职业教育版，全国开展学雷锋活动 60 年来教育战线终于有了一套学生统一读物。第三是推出了"新时代·学雷锋"书系（第一辑），即已由人民出版社与沈阳出版社联合出版的三部图书，分别为：通俗理论读物《唱响新时代的雷锋之歌》、资料汇编《学雷锋活动大事录（2012—2022）》、文学传记《雷锋的朋友圈》。第四就是现在由社会科学文献出版社呈现在大家面前的《蔚然成风：学雷锋 60 年》——为形成蓝皮书所作的专家调研文集。这既是一部纪念文集，也是为了深入解读和贯彻习近平总书记作出的最新指示——"让学雷锋在人民群众特别是青少年中蔚然成风"，全面诠释总书记所说的"60 年来，学雷锋活动在全国持续深入开展，雷锋的名字家喻户晓，雷锋的事迹深入人心，雷锋精神滋养着一代代中华儿女的心灵。实践证明，无论时代如何变迁，雷锋精神永不过时"。①

党的十八大以来，在习近平总书记的大力倡导下，雷锋和雷锋精神已成为 9000 多万共产党员、400 多万个党组织、14 亿多公民共同尊崇的时代楷模和具有永恒价值的"精神谱系"，是全国真正能"直达基层"的体量最大的

---

① 《习近平对深入开展学雷锋活动作出重要指示强调：深刻把握雷锋精神的时代内涵　让雷锋精神在新时代绽放更加璀璨的光芒》，《人民日报》2023 年 2 月 24 日。

"优质文化资源"。现在，依托县以下新时代文明实践中心建设的制度性安排，加上2.6亿学雷锋志愿者的注册入列，学雷锋志愿服务已成为全国最有活力的"群众性主题活动组织"和最有朝气的"新型文化业态"。面对这样的情势和"业态"，迫切需要雷锋精神研究者和情怀深厚的爱心人士齐心协力，集中攻关，全面梳理60年学雷锋给中华大地带来的惊人变化和累累硕果，及其对世界文明发展产生的深刻影响，从而使雷锋精神得以代代相传，在新时代绽放更加璀璨的光芒。

明确使命和任务之后，采用什么形式才能更好地展示主题？这是一个必须重视的问题。当初在策划这一文化工程时，有经验的专家提出，如此重大的全国性主题教育活动，采用蓝皮书的形式似乎更为合适。大家讨论后深以为然，觉得蓝皮书通常代表的是重要学者的观点或者研究团队的学术成果，大多由第三方组织完成，具有不同凡响的权威性、学术性、文献性和文化精品特征。采用蓝皮书的形式，对1963年3月至2023年3月60年间中国全民持续高涨的学雷锋活动进行全方位的追踪调研和盘点总结，是雷锋杂志社作为独特的"第三方"义不容辞的使命和职责。作为纪念全国学雷锋活动60年的"重头戏"，破天荒采用蓝皮书的形式，庄重而又精彩地反映整整"一甲子"的全民学雷锋的宏阔历程，是非常有意义、有价值的尝试和探索。于是，我们遴选专家，全心投入，连续奋战一年多，终成此书。尽管由于客观条件和学术造诣的制约，现有的成果还不足以支撑起一部真正的蓝皮书，但我们坚信，有这些研究和探索成果铺路，今后集全国雷锋学专家之力勠力奋进，一定可以连续编撰出精彩展示全民学雷锋成就和进程的标准蓝皮书。

令人钦敬的是，社会科学文献出版社的领导和编辑们非常理解我们的初衷和愿望，十分珍视我们的探索成果，果断伸出援手，保证了本书的顺利出版。我们对此深表谢忱！

这项文化工程，始终得到中宣部宣教局的负责同志，人民出版社的领导和编辑们，特别是《雷锋》杂志顾问委员会的两位主任（第十三届全国政协常委、中央军委联合参谋部原上将副参谋长戚建国同志和第十三届全国政协常委、中国社会科学院原院长王伟光同志）的具体指导和直接支持，在此特向他们致以充满谢忱的敬礼！

　　参与本书调研编撰的作者均为长期从事雷锋精神研究的专家学者，有些还是在高校思政工程前沿担当重任的资深导师。他们百忙中抽出时间，加班加点，多方调研，呕心沥血，精雕细刻，全部按时完成。在此，也向他们表示深深的谢意！

　　本书的主要稿件大多成形于 2023 年初，但由于种种原因，全书最终截稿于 2024 年 8 月，补入了不少发生于 2024 年的新材料，因此书中有了个别"60 多年来"的提法，但总体上不影响书名"学雷锋 60 年"的定格，敬请读者理解。

　　对于本书中的瑕疵，诚盼各位读者不吝指正。书中参考了众多书刊媒体的宝贵资料，在此一并致谢！

本书编委会

2024 年 9 月 10 日

图书在版编目（CIP）数据

　　蔚然成风：学雷锋 60 年 / 王伟光主编 . -- 北京：
社会科学文献出版社，2024. 10. -- ISBN 978-7-5228
-4360-5

　　Ⅰ. D64-49

　　中国国家版本馆 CIP 数据核字第 20244DQ014 号

蔚然成风：学雷锋 60 年

主　　编 / 王伟光

出 版 人 / 冀祥德
责任编辑 / 张倩郢
责任印制 / 王京美

出　　版 / 社会科学文献出版社·人文分社（010）59367215
　　　　　　地址：北京市北三环中路甲 29 号院华龙大厦　邮编：100029
　　　　　　网址：www.ssap.com.cn
发　　行 / 社会科学文献出版社（010）59367028
印　　装 / 三河市龙林印务有限公司

规　　格 / 开　本：787mm×1092mm　1/16
　　　　　　印　张：17　字　数：268 千字
版　　次 / 2024 年 10 月第 1 版　2024 年 10 月第 1 次印刷
书　　号 / ISBN 978-7-5228-4360-5
定　　价 / 60.00 元

读者服务电话：4008918866